# 現代中国政治概論

## そのダイナミズムと内包する課題

熊達雲／毛桂榮／王元／劉迪［編著］

Xiong, Dayun　Mao, Guirong　Wang, Yuan　Liu, Di

明石書店

まえがき

　本書は、日本で大学院教育を受けた、または受けている中国人（学者・研究者）による現代中国政治の概説書である。
　本書は15章から構成されており、内容的には重なる部分もあるが、概ね中国政治に関する制度と組織、政策形成、政治的課題の3点について分析されている。第1は、中国の政治体制や制度に関する分析であり、政権党たる中国共産党の統治の仕組み（第1章）、立法機関の人民代表大会（第2章）、行政機関としての国務院（第3章）、また政治協商会議（第4章）、検察や裁判などを統制する政法委員会（第5章）などが分析されている。第2は主として政策過程に関わる諸要素の検討である。制度の問題でもある軍の文民統制（第9章）、中央地方関係（第11章）のほか、ネット世論（第6章）、シンクタンク（第7章）、外交政策（第10章）が取り上げられている。第3は現在の中国が直面している諸問題に関する検討である。腐敗対策（第8章）のほか、民族政策（第12章）、環境保護（第13章）、高齢化社会への対応策（第14章）などが検証されている。なお、これからの中国を展望するために、近代化の歩みに対する検証も行なわれている（第15章）。
　本書は通常の中国政治概論といった書籍とはかなり異なっている。たとえば、軍に対する文民統制の検討では伝統中国における文官と武官との関係から説き始めている。また民族問題の分析では中国の地理・地形の検討から分析を進めている。共産党や全人代、国務院、中央地方関係などのほか、通常概説書では取り上げられない政治協商会議と「民主党派」、政法委員会、ネット世論、シンクタンクの役割が分析されている。ユニークな概説書だと思っている。
　本書は、中国政治の諸問題について客観的な叙述・分析に努めている。例えば、共産党組織の分析ではできるだけその仕組み、時代の変化に適用しつつある共産党支配のあり方を検討した。加えて、腐敗の対策、国家統合に関わる中央地方関係の変容や民族問題の対応についての分析では、中国崩壊論とは異なる視点が提示されている。
　「亡国亡党」（国家の崩壊、共産党の滅亡）の危機意識を持つ共産党は現在、

執政能力を高めようと努め、前例のない腐敗対策を講じるほか、公務員制度の構築や幹部選抜メカニズムの見直し、軍隊に対する統制の強化などを進めている。ソ連・東欧諸国の社会主義体制が崩壊した現在、中国は社会主義の看板を掲げながら、市場経済の導入を進めてきたこともあり、共産党支配の適応能力・強靱さを指摘する議論が多く現れている。本書は、中国政治の行方を観察するための思考材料を提供しているといえる。

　ここ数年、中国の知識人により「憲政」の導入が政治改革の目標として提示されている。一部の官製メディアではその反対論が展開され、「憲政」の導入を巡る「イデオロギー」論争が展開されている。共産党自身も憲法や法律の範囲内で活動すると明言しているが、現実にはそうなっていない。政法委員会のあり方に関する分析は、ある意味ではその問題の所在を明らかにしている。また、腐敗対策における「双規」などの調査手法についてもその合法性が疑問視されている。さらに中国憲法に定められている「言論の自由」は保障されていない。本書は、これらの問題を踏まえながら、多元化する中国の政治社会の変容を具体的に描き出し、紹介しようとしている。

　取り上げるべき重要な問題はまだ多くあると承知している。例えば「社会主義市場経済」や、経済格差に関連する社会諸階層に対する分析などを欠いているが、本書は、変容しつつある中国政治の重要な側面を等身大に分析しようと試みたものである。

　ここ数年、日中間の確執が深刻化し、世論調査では中国（中国人）に対する親しみを感じないと答える人が8割を超える一方で、中国富裕層の「爆買い」が日本経済の回復を促す経済効果も囁かれている。日本と中国は、引っ越しのできない隣人である。真の相互理解が求められている。本書が、問題が山積しながらも第2の経済大国となった隣国をより深く理解するための一助となることを期待したい。

　最後に、編者のいささか無謀な提案を快く受け入れてくれた明石書店に感謝したい。また外国人の日本語文章を丹念にチェックし、全体の統一を図る調整作業に苦労してくれた同書店の遠藤隆郎氏に対し、執筆者一同を代表してお礼を申し上げたい。もちろん、内容について最終的な責任は、執筆者、特に編者にあることを断っておきたい。

2015 年 3 月　　編　者

現代中国政治概論
――そのダイナミズムと内包する課題

●目 次

まえがき ………………………………………………………………………… 3

# 第1章　中国共産党の統治構造と支配の仕組み ……… 13
## 1．中国共産党の党員数と組織構造 …………………………………… 13
（1）膨大な中国共産党の党員数／（2）中央指導部の構成／
（3）地方組織と末端組織
## 2．共産党はどのように一体性を保つか ……………………………… 19
（1）「民主集中制」とは何か／（2）厳格な紀律による規制／
（3）党の指導幹部の任用、考課および昇進のメカニズム
## 3．共産党はどのように「廉潔さ」と「先進性」を保つか ……… 23
（1）党内監督のメカニズム／（2）綱紀粛正のキャンペーン／
（3）学習型政党の建設
## 4．共産党の中国統治の実際 …………………………………………… 29
（1）中国の統治構造における共産党の位置づけ／（2）チャイナセブンと立法、行政、司法三権との関係／（3）「議事機関」のあり方とその役割

# 第2章　人民代表大会制度 ……………………………………… 35
## 1．人民代表大会とその制度 …………………………………………… 35
（1）人民代表大会とその常務委員会／
（2）人民代表大会制度の基本
## 2．人代代表の選出と代表団 …………………………………………… 38
（1）選挙管理委員会／（2）代表団
## 3．全人代に対する共産党のコントロール …………………………… 39
（1）党の指導を確保する方法／（2）全人代における「党組」／
（3）主席団／（4）全人代常務委員会の選出およびその他の人事
## 4．全人代・常務委員会の審議過程 …………………………………… 43
（1）審議プロセス／（2）事例——公務員法の立法過程と審議／
（3）共産党の政策方針と立法機関——会議の日程
## 5．現状と展望 …………………………………………………………… 47

# 第3章　中国の行政システム …………………………………… 50
## 1．計画経済体制と「全能な政府」 …………………………………… 50
## 2．市場経済への行政システム再構築 ………………………………… 52
（1）組織改革／（2）公務員制度改革
## 3．党政関係の現在 ……………………………………………………… 58
（1）国務院の執行部／（2）指導小組と党組／
（3）共産党の幹部管理政策
## 4．政策決定過程 ………………………………………………………… 63

## 第4章　政治協商会議と民主党派 ………………………… 65
1. 共産党が指導する多党協力 ……………………………… 65
2. 政治協商会議の歴史 ……………………………………… 66
    （1）建国と最高の国家権力機関／（2）社会主義と政治協商会議の形骸化／（3）政治協商制度と参政党
3. 政治協商会議の現在 ……………………………………… 70
    （1）「界別」による構成／（2）民主党派と人民団体／（3）組織——全体会議、常務委員会議、主席会議
4. 政治協商制度と民主党派の役割 ………………………… 75
5. 政治協商と「協商民主」 ………………………………… 78

## 第5章　政法委員会と司法との関係 ……………………… 81
1. 政法委員会の位置づけ …………………………………… 81
    （1）中華人民共和国憲法と三権分立／（2）司法機関に対する制約
2. 政法委員会の由来および歴史的変遷 …………………… 83
    （1）政法委員会の誕生から文化大革命まで／（2）文化大革命後から現在まで
3. 政法委員会の現状——その基本的機能や他機関との関係 …… 86
    （1）政法委員会の基本的機能および組織／（2）「法が一番か？それとも党が一番か？」——政法委員会制度が抱える問題／（3）政法委員会不要論／（4）政法委員会存続論——政法委員会が存続する合理性／（5）「党による指導」と「司法の独立」
4. おわりに——「法治国家」と中国の未来 ……………… 94

## 第6章　国民世論の形成とソーシャルメディアの影響 … 97
1. 中国のソーシャルメディア ……………………………… 97
    （1）中国のソーシャルメディアの発展と現状／（2）新浪微博／（3）新浪微博と日本のツイッターとの比較
2. 中国における伝統的な世論とネット世論 ……………… 102
    （1）2つの世論の場／（2）中国政府のネット世論の重視／（3）人民日報と2つの世論の場の融合への試み
3. ソーシャルメディアが直面する課題および展望 ……… 105
    （1）ソーシャルメディアに対する規制の試み／（2）微信の登場への期待／（3）「第五の権力」の台頭

## 第7章　中国政治におけるシンクタンク ……… 109
1. 現代国家とシンクタンク ……… 109
   （1）シンクタンクとは何か／（2）中国のシンクタンクの発展／（3）よきシンクタンクの基準
2. 中国のシンクタンクの分類と分布 ……… 112
   （1）民間シンクタンクの台頭／（2）中国シンクタンクの問題／（3）中国で活躍しているシンクタンクの特徴
3. 中国のシンクタンクの政治過程 ……… 115
   （1）2種類のシンクタンクの報告書／（2）民間のシンクタンクの人脈と影響力／（3）「内参」、シンクタンクと政治の意思決定

## 第8章　腐敗の深刻化とそれを撲滅するメカニズム … 121
1. 腐敗の現状、特徴および原因 ……… 121
   （1）腐敗の全容／（2）腐敗の特徴／（3）腐敗深刻化の原因
2. 腐敗撲滅の取り組みとそのシステム ……… 125
   （1）腐敗撲滅策に関する制度整備の歩み／（2）腐敗反対の国家戦略（2013～2017年）の主な内容／（3）汚職・腐敗の取締機関の組織構造および職権
3. 汚職・腐敗退治の手段と措置 ……… 131
   （1）巡視による腐敗の摘発／（2）「双規」（両指）による腐敗の捜査／（3）汚職・腐敗撲滅に対する「挙報」の動員

## 第9章　中国版文民統制の形成と課題
　　　　──党軍関係をめぐって ……… 142
1. 文民統制の意味 ……… 142
   （1）文民統制とは何か／（2）伝統中国における軍の問題／（3）社会主義国における文民統制
2. 中国人民解放軍の誕生と文民統制 ……… 145
   （1）「国共合作」から「武装闘争」へ／（2）「三湾改編」／（3）「古田会議」／（4）「遵義会議」／（5）「延安整風」
3. 中国人民解放軍の近代化と文民統制 ……… 151
   （1）中華人民共和国建国と中国人民解放軍に対する文民統制／（2）「改革・開放」と軍の変化／（3）軍の「専門化」と文民統制の新たな課題／（4）「超大国」化と文民統制

## 第10章　中国の外交政策──歴史・現状・展望 ……………… 157
1. 毛沢東時代の中国外交 ………………………………………… 157
   （1）中国外交の時期区分と特徴／（2）中華人民共和国樹立後の対ソ一辺倒外交の展開／（3）反ソ反米の「二正面作戦」外交／（4）連米反ソ外交への転換
2. 鄧小平時代の中国外交 ………………………………………… 161
   （1）「全方位外交」への取り組み／（2）「韜光養晦」外交／（3）「韜光養晦、有所作為」外交への漸進的変化
3. 「発展途上の超大国」と中国外交 …………………………… 163
   （1）「発展途上の超大国」／（2）積極外交への転換／（3）「超大国」としての中国外交の行方

## 第11章　現代中国の中央と地方関係 ……………………………… 170
1. 中央と地方の関係に関する基本制度 ………………………… 170
   （1）中央と地方の権力構造／（2）中央政府の地方政府へのコントロール／（3）地方人民代表大会の権限
2. 中央と地方との関係における政治過程 ……………………… 174
   （1）中央地方関係における中国共産党による指導／（2）中央と地方との関係における省の位置づけ／（3）圧力型体制
3. 中央と地方との関係における問題 …………………………… 178
   （1）分税制の問題／（2）垂直管理方法の再導入の問題／（3）中央と地方との関係改革の模索
4. 今後の見通し ……………………………………………………… 181

## 第12章　民族問題と対応策 ………………………………………… 182
1. 中国民族地図の形成 …………………………………………… 182
   （1）γ（型）構造／（2）漢民族の形成
2. 中国の民族事情 ………………………………………………… 186
   （1）中国の民族事情の特徴／（2）民族識別の作業
3. 主な少数民族が現在直面する問題 …………………………… 188
   （1）チベット族／（2）ウイグル族／（3）回族／（4）モンゴル族／（5）満州族
4. 中国の民族政策 ………………………………………………… 194
   （1）中国の民族問題の困難さ／（2）民族自治／（3）少数民族優遇政策／（4）民族登録／（5）少数民族人口の増加

## 第13章　中国の環境問題と対策 ──────────── 201
　　はじめに ──────────────────────────────── 201
　　1．中国の環境保全担当政府部署、組織機構、関連法令 ─── 201
　　　　（1）中国政府環境保護部（省）と地方組織、機構／（2）中国環境保護部（省）の組織と業務／（3）主な環境保護関連法令
　　2．中国地理環境の特徴 ───────────────────── 206
　　　　（1）地理、地形、河川分布の特徴／（2）気候分布の特徴、日本との違い／（3）人口と都市分布の特徴
　　3．中国における大気汚染問題の現状と対策 ─────────── 208
　　　　（1）PM2.5について／（2）中国の環境空気基準／（3）大気汚染の現状
　　4．大気汚染問題への対策 ──────────────────── 216
　　　　（1）関連法規の整備と予算編成／（2）その他の計画と措置／（3）グリーンエネルギー事業の発展／（4）到達目標とその実現の可能性

## 第14章　少子高齢化社会の到来と社会保障対策 ──── 221
　　1．少子高齢化対策としての年金改革 ────────────── 222
　　　　（1）年金改革のグランドデザイン／（2）企業年金税制度の規範化
　　2．医療保障制度の改革 ───────────────────── 225
　　　　（1）医療財政改革への政府介入の増加／（2）継続する公立病院の改革と民間医療資源の活用
　　3．介護福祉供給体制の構築 ──────────────────── 227
　　4．社会保障改革の政策課題──「公平性」・「持続性」─────── 230

## 第15章　中国近代化の歩みと今後の展望 ─────── 233
　　1．中国の近代化における歴史の3段階 ──────────── 233
　　　　（1）清朝末期（1840～1911年）──西洋への対応／（2）中華民国──国民革命と国民国家化／（3）中華人民共和国──理想と現実のギャップ
　　2．中国近代化の「成果」の検証 ───────────────── 237
　　　　（1）国民国家の統一と安定／（2）国民（民族）国家の形成／（3）外交関係──領土、領海と主権／（4）政治体制／（5）教育／（6）経済／（7）社会／（8）中国近代化に残された課題
　　3．中国の現状分析 ──────────────────────── 244
　　　　（1）周期的社会動乱の終焉／（2）中国はBRICSではなくPSPsである／（3）PSPsとしての中国──新興国にあらず、復興国である
　　4．未来への展望──覇権国ではなく、文化大国を目指す ─────── 248
　　　　（1）中国の経済成長／（2）PSPsである中国にとって致命的になる人口問題／（3）新型大国関係と文化超大国

中国行政区画図

# 第1章

# 中国共産党の統治構造と支配の仕組み

熊 達雲

## 1．中国共産党の党員数と組織構造

### （1）膨大な中国共産党の党員数

　1921年7月に57人のメンバーで構成された無名の政治団体として船出した共産党は、わずか28年間で世界で人口の最も多い国において政権を獲得した。それ以来、65年にわたる長年の間、政権党として中国を支配して現在に至っている。共産党指導部の最新発表によれば、2013年末現在、中国共産党の党員数は8668.6万人となった。

　2011年度現在、世界中で8000万人以上の人口を有する国は全部で16カ国あり、そのうち、8000万人台の国はベトナム（8784万人）、エチオピア（8294万人）、ドイツ（8230万人）、エジプト（8212万人）である。つまり、中国共産党の党員数はヨーロッパで最大の先進国、ドイツの人口を上回っていることになる。

　図1に示したとおり、2013年の党員数は1949年建国時の19.35倍となった。なお、中国共産党の党員数は1000万人になるまでに35年かかり、2000万人から5000万人、6000万人から7000万人になるまで、1000万人ずつ増加するには8年かかったのに対し、7000万人から8000万人になるまでには5年（2005～2010年）しかかからなかった。現在、共産党員が全人口に占める割合は約6.4％となり、つまり、国民の約16人に1人が共産党員である計算となる。

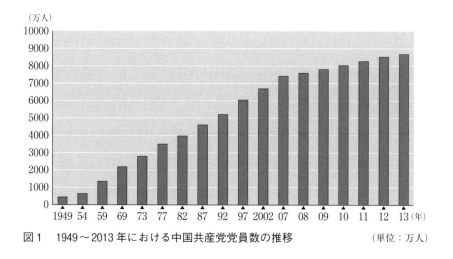

図1　1949～2013年における中国共産党党員数の推移　　　（単位：万人）

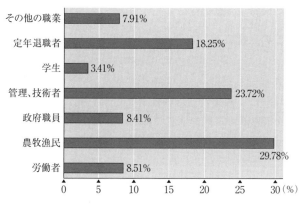

図2　2012年現在中国共産党員の職業構造　　（単位：％）

　中国共産党はプロレタリアートの政党だと党規約に定められている。しかし、図2を見れば、プロレタリアートとしての労働者出身の党員数は2012年になっても8.51％にすぎず、むしろ農林漁民出身の党員が3割弱を占めている。そして、党や政府機関の職員や企業、事業体の管理職員および技術者が合計32％も占め、中国共産党は知識人が最も大きなシェアを占める政党となっている。
　ただし、工業先進諸国の与党と異なり、人びとは共産党への入党を希望す

る場合には、党へ加入する動機に関する審査を受けなければならないとともに、下記のような義務の履行を求められている。
　①マルクス・レーニン主義、毛沢東思想等の政治理論、党の路線、方針、政策および決議、党の基本的知識、科学・文化および業務に関する知識を学習すること。
　②生産、勤務および学習と社会生活などの面で模範的な役割を果たすこと。
　③党と人民の利益を至高とし、個人の利益を党と人民の利益の下位におくこと。
　④党の紀律と国の法律を遵守し、党と国の秘密を厳に守り、党の決定を執行し、組織の配置に従い、党の任務を意欲的に完遂すること。
　⑤党の団結と統一を維持し、党に忠誠を尽くすこと。
　⑥批判と自己批判を真剣に行なうこと。
　⑦大衆と密接に提携し、大衆の正当な利益を擁護すること。
　⑧国および人民の利益を護るために、あらゆる困難な時期および緊急時に勇敢に立ち上がり、犠牲を恐れず、果敢に闘うこと。
　これほど多くの義務の履行が求められても、多くの者が共産党へ入党を希望するのはなぜだろう。中国共産党は政権党として、政治、経済を含むすべての社会分野において指導権を握っており、その構成員がそれぞれの分野で頭角を表す確率が増えたことは魅力的であると思われる。現実に、共産党規約に掲げられた共産主義の目標を実現させるために共産党の党員となるよりも、早期の出世を図ろうとして共産党に入党する者が少なくないだろう。これは、厳しい条件をクリアして共産党員となった後、権力を大なり小なり手にした一部の共産党員が汚職・腐敗者として検挙される原因でもあろう。

### （2）中央指導部の構成
　図3は共産党の組織構造を示したものである。
　この図からわかるように、中国共産党の最高権力機関は党の全国代表大会であり、執行機関は党の全国代表大会において選出される中国共産党中央委員会（中共中央）である。党の全国代表大会は5年ごとに開催され、中央委員の任期は5年とされている。
　党規約によれば、党の全国代表大会は次のような職権を行使することとなっている。

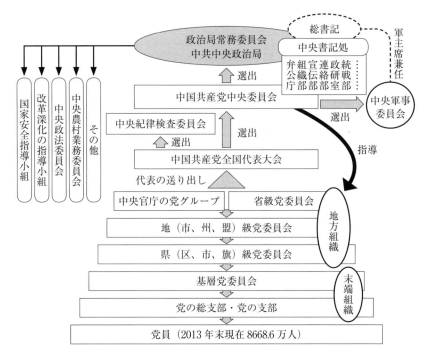

図3　中国共産党の組織図

①中央委員会の報告を聴取し、審査すること。
②中央紀律検査委員会の報告を聴取し、審査すること。
③党の重要な問題を討議し、決定すること。
④党の規約を改正すること。
⑤中央委員会を選出すること。
⑥中央紀律検査委員会を選出すること。

中央委員会は全国代表大会の閉会中、全国代表大会の決議を実行し、党の活動全般を指導し、対外的に中国共産党を代表する機関であるが、中央委員会全会は、1年に1度しか開催されないため、中央委員会全会の閉会中、中央委員会の職権は中央委員会に設置されている中央政治局、中央政治局常務委員会によって行使される。

また、中央政治局とその常務委員会の業務機構として中央書記処が設けら

れている。その構成員は中央政治局常務委員会が指名し、中央委員会全会で決定される。中央書記処には総書記という役職を設置し、中央政治局常務委員会委員の中から選出しなければならない。

　中央委員会総書記は、中央政治局会議と中央政治局常務委員会の会議を招集し、中央書記処の日常活動を司る。

　以上からわかるように、中国共産党の 8600 万人のトップに立っているのは中共中央政治局常務委員会であり、その最高責任者は総書記である。現在、第 18 期中共中央の総書記は習近平で、その政治局常務委員、いわゆるチャイナセブンは習以外に、李克強、張徳江、兪正声、劉雲山、王岐山、張高麗となっている。

### （3）地方組織と末端組織

　共産党は地方組織と末端組織を設けて、党の活動を推進している。地方組織とは行政ランクの県（市）、市（地区）、省（自治区、直轄市）に応じて設置される党の地方委員会である。党の地方委員会は党の地方代表大会によって選出され、日常の活動を司るのは委員会内に設けられる常務委員会であり、そのトップは書記と呼ばれる。地方委員会の任期は 5 年とされている。

　末端組織とは企業、農村、政府機関の業務部課、学校、科学研究機関、住民区などのコミュニティ、社会団体、社会仲介組織、人民解放軍の中隊およびその他の末端機構に設置される党の機関である。党規約によれば、正式党員が 3 人以上いるところには、すべて党の末端組織を設置しなければならない。党の末端組織は、活動の必要性と党員数に応じ、党の基層委員会、総支部委員会、支部委員会を設けることができる。基層委員会は、党員大会または代表大会で選出され、総支部委員会および支部委員会は、党員大会で選出される。

　党の基層委員会の任期は 3 〜 5 年とされ、総支部委員会、支部委員会の任期は 2 年または 3 年とされている。基層委員会、総支部委員会、支部委員会に選出された書記、副書記は、上級の党組織に報告し、その承認を得て就任する。

　住民区、郷、鎮の党の基層委員会と村などのコミュニティにおける党組織は、当該地区の活動を指導し、行政組織、経済組織、大衆の自治組織が職権を十分に行使することを支持し、保障することを活動の主題としている。

国有企業および集団所有制企業にも党の末端組織が設けられており、その職能は次のように与えられている。
　①政治的中核としての役割を発揮し、企業の生産・経営を軸に活動を進める。
　②当該企業における党と国家の方針、政策の貫徹と執行を保障し、監督する。
　③株主総会、取締役会、監事会および支配人（工場長）が法に則って職権を行使することを支持する。
　④企業の職員・労働者大衆に依拠し、従業員代表大会の活動を支持する。
　⑤企業の重要問題の意思決定に参画する。
　⑥党組織自体の建設を強化し、思想・政治活動、精神文明の建設と労働組合、共産主義青年団などの大衆組織を指導する。
　上記職能の中に、一見相反するものも含まれており、そのバランスを保てるかどうかが指導者の能力が問われるところなのであろう。
　非公有制企業に設けられている党の末端組織は、党の方針・政策を執行し、企業が国の法律・法規を遵守するよう導き、監督し、労働組合や共産主義青年団などの大衆組織を指導し、従業員大衆を結束させ、各方面の合法的権益を擁護し、企業の健全なる発展を促進することなどを職能として与えられているが、上記国有企業での末端組織とはやや異なる。
　事業体リーダー責任制を実行する事業体においては、党の末端組織は、政治的中核としての役割を発揮する。党委員会指導下の事業体リーダー責任制を実行する事業体においては、党の末端組織は、重要な問題について討議し、決定を行ない、同時に事業体リーダーが職権を十分に行使できるように保障する。
　各級の党と国家機関の業務部課においては、党の末端組織は行政責任者の任務の達成と仕事の改善に協力し、行政責任者を含む党員一人ひとりを監督するが、当該部門の業務活動には取り組まないこととなっている。
　2013年末現在、全国で各級の地方組織は3219あり、そのうち、省（自治区、直轄市）級の党委員会が31、市（地区、州）級の党委員会が395、県（市、区、旗）級の党委員会が2793あるという。
　また、2012年末現在、中国共産党の末端組織は、7245の都市自治会（街道）、3万3000の郷・鎮、8万7000の社区（住民委員会）、58万8000の行

政村に分布している。また、共産党末端組織の設置率は各種類の業務機構で 99.97％、事業体で 99.4％、公有制企業で 99.98％、非公有制企業で 99.95％（147 万 5000）、社会団体で 99.21％（4 万 300）、民間経営のＮＰＯで 99.61％（3 万 9500）となっている。

中国共産党が発足して以来、いく度も危機に遭遇したにもかかわらず、不死鳥のように倒れては立ち上がることができたのは、このような末端組織が大きく寄与したためといえよう。

## 2．共産党はどのように一体性を保つか

### （1）「民主集中制」とは何か

共産党規約には「党は、自らの綱領と規約に基づき、民主集中制によって組織された統一体である」との規定があるため、党は民主集中制という原則をもって党の一体性を維持していると思われる。民主集中制は具体的には下記のような内容から構成されている。

第1に、服従の原則が求められている。

まず、個々の党員は共産党の組織に従わなければならない。党員が党の組織を代表して重要な主張を述べる場合には、党がすでに行なった決定の枠を超えてはならない。いかなる党員もその職位の高低を問わず、個人で重要問題の決定をしてはならず、いかなる指導者であっても、個人を組織の上に据えることは許されない。

次に、意思決定にあたり、少数派の意見は多数派の意見に従わなければならず、上下級組織の関係では下級組織が上級組織に従わなければならない。

少数が多数に従う原則を実行する場合、重要な問題の決定については表決を行なわなければならない。ただ、少数者の異なる意見に対して、とりわけ賛否の人数が拮抗している場合には、多数の意見に従って対策を実行しなければならない緊急の状況を除き、決定を見合わせ、さらなる調査研究や意見交換を行ない、次回の再表決に付すこととなっている。

なお、党の下級組織は、上級組織の決定がその地域、その部門の実際状況に合わないと認めた場合には、変更を求めることができる。上級組織がもとの決定を変えない場合には、下級組織は、必ずその決定を実行すべきであって、異なる意見を公に発表してはならない。ただし、1級上の党組織に報告

する権利を持つこととなっている。

　最後に、すべての党員およびあらゆる組織が共産党の全国代表大会と中央委員会に従わなければならないとしている。全国にかかわる重要な政策問題については、党中央のみが決定する権限を持ち、各部門、各地方の党組織は勝手に決定を下したり、党の外部に主張を発表したりしてはならないとしている。

　第2に、共産党の各級の指導部は、すべて選挙を通して選ばれなければならない。

　党の各級代表大会の代表とその委員会の選挙は、無記名投票の方式をとり、候補者の指名は、党組織と選挙人による十分な根回しと討議を経なければならないと規定されている。なお、選挙は候補者数が定員数を超える「差額選挙」の方法をとるべきだと規定されている。

　ただし、中央政府官庁や省級政府の部局に設置されている党組（党グループ）は選挙を経ずに、それぞれ中共中央または省級党委員会によって任命される。

　第3に、党の最高指導機関は党の全国代表大会とそれによって選出された中央委員会であり、党の地方各級の指導機関は党の地方各級の代表大会とそれによって選出された委員会であるとされ、党の各級委員会は、同級の代表大会に対して責任を負うとともに、活動の報告を行なうこととなっている。

　第4に、党の上級組織は、常に下級組織と党員たちの意見に耳を傾け、彼らの提出した問題を遅滞なく解決しなければならない。党の下級組織は、上級組織に指示を仰ぎ、その活動を報告する一方、独自に責任を持って自己の職責範囲内の問題を解決しなければならない。

　なお、党の各級指導機関は、下級組織が処理すべき問題については、特別な事情がない限り、これに関与しないものとする。これをもって、下級機関の正常な権利を保護する。

　第5に、集団的指導と個人責任制を結びつける指導体制の実行が要求されている。つまり、各級の党委員会で重要な問題に属するものについては、すべて党の委員会における集団的討議を経て、決定をしなければならない。委員会の構成員は、集団による決定と業務の分担に基づき、着実に自らの職責を果たさなければならない。

　第6に、いかなる形の個人崇拝をも禁止する。党の指導者の活動が党と人

民の監督のもとに置かれるよう保証するとともに、党と人民の利益を代表するすべての指導者の威信を守らなければならない。

### （２）厳格な紀律による規制

中国共産党はマルクス・レーニン主義に基づき創立された自称プロレタリア政党であり、加えて、創立時には時の政権から情け容赦のない弾圧を受け、秘密裏の地下活動を強いられたこともあるため、党員に対しては厳しい紀律の厳守を要求していた。政権を手にして半世紀以上経ち、地下活動から解放された現在でも、党員に対する厳しい紀律の要求は弛んでいない。

そのため、党規約には党の紀律という１章が設けられ、「党の紀律は党の各級組織とすべての党員が遵守しなければならない行動のルールであり、党の団結・統一を擁護し、党の任務を遂行するうえでの保証である」とし、「党の組織は党の紀律を厳格に執行し、擁護し、共産党員は進んで党の紀律による規制を受けなければならない」と要求している。

党の紀律に違反した党員は、紀律による処分を受けなければならない。その処分には、戒告、厳重戒告、党内職務の罷免、党籍を保留したうえでの観察、党籍はく奪という５種類が設けられている。

ただ、誤った紀律による処分を防ぐために、党員に対する処分の決定を行なう際には、事実を究明したうえに、処分決定の根拠となる事実を示す資料および処分の決定を本人に告知し、本人の事情説明と弁明を聴取しなければならない。本人は処分の決定に不服がある場合には、不服申立をすることができ、関連党組織は責任を持ってこれを処理するか、または上級組織に速やかに転送しなければならないという救済措置が講じられている。

また、党の紀律を守る面で党の組織が職責を果たさなかった場合には、当該組織の責任を追及しなければならない。党の紀律に大きく違反しながら、自らこれを是正できない党組織に対しては、１級上の党委員会は、事実を調査、確認した後、情状の具合に応じてその組織の改組または解散を決定し、１級上の党委員会に報告して、その審査、承認を受けてからその処分を執行する。

このような紀律規制を実行するために、共産党の各級指導部内に「紀律検査委員会」（末端組織では紀律検査委員）と呼ばれる機関が設置され、同級の党委員会および１級上の紀律検査委員会による二重指導のもとで活動を行なう

こととなっている。

　党の紀律検査委員会の仕組みや中央紀律検査委員会の内部組織構造については第8章に譲るが、党の各級紀律検査委員会の主な任務は、①党規約その他の党内法規を守り、党の路線、方針、政策および決議の実行状況を点検すること、②党の委員会を補佐して党風の建設を強化し、腐敗に反対する活動を展開することと定められている。

　紀律検査委員会が行なっている業務の中で、各級の党組織および党員にとって最も威力のあるものは党組織に対する巡視活動と「双規」という武器を頼りに、告発を受けた党員に対して行なう取調であろう。「双規」による共産党員の取調は人権の侵害の恐れがあるのではないかと批判する声もある。しかし、共産党員は共産党の組織に入った以上、一般の国民が享受することのできる一部の権利を返上し、国民より厳しい規制を受ける覚悟を持たなければならない。さもなければ、共産党は中国の統治権を委嘱されないであろうとして、共産党指導部は共産党員に対する国民以上に厳しい紀律規制の正当化を擁護している。

### （3）党の指導幹部の任用、考課および昇進のメカニズム

　「政治路線が決まった後は幹部こそ決定的な要素だ」と毛沢東元党主席が述べたように、中国共産党は幹部の養成、選抜、任用および監督に非常に力を注いでいる。

　したがって、党規約は共産党員出身の党政役人に対しては党員の上記諸義務を模範的に履行する以外に、①マルクス・レーニン主義、毛沢東思想、鄧小平理論や「3つの代表」という重要思想および科学的発展観を身につけること、②共産主義の遠大な理想と中国的特色のある社会主義に対する確固とした信念を持つこと、③臨機応変な勤務態度を有すること、④組織力、教養および専門知識を具備すること、⑤正しい権力観を持つこと、⑥虚心坦懐にして同僚や部下と手を組んで行動する精神を持つこと、といった基本的な条件を備えなければならないと要求している。

　上記のような素質を有する指導幹部を獲得するために、「公開選抜、競争による任用」の手法を用いて、各級の党政指導幹部の選抜任用を行なっている。

　具体的には、職位、応募者の資格要件、基本的な手続および方法が公表さ

れ、応募者に対して資格審査が行なわれる。そして、筆記試験が課され、試験合格者には考査が行なわれて、採用候補者が選定される。さらに、党委（党組）の討議により仮採用が決定され、1年間の試用期間を経て、人間性や能力等に問題がなければ正式に任用される。

また、下級職から上級職へ昇進する場合には職歴が重視されている。すなわち、①県（処）級の指導職の昇進に応募する場合は、勤務歴5年以上と末端機関での勤務歴を2年以上有し、2つ以上の1級下の職位に任用された経歴を必要とし、②県（処）級の指導職の副職から正職への昇進に応募する場合には、副職のポストに2年以上勤務した経歴が、下級の正職から上級の副職への昇進に応募する場合には、下級の正職ポストに3年以上勤務した経歴が必要とされる。

また、現職の党政役人に対しては表1に掲載した総合考課が行なわれ、その評価の結果は現職役人に対する評価または昇進および昇格の根拠とされている。

このような考課方法によって党政役人は勤務の意欲が高まり、所在地域の社会、経済、文化教育等の発展と住民生活の改善に取り組むようになったと思われる。だが、総合考課は実施される過程でGDPの増大への貢献に焦点を絞る傾向が見られ、資源の無駄な使用、環境の破壊などの問題を助長したといわれている。その傾向を見直すために、現指導部は2013年12月に総合考課の改善について通達を出し、当該地域のGDP総額および成長率をもって地方指導部の勤務業績および党政役人を評価し、ランクづけるという方法をやめ、考課は経済、政治、文化、社会、生態文明および党の建設に関する総合的な実効および地域の発展過程に存在している目立つ矛盾や問題を解決した実績を基準にすべきであると強調するように変わった。

## 3．共産党はどのように「廉潔さ」と「先進性」を保つか

### （1）党内監督のメカニズム

「共産党は労働者階級と最も広範な人民大衆の利益のほかに、自らの特殊な利益はない。党はいかなるときにおいても、大衆の利益を第一位に置き、大衆と苦楽をともにし、最も密接なつながりを保つものであり、いかなる党員も大衆から遊離し、大衆の頭上に君臨することは許されない」という党の

表1　中国における地方政府の党政役人に対する総合考課の内容

| 名称 | 民主的推薦と個別談話 | 民主的チェックと評価 | アンケート調査 | 業績分析 |
|---|---|---|---|---|
| 目的 | 昇進昇格対象者の選出 | 現職の幹部職員の実績のチェック | 現職役人への一般人の評価 | データによる業績の評価 |
| 参加者または内容 | （1）①党委員会の構成員、②人代常務委員、③政府責任者、④政治協商委員会指導部構成員、⑤紀委の責任者、⑥裁判所、検察院の責任者、⑦業務機関の責任者、⑧1級下の党委員会および政府の主要責任者、⑨本級指導部の前任者、⑩参加すべき他のものによる投票での推薦、（2）同上参加者による個別談話による推薦、（3）上記の方法で絞り出せない場合に、①②③④⑥⑩による「差額選挙」をもって候補者を決定する。 | （1）①思想政治、②指導能力、③業務の実績、④党風および清潔政治への取り組みに基づき評価の種類を設置。（2）被評価者による自己評価。（3）評価の内容は①政治態度、②思想および品格、③業務の考え方、④組織協調の能力、⑤法による業務取扱能力、⑥心理的素質、⑦政治的状態、⑧勤務態度、⑨職責履行の実績、⑩複雑問題の処理能力、⑪インフラ建設、⑫清廉さに分けて評価を行なう。（4）参加者は同左 | （1）指導部に対しては①経済建設、②政治建設、③文化建設、④社会建設、⑤党の建設について、（2）役人に対しては①勤務態度、②職責の履行状況、③民衆から受けたイメージについて、（3）アンケート調査を受けるものについては末端機関に勤務し、推薦や考課に参加しなかった①党代表大会の代表、②人代代表、③政協委員、④その他の代表、⑤調査結果は①満足、②比較的満足、③不満足、④知らない、となっている。 | （1）①一人当たりGDP、財政収入、住民所得および増加状況、②資源の消耗および安全生産の状況、③教育、④住民の就業事情、⑤社会保障、⑥文化生活、⑦人口および計画出産、⑧耕地保護、⑨環境保全、⑩科技への財政投入および創新状況、（2）会計検査機関からの検査意見および評価、（3）民意調査の結果に基づき、対象者の指導部または役人の執務業績を分析したうえに評価を行なう。 |

出所：『地方党政指導部および指導役人に対する総合考課の試行方法』に基づき筆者作成。

主旨を貫くために、党の指導部は党の各級指導部とその党政役人、特に主要責任者に対する監督のメカニズムを構築した。

2004年7月に公表された「中国共産党党内監督条例（試行）」によれば、共産党の各級の党委員会、紀律検査委員会および普通の共産党員に監督の権利があるのみでなく、一般民衆や社会的世論にも共産党に対する監督権利を与えている。

その監督を実現させるためには、①集団的指導と個人責任制との結合、②重要問題の通報と報告制、③活動状況陳述と清廉についての陳述、④民主生活会議の開催、⑤陳情の取扱、⑥巡視業務の展開、⑦談話と訓告、⑧世論による監督、⑨詢問と質詢（前者は事情の説明を求める質問で、後者は問題点を指摘

し、批判を加えた質問)、⑩罷免または免職の要求とその処理など10種類の監督方法が設けられた。上記監督方法のなかで、①〜④は自らの監督、⑤〜⑩は他者による監督だと思われる。他者による監督の事例は第8章で述べることにするので、ここでは「民主生活会議の開催」を自らの監督の事例として紹介しておきたい。

1990年5月、共産党指導部が公表した「県以上の党および国家機関における党員指導幹部の民主生活会議に関する若干の規定(試行)」によれば、民主生活会議での議題は、①党の路線・方針・政策および決議の執行状況、②指導部自身の建設の強化、民主集中制の実行状況、③刻苦奮闘、清廉潔白、党紀と法規の遵守状況、④大衆路線の堅持や調査研究の進行状況および大衆との関係、などを内容とし、相互批判と自己批判を要求している。

民主生活会議は上級党組織の構成員の立ち会いのもとで行なわれる。

会議開催中に、すべての参会者はまず本人の思想や勤務の現状および廉潔に関する自己規制に結び付けて自身の至らぬ点や誤りについて自己批判を行ない、それを正す方法を提出しなければならない。なお、他人の問題や誤りについては問題の指摘と批判を展開し、批判を受けた人は相手方の発言を胸襟を開いて聞き入れる態度で臨まなければならないと要求されている。

相互批判と自己批判による民主生活会議の開催は共産党が自らの力で各級指導部内に存在する問題および誤りを正す自律、自制の手段としてよく用いられるが、ここ十数年来、民主生活会議が形式主義に陥ってしまい、その自浄の役割が低下してしまった。したがって、習近平指導部が最近推進している大衆路線教育実践キャンペーンにおいて民主生活会議と相互批判と自己批判が厳しく要求され、郷・鎮から省級指導部まですべてこのような民主生活会議が開催され、多くの問題が明るみに出たという。

(2) 綱紀粛正のキャンペーン

綱紀粛正のキャンペーンは中国語で表現すれば「整風運動」となるのであろう。これは中国共産党中央指導部がすべての党員の思想を統一し、前へ進む歩調を揃え、党内に存在する不正の風紀を正す手段として使われている。

整風運動の端緒は1940年代初めに展開されていた「延安整風」に遡ることができる。延安整風によって、中国共産党はさらなる団結と発展を実現し、抗日戦争勝利後、国民党との政権争奪戦における勝利を手にしたといわれて

いる。そのような歴史的経緯があるため、中国共産党は現在に至るまで、数年ごとに綱紀粛正のキャンペーンを繰り広げている。その大きなものだけで次のようなものがあげられる。

①官僚主義反対、セクト主義反対、主観主義反対の整風キャンペーン（1957年）、②社会主義教育キャンペーン（1963～1965年）、③全面的な整党キャンペーン（1983年）、④ブルジョア自由化反対キャンペーン（1987年）、⑤共産党員の先進性保持に関する教育キャンペーン（2005年）、⑥大衆路線の教育と実践キャンペーン（2013年）などである。

上記綱紀粛正キャンペーンの中で、文化大革命の混乱の前触れとして繰り広げられた「社会主義教育キャンペーン」もあったが、そのほかは、共産党員の思想統一および新目標の設定にある程度成功し、共産党の政権安定に寄与したといえよう。たとえば、つい最近終了した大衆路線の教育と実践キャンペーンにより、汚職・腐敗に手を染めた共産党員や党政役人が数多く摘発されて共産党から追い出されたため、党の信用危機からある程度脱することができたように思われる。

### （3）学習型政党の建設

中国共産党は時代の発展の流れに乗り遅れないために、新思想、新知識、新経験を絶えず学習し、それを社会実践に活かすように取り組み続けている。共産党指導部はさらに、「新しい情勢下における党の建設の強化および改進の若干問題に関する中共中央の決定」（2009年9月）を公表し、学習型政党の建設を制度化しようとした。

同決定は学習型政党を建設するには、全党の範囲内で、学習を尊ぶ雰囲気を醸成し、すべての党員が意欲的に読書し、実務の解決に取り組みながら学習しなければならないとした。それ以来、党指導部は9回に分けて、党員が学習すべき推薦書目を公表した。表2はその一覧である。

表2の推薦一覧からわかるように、その書籍はマルクス、エンゲルス、レーニンなど社会主義・共産主義理論の創案者や毛沢東、鄧小平、江沢民、習近平など中国の社会主義実践者および指導者による執筆のものもあれば、世界史、中国史および中国革命史などの歴史書もあり、経済、政治、文化、科学技術のような書籍も入っている。

また、共産党最高指導部もこれに先駆けて学習の模範を示した。胡錦濤が

## 第 1 章　中国共産党の統治構造と支配の仕組み

**表 2a　学習型政党の建設に関する共産党指導部による推薦書目**

| 第 1 回（2010 年 2 月推薦） |
|---|
| ①《马克思恩格斯文集》（『マルクス・エンゲルス文集』）<br>②《列宁专题文集》（『レーニン専題文集』）<br>③《毛泽东著作专题摘编》（『毛沢東著作専題摘編』）<br>④《邓小平文选》（『鄧小平文選』）<br>⑤《江泽民文选》（『江沢民文選』）<br>⑥《毛泽东　邓小平　江泽民论科学发展》（『毛沢東・鄧小平・江沢民科学的発展論』）<br>⑦《科学发展观重要论述摘编》（『科学的発展観の重要論述摘編』） |
| 第 2 回（2010 年 4 月推薦） |
| ①《转变经济发展方式研究》（『経済発展の方式転換の研究』）<br>②《社会主义法治理念读本》（『社会主義法治理念の読本』）<br>③《国情备忘录》（『国情備忘録』）<br>④《苦难辉煌》（『苦難と輝き』）<br>⑤《解放战争》（『解放戦争』） |
| 第 3 回（2010 年 11 月推薦） |
| ①《中国共产党历史（第一卷）》（『中国共産党史』第 1 巻）<br>②《中国共产党简史》（『中国共産党略史』）<br>③《中国共产党历史二十八讲》（『中国共産党の歴史 28 講』）<br>④《中国共产党新时期简史》（『中国共産党新時期略史』）<br>⑤《党的历史知识简明读本》（『党の歴史知識の簡略読本』）<br>⑥《复兴之路》（『復興の道』）<br>⑦《二十世纪中国史纲》（『21 世紀中国史綱』）<br>⑧《毛泽东传》（『毛沢東伝』） |
| 第 4 回（2011 年 5 月推薦） |
| ①《论党的群众工作——重要论述摘编》（『党の大衆活動論——重要論述摘編』）<br>②《中国共产党历史（第二卷）》（『中国共産党歴史（第 2 巻）』）<br>③《山高水长——回忆父亲聂荣臻》（山高く水長い——父親聶栄臻の思い出）<br>④《钱学森故事》（『銭学森の物語』）<br>⑤《遵义！遵义！》（『遵義！遵義！』） |
| 第 5 回（2011 年 12 月推薦） |
| ①《马列主义经典著作选编（党员干部读本）》（『マルクス主義経典著作選編（党員幹部の読本）』）<br>②《马列主义经典著作选编学习导读》（『マルクス主義経典著作選編学習ガイドブック』）<br>③《从怎么看到怎么办——理论热点面对面・2011》（『どう見るかからどうやるかへ——理論のトピックスに直面して・2011』）<br>④《孙中山传》（『孫中山伝』）<br>⑤《星火燎原全集精选本》（『星火燎原全集抜粋本』）<br>⑥《日出东方——中国共产党创建纪实》（『日が東方から昇る——中国共産党創立レポート』）<br>⑦《中国共产党历史大事记（1921 年 7 月-2011 年 6 月）》（『中国共産党歴史大事記（1921 年 7 月〜2011 年 6 月）』） |

出所：関連資料をもとに筆者作成。

表2b　学習型政党の建設に関する共産党指導部による推薦書目

| 第6回（2012年4月推薦） |
| --- |
| ①《论文化建设——重要论述摘编》（『文化建設論——重要論述摘編』）<br>②《科学发展主题案例》（『科学発展主題事例』）<br>③《历史的轨迹：中国共产党为什么能（修订版）》（『歴史の軌跡：中国共産党はなぜできたか（修訂版）』）<br>④《雷锋》（『雷鋒』）<br>⑤《幸福就这么简单》（『幸福はこれほど単純だ』） |
| 第7回（2012年9月推薦） |
| ①《辩证看　务实办——理论热点面对面・2012》（『弁証的に見る、実務的に行なう——理論のトピックスに直面して・2012』）<br>②《简明中国历史读本》（『コンサイス中国歴史読本』）<br>③《中华史纲》（『中華歴史綱要』）<br>④《中国道路——马克思主义中国化经典文献回眸》（『中国の道——マルクス主義中国化の経典文献のふり返り』）<br>⑤《焦裕禄》（『焦裕禄』） |
| 第8回（2014年2月推薦） |
| ①《习近平关于实现中华民族伟大复兴的中国梦论述摘编》（『中華民族の偉大なる復興というドリームの実現に関する習近平の論述抜粋』）<br>②《毛泽东年谱（1949-1976）》（1-6卷）（『毛沢東年譜（1949〜1976）』（1〜6巻）<br>③《中国特色社会主义学习读本》（『中国的特色のある社会主義学習読本』）<br>④《科学发展观学习纲要》（『科学的発展観の学習綱要』）<br>⑤《马克思主义哲学十讲》（『マルクス主義哲学十講』）<br>⑥《六个"为什么"——对几个重大问题的回答（2013年修订版）》（『6つのなぜ——いくつかの重大問題に対する回答（2013年修訂版）』）<br>⑦《科学发展案例选编》（『科学的発展事例選編』） |
| 第9回（2014年9月推薦） |
| ①《习近平总书记系列重要讲话读本》（『習近平総書記の系列重要講話の読本』）<br>②《习近平关于全面深化改革论述摘编》（『全面的な改革深化に関する習近平の論述摘編』）<br>③《历史转折中的邓小平》（『歴史的転換中の鄧小平』）<br>④《世界社会主义五百年（党员干部读本）》（『世界諸国における社会主義の五百年（党員幹部の読本）』）<br>⑤《改革热点面对面》（『改革のトピックスに直面して』）<br>⑥《理想信念的理论支撑》（『理想信念の理論的サポート』）<br>⑦《道路自信：中国为什么能（精编本）》（『道への自信：中国はなぜできたか（精編本）』）<br>⑧《西式民主怎么了（1、2）》（『西洋式の民主はどうなったか（1、2）』） |

出所：関連資料をもとに筆者作成。

2004年総書記に就任して以来、政治局では学者を招いて学習会を開催することが定例となった。表3は習近平が総書記になってからの勉強会の概要である。

## 4．共産党の中国統治の実際

### （1）中国の統治構造における共産党の位置づけ

中国憲法の前文には「中国の各民族人民は、引き続き中国共産党の指導の下に、マルクス・レーニン主義、毛沢東思想、鄧小平理論、『3つの代表』の重要思想および科学的発展観に導かれて、人民民主主義独裁を堅持し、社会主義の道を堅持し、……我が国を富強、民主的、かつ、文明的な社会主義国家として建設する」とあり、共産党の指導的地位が定められている。他方、憲法第5条では「……4、すべての国家機関、武装力、政党、社会団体、企業および事業組織は、この憲法および法律を遵守しなければならない。この憲法および法律に違反する一切の行為に対しては、その責任を追及しなければならない。5、いかなる組織または個人も、この憲法および法律に優越した特権を持つことはできない」とも規定されている。むろん、すべての政党には共産党も入っているはずであろう。つまり、共産党も憲法および法律に認められる範囲内で活動をしなければならない。一見して互いに衝突しかねない2つの規定はどのように統一されるのだろうか。図4はこのようなメカニズムにおける共産党の位置づけを示したものである。

図4を見れば、共産党は憲法を戴いて政権党として支配構造図の最上位に位置しており、共産党の最高指導部は省以下の党組織を直接指導するが、行政、司法に対しては、全国人民代表大会（全人代）を経由して、間接的な指導を実施する形をとっているようにも見える。この仕組みは「立憲君主」制の概念を借用し、「立憲党主」制とでもいえるだろうか。

### （2）チャイナセブンと立法、行政、司法三権との関係

この体制の中で、共産党最高指導部の構成員チャイナセブンがそれぞれ立法府、行政府ないし武装力のトップを務める形で共産党の中国全体に対する支配権が実現されるのである。

具体的にみると、最高指導部内でトップの地位にある総書記習近平は国家

表3 中国共産党第 18 期中央委員会政治局における勉強会とその内容（2012 年 11 月～2013 年 12 月）

| 回数 | 期日 | 学習の内容 | 担当講師 |
|---|---|---|---|
| 第 1 回 | 2012/11/17 | 共産党第 18 期大会の精神の学習および貫徹を深めていこう | 習近平が主催してスピーチをし、政治局常務委員会委員 7 人全員、学習課題について感想を述べた。 |
| 第 2 回 | 12/31 | より大きな政治的勇気と知恵をもって改革を深める | 中央党史研究室李向前研究員、国家発展改革委員会マクロ経済研究院王一鳴研究員 |
| 第 3 回 | 2013/1/28 | 意思を揺るがさずに和平による発展の道へ | 外交部部長楊潔篪、中共中央対外連絡部部長王家瑞、商務部部長陳徳銘による発言。 |
| 第 4 回 | 2/23 | 法治の全面的推進について | 全人代常務委員会法工委主任李適時、最高人民法院副院長沈徳咏、最高人民検察院副検察長胡沢君、司法部部長呉愛英、国務院法制事務局主任宋大涵 |
| 第 5 回 | 4/19 | 中国史における腐敗撲滅および清廉推奨について | 中国社会科学院歴史研究所卜憲群研究員、政治学研究所房寧研究員 |
| 第 6 回 | 5/24 | 生態文明の建設について | 清華大学環境科学と工学研究院教授・中国工程院院士郝吉明、中国環境科学研究院研究員・中国工程院院士孟偉 |
| 第 7 回 | 6/25 | 中国的特色のある社会主義の理論および実践 | 馬凱、劉奇葆、範長龍、孟建柱、趙楽際、胡春華による重点発言。 |
| 第 8 回 | 7/30 | 海洋強国の建設について | 中国海洋石油総公司副総技師・中国工程院院士曾恒一、国家海洋局海洋発展戦略研究院の高之国 |
| 第 9 回 | 9/30 | 創新による発展の戦略の実施について | 北京市中関村にて視察調査、解説と議論とを結びつける形式。 |
| 第 10 回 | 10/29 | 住宅の保障体系および供給体系の整備 | 清華大学土木水利学院劉洪玉教授、住宅建設部政策研究センター秦虹研究員（教授） |
| 第 11 回 | 12/3 | 歴史唯物主義の基本原理および方法論 | 中国人民大学郭湛教授、中央党校韓慶祥教授 |
| 第 12 回 | 12/30 | 国の文化ソフトパワーの向上 | 武漢大学沈壮海教授、全国宣伝幹部学院黄志堅教授 |

出所：人民網　http://politics.people.com.cn/n/2013/1231/c1001-23992450.html（2014/2/27 閲覧）

第1章　中国共産党の統治構造と支配の仕組み

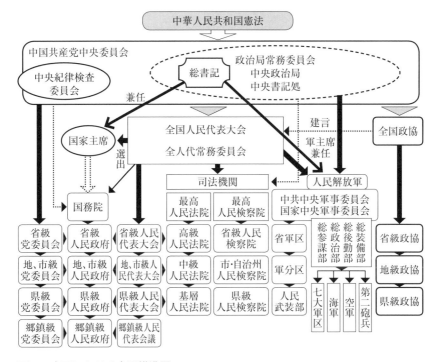

図4　中国における支配構造図
政協：政治協商会議

主席、中央軍事委員会主席、ナンバーツーの李克強は国務院総理、3番目の張徳江は立法機関の全人代常務委員会委員長、4番目の兪正声は中国人民政治協商会議全国委員会の主席、7番目の張高麗は筆頭副総理として李克強を補佐することになっている。残りの劉雲山と王岐山は国家機関での職務を兼任せず、党務に専任しているが、劉雲山は中央精神文明建設指導委員会の主任を兼任し、国務院管轄の25の官庁がその構成機関となって、その指導下に置かれている。また、国務院の監察部は王岐山所管の中央紀律検査委員会と合同で業務を取り扱う体制をとっており、事実上、中央紀律検査委員会の事務局の役割を果たしている。

　より詳しい仕組みについては各章に譲るので、ここでの詳述は控えることとする。

表4 中国共産党中央委員会所属の議事機関の事例

| | 名 称 | 成立年 | 組 長※ | 副組長※ |
|---|---|---|---|---|
| 委員会 | 中央国家安全委員会 | 2013年 | 習近平 | 李克強　張徳江 |
| | 中央政法委員会 | 1980年 | 孟建柱 | 郭声琨 |
| | 中央社会治安総合治理委員会 | 1991年 | 孟建柱 | |
| 指導委員会 | 中央精神文明建設指導委員会 | 1997年 | 劉雲山 | |
| 指導小組 | 全面的な改革を深化する中央指導小組 | 2013年 | 習近平 | 李克強、劉雲山、張高麗 |
| | 党の大衆路線教育実践活動に関する中央指導小組 | 2013年 | 劉雲山 | |
| | 財経に関する中央指導小組 | 1980年 | 習近平 | 李克強 |
| | 巡視業務に関する中央指導小組 | 2003年 | 王岐山 | |
| | 農村業務に関する中央指導小組 | 1993年 | 汪洋 | |
| 協調小組 | 中央香港マカオ業務協調小組 | 2003年 | 張徳江 | |
| | 中央新疆業務協調小組 | 2000年 | 俞正声 | |

※国家安全委員会は主席と副主席、政法委員会と社会治理委員会は主任と副主任と呼ばれる。
出所：関係資料をもとに筆者作成。

## （3）「議事機関」のあり方とその役割

　チャイナセブンと三権との結びつき方が共産党の国政における垂直的な指導を保つシステムといえるならば、共産党最高指導部に設けられているさまざまな議事機関は共産党が国政において横断的に指導を行なう手段であろう。

　これらの議事機関の設置、統廃合についての規定または手続については公開資料がないため、その全容は不明だが、新聞記事によって公開されたものを総合的にみると、その名称は「委員会」「指導委員会」「指導小組」「協調小組」と4種類あるようである。

　党指導部内にこのような議事機関が設置されたのは毛沢東時代の1950年代に溯ることができる。1980年代中期に入り、党務による国務への侵蝕を防ぎ、党務と国務の分担の明確化を目指す改革が行なわれ、このような議事機関の統廃合によってその数は減少していた。しかし、1989年に起こった天安門事件によりこの改革がストップし、党最高指導部内に設置されるこのような議事機関が増えるようになったと思われる。Wikipediaによると、現在、このような議事機関は約36存在するという。表4に掲載したのはその中の一部分にすぎない。

周望の『中国「小組機制」研究（中国における「小組メカニズム」の研究)』によれば、これらの機関は、共産党中央部の業務性格に応じて、組織人事、宣伝文化教育、政治法律、財政経済、外交および統一戦線、党の建設および党務といった6部門に分けて設置され、共産党の組織体系および実際運営過程中における機能として、党の政策方針に対するサポート、常設機関に任せきれない業務に備えるための政策準備、および重要政策決定に対する補強といったものがあると指摘されている。

　また、これらの議事機関には行政執行機関の役割もあると思われる。したがって、これらの議事機関は党の機関に所属しているにもかかわらず、国務院の構成機関も含まれている。たとえば、中央農村業務指導小組には農林水産関係の主務官庁、中央金融安全指導委員会には金融関係とかかわる主務官庁、中央精神文明建設指導委員会には出版、新聞、文化等にかかわる主務官庁、中央財経業務指導小組には財政、経済関係の主務官庁が含まれているのはそのためであろう。

　共産党中央指導部にこのような業務指導委員会または小組を設ける狙いはおもに2つ指摘される。1つは行政業務に党の指針および意志をスムーズに貫かせることである。もう1つは行政官庁の縄張り主義をなくし、または減少させ、政策の決定が全局的な見地に基づき行なわれることである。

　事実上、改革開放政策が三十数年間施行されている現在、さらに改革を深めていくためには、既得権益集団の妨害を排除しなければならなくなる。しかし、行政の主務官庁の力量のみではおよそ無理なのが現実である。したがって、中国共産党第18期中央委員会第3回全体会議（3中全会）では300項目以上の改革プログラムを練ったが、それを着実に推進していくためには、やはり共産党を中心とする横断的な組織が必要とされる。

　2013年に新設された中央国家安全委員会は政治の安全、国土の安全、軍事の安全、経済の安全、文化の安全、社会の安全、科学技術の安全、情報の安全、生態の安全、資源の安全、原子力の安全といった国家安全の多様性への挑戦に対応するためのものであるが、単一の部門または部門間の協調メカニズムに頼るという既存の手法ではニーズを満たせない。それゆえ、中央国家安全委員会に外務省、司法省、公安省、安全省、対外貿易関係省庁といった行政関係の機関が含まれるだけでなく、軍事機関や武装警察機関も含まれている。

【参考文献】

加茂具樹『現代中国政治と人民代表大会——人代の機能改革と「領導・非領導」関係の変化』慶應義塾大学出版会、2006 年
熊達雲『法制度からみる現代中国の統治機構——その支配の実態と課題』明石書店、2014 年
国分良成編『中国の統治能力——政治・経済・外交の相互連関分析』慶應義塾大学出版会、2006 年
周望『中国「小組機制」研究』（中国語）天津人民出版社、2010 年 12 月
唐亮『現代中国の党政関係』慶應義塾大学出版会、1997 年
毛里和子『現代中国政治——グローバル・パワーの肖像〔第 3 版〕』名古屋大学出版会、2012 年
新華網（中国語　http://www.xinhuanet.com）
人民網（中国語　http://www.people.com.cn）
新浪網（中国語　http://news.sina.com.cn）
搜狐網（中国語　http://news.sohu.com）
中国共産党新聞網（中国語　http://cpc.people.com.cn/）
鳳凰網（中国語　http://news.ifeng.com）

# 第2章

# 人民代表大会制度

毛桂榮

## 1．人民代表大会とその制度

### （1）人民代表大会とその常務委員会

　日本国憲法第41条では、国会は国権の最高機関と規定されている。中国では、制度的に日本の国会に相当する機構は全国人民代表大会（以下、全人代）であり、中国の最高権力機関である。全人代の代表は、3000人弱であり、毎年1回北京に招集され、その代表としての権力を行使する。会議終了後はそれぞれの職場へ帰っていく。会期は1～2週間程度で、代表の任期は5年、単純計算で全人代の代表は、任期5年間で合わせて2カ月程度北京に滞在することになる。代表は兼職なので無給であるが、会議期間中は、交通費、宿泊代、食事代などは公費から支給される。

　年1回の約1週間余りの会期では、国権の最高機関に相応な議論などはほとんどできない。そこで、全人代には常務委員会という機構が設置されている。常務委員会は、日本の国会の常任委員会とは異なり、全人代の閉会期間中、憲法など基本法以外の法律を制定することができ、また憲法や法律を解釈する権限を持つ。常務委員会の下には日本の国会常任委員会に相当する専門の委員会、たとえば法律委員会、財政経済委員会などが設置されている。全人代の常務委員会の約170人（直近の数字）の委員は全人代の代表から選出される。任期は5年であり、全人代に責任を負うこととなっている。常務委員会には、委員長1人、副委員長複数名（2014年現在13人）からなる「委

員長会議」が設置され、常務委員会の業務を指揮している。通常、委員長は共産党中央政治局常務委員（現在7人）の一人が担当することになっている。常任委員会は、偶数月に（2ヵ月に1回の）会議（約1週間の会期）を開くことが制度化されており、また臨時会議の開催や会期延長をすることもできる。

　一般に議会制度では、一院制、二院制の分類がなされるが、中国の全人代と常務委員会の関係は二院制ではない。あえていうなら、一院制の二階建てシステムである。

　地方では、全人代に相当する機構として地方人代、また（県レベル以上）常務委員会が設置される。県レベル（約3000弱）では約65万人の代表、省レベル（22省、5自治区、4直轄市）では約2万人の代表が選出され、会期は毎年1週間前後である。県レベルまでの代表は、住民の直接選挙で選ばれるが、それ以上の各級人代は、1級下の人代から間接選挙される。全人代の代表は、省や直轄市などの人代から選ばれている。地方人代は、地方の条例などを制定する立法権を行使することができる。地方の各レベルにも共産党委員会が設置され、大きな指導力を発揮している。一時期、「党（共産党）政（政府）分離（機能分担論）」の議論があったが、最近、一部の地方では共産党委員会書記は地方人代のトップである主任を兼任することになっている。以下、全人代を中心に検討する。

### （2）人民代表大会制度の基本

　中国憲法は、政治制度について「民主集中制」を採用する（第3条）と規定している。具体的には「人民代表大会制度」が規定されている。この政治制度としての「民主集中制」は、共産党の組織原則である民主集中制（少数が多数に服従、地方が中央に服従、個人が組織に服従するなど）の概念と異なり、2つの意味がある。第1に、人民代表大会の代表は選挙など民主制によること、また第2に、すべての国家権力を人民代表大会に集権することである。代表の選挙については後に言及するが、民主集中制が権力集中制とも表現されるように、すべての国家権力が人代に集中する建前になっている。憲法では、全人代を最高権力機関とし、最高行政機関としての国務院、および最高司法機関である最高人民法院、最高人民検察院は、いずれも全人代によって選出され、全人代に責任を負うとともにその活動を報告することが規定されている。毎年の全人代の会議で最も大きな議題は、国務院総理、最高法院院

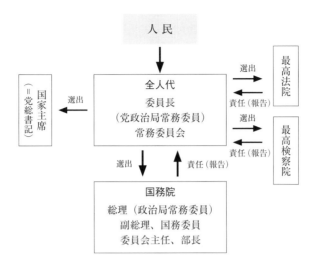

図1　人民代表大会制度の概要
出所：筆者作成

長、最高検察院院長の「活動報告」、およびそれに対する審議である。そして、その活動報告に対する投票も行なわれる。

　全人代とその他の機関との関係は、決定と実行の関係である。国務院が立法機関でもある全人代に責任を負うことは、議院内閣制的に理解可能な制度設計である。しかし、中国では、司法機関も国権の最高機関である全人代に責任を負うことになっている。いわば、すべての権力が全人代に一元化され、司法の独立や権力分立がすべて否定されているといえる。民主集中制とは、司法独立や権力分立を否定する制度である。

　図1は、人民代表大会制度の概要を示しており、行政機関、司法機関が全人代より選出され、全人代に責任を負うことになっている。また図からわかるように、全人代より選出される国家主席には共産党の総書記が、また全人代委員長、そして国務院総理には共産党政治局常務委員がそれぞれ就任することになっている。この3人は共産党のトップ・スリーで、また序列4位の政治局常務委員は政治協商会議の主席を務めることになっている。

## 2．人代代表の選出と代表団

　日本の国会議員は、有権者の投票によって選挙される。中国の場合、どのように選出されるのか。中国の憲法でもすべての権力は人民に属するとなっており、最高権力機関である全人代の代表は約3000人選ばれるが、ほぼ名誉職であり、代表の政治的影響力は限られている。

　まず、代表の選出に関する現象を以下にランダムにあげると、①立候補のプロセスはない。②選挙ビラも政見放送もない。③街頭演説もなければ、握手や宣伝カーもない。④テレビの開票速報もない。要するに、いわゆる「選挙活動」が見られないということである。

### （1）選挙管理委員会

　日本では、選挙管理委員会が設置されているが、立候補の届出や当選証書の交付などでニュースになることがある。中国では、まず常設の選挙管理委員会がないことを指摘したい。選挙の必要がある場合、いわゆる第三者機関ではない委員会がその都度設置される。表1は、県レベルにおける選挙管理委員会の一例である。共産党書記が責任を持って選挙を指導することになっており、ケースによっては地方人代の主任が選挙管理委員会の主任を務めることもあるが、大きな変化はない。

　代表の選挙に関しては、いくつかのポイントを指摘しておこう。第1に立候補のプロセスがないと説明したが、選挙管理委員会（実質上、当該地方の共産党組織）が、候補者を事前に提示することになっている。そのプロセスは候補者（代表）の「協商」（相談）過程とされる。党組織は候補者のリストを関係組織、特に民主党派などと相談して決める。実際、全人代の代表に占める共産党員の割合は、およそ7割前後となっている。このような結果が得られるように候補者の選定（協商）をしているといえる。もちろん、代表における女性代表や少数民族代表も一定数を確保するようにしている。

　個人が自ら立候補して選挙に出ることは基本的にない。ここ数年、一部の都市部では、党の意思とは別に自薦や他薦で立候補する動きがあるが、立候補した者が逮捕されていると伝えられている。

　第2に、提示された候補者は基本的に選挙される代表と同数となっている。すなわち、10人の代表を選出するため、10人の候補者が提示されるという

表1　県レベル選挙管理委員会の例

| 主任 | 共産党県委員会書記 |
|---|---|
| 副主任 | 県人代常務委員会主任（党組書記）など |
| 委員 | 県党委の組織部長・宣伝部長・統戦部長、県労働組合主席、県青年団書記、県婦人連合会主任、県政府の民政局長・公安局長・司法局長・財政局長など |

出所：筆者作成

ことである。これは「等額選挙」と呼ばれる。したがって、有権者には選択の自由がなく、選挙は信任投票にとどまっている。地方の選挙では、「差額選挙」、すなわち候補者の数が実際選出された人数より多い（多くの場合、選出数プラス5％の候補者数）選挙方法を採用することが多くなったが、中国の選挙は基本的に「等額選挙」である。

### （2）代表団

選挙される人代の代表は、「代表団」（議員団）を組織する。全人代を例に説明すると、全人代は間接選挙であり、地方の省、自治区、直轄市などの代表は、全人代の会議に参加する場合、選出母体に基づいて代表団を構成する。つまり、省、自治区、直轄市などを母体とする代表団を組織するのである。たとえば全人代に参加する上海市代表団、四川省代表団という形で臨時の組織が構成される。代表団の団長はそれぞれ地方の共産党の書記である。たとえば上海代表団と四川代表団は、それぞれ、上海市党委書記と四川省党委書記が団長となる。代表は代表団を中心に行動し、政府の活動報告などを審議する場合、代表団で、あるいは代表団をさらにグループ分けをして集中討論する。その代表団としての意見などをまとめてから、代表団の団長は後述する「主席団会議」に伝える。代表団の団長は「主席団」のメンバーでもある。全人代の組織規程によれば、常務委員会、国務院のほか、「主席団」、全人代の「代表団」が法案提出権を持っている。

## 3．全人代に対する共産党のコントロール

以上は人民代表大会制度の大まかな説明であるが、すでに全人代と共産党との関係については言及した。以下、全人代の運営について、共産党による

国権の最高機関への統制を中心に分析していく。

### (1) 党の指導を確保する方法

共産党の全人代に対する指導あるいは統制の方法は、およそ次の5点にまとめることができる。

第1に、全人代の代表に占める共産党の党員を、代表選出過程を統制することを通じて代表総数の過半数以上とする。

第2に、各選出母体を単位に「代表団」が組織され、全人代の構成単位となる。地方の代表団は、地方の共産党委員会書記が責任者である団長となり、また団長は後述する会議の「主席団」のメンバーとなる。

第3に、全人代および常務委員会に「党組」（共産党グループ）を設置し、全人代および常務委員会の執行部（すなわち党幹部）を「党組」の構成員とする。

第4に、全人代の会議は、「主席団」によって指導される。共産党中央執行部は、全人代の「主席団」の主たる責任者となる。全人代常務委員会の委員長は、「主席団」の常務主席の一人である。

第5に、全人代および常務委員会の幹部職は共産党の幹部（党中央委員あるいは政治局のメンバー）がなる。これをもって上述した「党組」が設置される。

以上の第1点、共産党員を代表の過半数とすること、また第2点の「代表団」の組織については、すでに代表の選出についての記述で明らかにした。以下は、第3点「党組」、第4点「主席団」と、第5点の人事についてそれぞれ分析していく。

### (2) 全人代における「党組」

「党組」あるいは党グループは共産党の組織とは別に、政府機関、司法機関、社会団体などの内部に設置されるものである。国務院には国務院党組、外交部には外交部党組が設置され、人事の任命などに重要な影響力を持っている。党組は、各組織の内部に設置されるが、共産党の指揮命令系統に置かれ、実質上、各組織において最も重要な決定権を持っている。

全人代（常務委員会）には、表2のように党組が設置されている。全人代常務委員会の委員長が党組の書記であり、（非共産党員を除く）その他の副委

表2　全人代における「党組」の位置

| 共産党組織 | 全人代の職務 | 全人代の党組 | 開会時 |
|---|---|---|---|
| 政治局常務委員（1人） | 全人代常務委員会の委員長 | 党組書記 | 主席団の一員、常務主席の一人 |
| 党中央委員、政治局委員（数名） | 副委員長 | 副書記 | 主席団のメンバー |

出所：筆者作成

員長は党組の構成員である。共産党中央政治局常務委員の一人が全人代常務委員会の委員長であり、同党組の書記である。党の政策や人事方針などは、この党組を媒介にして実行されるようになっている。

#### （3）主席団

　全人代では開会時に「主席団」が構成され、全人代委員長は「主席団」の一員となって全人代会議を司会することになっている（表2）。全人代の会議について分析するとき、この「主席団」のことを無視してはならない。
　日本の国会には、「議運」と呼ばれる議院運営委員会の組織が設置されて、国会の運営に関する事項、すなわち本会議の日程、議題、発言者、時間、採決方法、また委員会や調査会の設置を協議している。全人代の「主席団」は「議運」のような組織ではない。中国の一般的な解説書では、「主席団」を全人代会議の指導機関と紹介している。
　「主席団」のメンバーは準備会議を通じて代表の中から選出されるが、その主席団名簿の草案は、常務委員会により事前に準備される。党組などを通じて共産党執行部の意思が反映されている。「主席団」のメンバーは一般に下記の者を含む。第1に「党と国家の指導者」。中国の公務員制度では、等級として国家級正職・副職の職位にある者である（第3章表5を参照、57頁）。具体的には、共産党政治局常務委員、政治局員、中央書記処の書記、中央軍事委員会主席・副主席が含まれる。また全人代から選出される国家主席・副主席、全人代委員長・副委員長、国務院総理・副総理・国務委員、最高人民法院院長、最高人民検察院院長が含まれる。さらに、政治協商会議全国委員会の指導者として主席・副主席が含まれる。第2に、民主党派の責任者や「人民団体」の責任者、第3に共産党、政府、軍組織の責任者、第4に上述した各「代表団」の責任者（地方党委書記など）、また第5に香港など特別

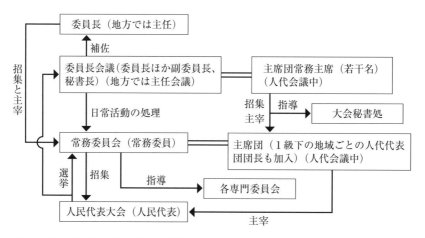

図2　全人代（常務委員会）の運営

行政区の代表、経済界の代表、少数民族の代表などである。その人選自体は、共産党執行部に主導権があり、共産党政治局をはじめ、共産党執行部を中心に組織されているといってよい。

　この「主席団」は、全人代の開催に際して、先に会議を開き、議事進行を決定する。また、数名の主席団常務主席が選出される。常務主席は、交替で会議の司会を行なう。全人代の常務委員長も、数名いる主席団常務主席の1人である。

　全人代の会議は「主席団」によってコントロールされる。最も重要なのは、人事に関しては国家主席などの候補者が「主席団」によって提示されることである。また、主席団は法案提出権を持っている。全人代開会式のハイライトの1つは、「主席団」メンバーである共産党中央政治局の常務委員（現在7人）が会場に入り、「主席台」に着席するシーンである。これは「主席団」の存在および共産党執行部の支配力を象徴する一幕である。

### （4）全人代常務委員会の選出およびその他の人事

　図2は、全人代（常務委員会）の運営を図解したものであるが、常務委員会の「委員長会議」の指導の下で常務委員会が開催されること、また常務委員会によって招集される全人代の会議では、「主席団」が指導することが示

されている。「委員長会議」は、委員長、副委員長などから構成される。

　全人代常務委員会の委員長、副委員長、委員は、毎期（任期5年）の全人代第1回会議において、「主席団」会議によって全人代代表の中から候補者が提案され、全人代で選出されることになっている。「主席団」、実質上共産党の執行部が全人代常務委員会の人選を決めているといってよい。全人代および常務委員会の委員長などの幹部職に共産党の幹部が就くことは容易に理解できる。現在、共産党政治局常務委員の一人が常務委員会の委員長となり、また、委員長のほか副委員長13人（直近の数字）の人事には、非共産党員の数名の人事を含め、共産党執行部の意思が反映されている。

　また、国家主席は、全人代の会議で指名されるが、共産党の総書記が国家主席に就任することになっている。そして国務院総理は国家主席が指名し、全人代の承認を経て国家主席が任命する。国務院副総理・国務委員は国務院総理が指名し、全人代の承認を経て、国家主席が任命することになっている。実質上、調整済みの人選が信任投票で承認されることになっている。2013年に全人代で選出された国務院指導部の全員（第3章表6を参照、60頁）が、共産党中央の幹部となっている。公務員法では、「党が幹部を管理する」原則があり、これらの人事は当然、共産党によって統制されている。

## 4．全人代・常務委員会の審議過程

　全人代が審議する法案などに関しては、全人代の代表は、30人以上が連名で法案を提出できることになっている。全人代が審議する法案は、憲法のほか刑法、民法など基本法と、国家機構（の改革）に関するものに限定されており、1週間ほどの日程で法案を提出し、審議を行なうことは現実的ではない。基本法の改正も全人代常務委員会の審議となるので、全人代の会議では基本法など法案の審議はさほど多くなく、国務院の政府活動報告、司法関係の検察院活動報告、最高法院活動報告、およびその報告に対する審議、財政報告（予算）に対する審議、そして上述した人事（国家主席、国務院総理などの人事、任期5年なので5年に1度）が議題となる。

　中国の大部分の法律は常務委員会の制定法である。改革開放後に成立した法案の8割が全人代の常務委員会によって審議・採択されたものである。また全人代で審議された基本法などの法案は、ほとんど常務委員会で予備審議

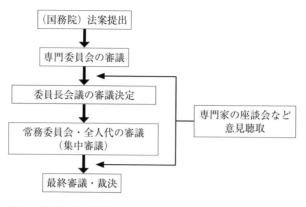

図3　法案の審議過程
出所：筆者作成

を経て全人代に提出されたものである。

(1) 審議プロセス

図3は、全人代常務委員会の役割を念頭に、その審議過程を整理したものである。その過程は一般的に次のように理解することができる。

政府提出法案に関しては、まず常務委員会の専門委員会に付託され、立法可否の調査が行なわれる。専門家の意見を聞くなど意見聴取を行ない、立法可否などの審議意見を作成して、(上述の)委員長会議に提出される。委員長会議は、1つの意思決定機関となっている。常務委員会が起草した法案は、直接審議日程に組み込まれるが、そのほかは委員長会議の審議を経て上程される。委員長会議では、専門委員会の意見を踏まえて審議(集中審議)の決定をし、第2段階の委員会審議に入る。その過程で修正意見を取り入れ、法案の修正調整を行なったりすることがある。また審議を終了し、廃案とすることもある。そして第三段階では、最終審議を経て採決を行なう。

この過程をみると、全人代・常務委員会の立法機能がかなり重要であるようにみえる。確かに、現在の中国では、法案が全人代・常務委員会で審議の末、廃案とされることが皆無ではなくなった。立法機関の機能が強化されてきたことを認めてよいであろう。しかし、その立法機能は依然、限定的なものとみるべきである。以下、2006年1月に実施された公務員法の立法過程

を事例としてみていく。

### （2）事例——公務員法の立法過程と審議

公務員法の立法過程は、3つの段階に分けることができる。

まず第1に、共産党中央の組織部と政府の人事部（現在は人的資源と社会保障部）が草案を準備する段階である。2000年8月に共産党中央では公務員法の起草作業に着手する決定を行ない、2001年に入り共産党中央の組織部の下に公務員法案起草の作業班が組織された。その間、立法方針や党による幹部管理原則の堅持など公務員法の基本事項が、党中央政治局常務委員会で了承された。作業班は関係部局、また専門家を集め、6回ほど座談会などを開催し、意見聴取して草案の作成と修正を行なった。2003年11月に草案（意見徴収稿）は完成した。この第1段階の作業は、日本ではいわば審議会などでの検討作業に相当するといえる。

第2段階は、政府における法案化の検討作業となる。草案は、まず地方の省レベルの党組織部と政府人事部門へ、そして中央政府各部・委員会の人事機関へ配布され、意見が聴取された。これら人事担当部局の意見を踏まえて、2004年に国務院法制局を中心に法案の修正作業が進められた。そして、その修正案は中央行政機関、各地方の省レベルの政府機関に配布され、さらに修正意見が聴取された。それらの意見を考慮しながら、次なる修正案が作成された。やがて、2004年12月に国務院案として機関決定を経て全人代常務委員会に提出された。この段階は日本では、政府の改革推進本部などを中心に、法案化を進める検討作業に相当する。公務員法案は、国務院案が決定されるまで12回ほど修正が行なわれたと伝えられている。

第3段階は立法機関での審議となる。全人代の常務委員会は2回ほど全体会議（2004年12月25～29日、また2005年4月24～27日）を開催した。その間、専門委員会（法律委員会）の審議などを挟み、専門家の座談会も3回ほど開催された。全人代常務委員会の審議過程では2回ほど修正が検討され、最終的に若干の修正を経て法案は採択された。

公務員法の制定過程における時間的な経過を整理すると、次のようになる。第1に、国務院に送付されるまでは、4年弱の検討時間を要した。共産党の組織部を中心に組織された作業班における検討作業である。第2に、国務院に送付されてからは1年ほど検討され、さらに修正作業が行なわれた。第3

に、全人代常務委員会に送付されてから、修正が行なわれながら5カ月ほどで採択された。立法機関の審議過程は一定の役割を果たしているといえる。国務院が提出された法案に対して2回ほどの修正を行なっていた。しかし、立法機関における検討作業は、党内における検討、国務院における検討より、時間的にははるかに短い。修正があったとしても、実質的な決定は共産党中央組織部作業班の案である。

### (3) 共産党の政策方針と立法機関——会議の日程

　国家主席、全人代常務委員会の委員長・副委員長、また政府総理、副総理などの人事は実質上共産党執行部が提案し、信任投票で承認されるものである。法律案は全人代およびその常務委員会において審議されるが、共産党や政府が調整済みの法律案は修正などがあっても、ほとんどの場合、採択される。中国の立法機関は共産党の人事や政策方針などの追認と法的根拠を提供する組織になっている。経済政策の裏付けとなる予算のあり方からもこの点を確認できる。

　中国の国家予算は、決して全人代・常務委員会が議論してから執行されるものではない。中国の財政年度は暦年の1月から始まるが、予算（財政報告）が審議されるのは3月の全人代である。予算法（1994年制定、2014年改正）は制定されているが、財政民主主義に則った予算制度はまだないといってよい。この予算の執行と追認が示すように、立法機関としての全人代およびその常務委員会は、共産党と政府の方針を後追いする機関となっている。この点はまた共産党と政府、そして全人代の会議日程からも確認できる。

　表3は毎年の中国共産党、政府、そして立法機関である全人代およびその常務委員会の会議日程を整理したものである。共産党の代表大会は5年に1度開催され、中央委員会や政治局、政治局常務委員会が選出される。党代表大会と新執行部の選出に合わせて、全人代委員長や副委員長などの人事（5年任期）、そして全人代における国務総理・副総理などの人事（5年任期）が選出される。中央委員会全体会議はその任期の5年間に毎年、10月頃に（1中全会から5中全会まで）開催され、党中央としての政策方針などが決定される。それに先立って共産党執行部は、避暑地の北戴河で非公式の準備会合を開き、人事案件や政策の調整を行ない、党大会に備えることにしている。党大会終了後は、その政策方針を具体的に執行していくための実務者の会議が

表3　政権党と政府と全人代の会議日程

| 時　期 | 会　議 | 説　明 |
|---|---|---|
| 夏7～8月 | 北戴河会議 | 共産党執行部の非公式会議、党大会の準備など |
| 秋（10月） | 共産党中央全会。年1回。5年に1度の代表大会 | 政治局会議は毎月、政治局常務委員会議は毎週 |
| 年末（12月） | 中央経済工作会議、中央農村工作会議など実務会議が続く | 実務の会議で政策の具体化と調整 |
| 1月 | 予算執行開始 | 予算年度は暦年の1月1日開始 |
| 3月 | 全人代の会議 | 政府活動報告などの審議と採決。予算も承認 |

出所：筆者作成

開かれる。経済関係でいうと、中央経済工作会議、中央農村工作会議、全国財政工作会議などが毎年12月に開かれる。また、部門別の調整会議も年末にかけて開かれる。新年になると予算は執行されるが、全人代の会議で報告・了承されるのは3月になってからである。

以上のような共産党、政府、そして全人代の会議日程は共産党が指導する政治体制を具体化したものといえる。

## 5．現状と展望

中国の政治制度の基本は人民代表大会制度とされる。行政機関だけではなく、司法機関も国権の最高機関である全人代に責任を負うことになっている。「社会主義法治国家」の建設が中国憲法でも規定され、立法機関の機能強化が進められてきた。全人代およびその常務委員会の定期的開催、活発な立法活動などは制定法の採択などに成果として現れてきた。また、人事案件は共産党執行部の意思が反映されて主席団の提案が信任投票で承認されることが多いが、地方の人代では一部反対され、否決される事例も登場してきた。法案審議については、政府提出の法律案が否決されること、あるいは上程に10数年経ってからやっと採択されることもある。さらに、全人代で行なわれる国務院総理、最高検察院院長や最高法院院長の「活動報告」に対する信任投票が行なわれるが、全員が賛成するということがなくなり、特に最近は官僚腐敗摘発への不満を反映して、最高検察院院長や最高法院院長の報

告に対して3割前後の反対票が投じられるようになっている。いずれにしても、大きな変化は確かにあった。

しかし、中国の立法機関は依然、共産党の決定に対して賛成票を投じるだけの「ゴムの印鑑」と揶揄されている。一部では立法機能が強化されたことを受けて、「ゴムの印鑑」からましになったと評価する向きがあるが、現実には全人代は国権の最高機関ではない。中国の立法機関である全人代およびその常務委員会は、共産党の政治支配に法的正統性を提供する役割にとどまっている。全人代は共産党支配下の疑似民意代表機関である。

中国の社会階層分析からみて、共産党はもはや農民や労働者の政党ではなくなり（3つの代表論を想起）、政治経済エリートから選出される代表はイデオロギー政治から利益政治への変容を経験しつつある。当然、全人代や常務委員会に関する改革論も展開されている。たとえば、全人代の代表を3000人から削減すること、全人代および常務委員会の会期を延長すること、常務委員会の補佐機関を強化することによる立法機能の強化などが現在提案されている。もちろん、全人代と常務委員会との関係、そして全人代とほぼ同時開催される政治協商会議（非国家機構）との関係や、あるいは政治協商会議の立法機関への改組についても議論されている。

自由で公正な選挙、そして本当の議会政治が中国で展開されていくのか、人民代表大会制度の変容が注目される。

【参考文献】

天児慧『中国——溶変する社会主義大国』〈東アジアの国家と社会1〉東京大学出版会、1992年

加茂具樹『現代中国政治と人民代表大会——人代の機能改革と「領導・被領導」関係の変化』慶應義塾大学出版会、2006年

鈴木隆『中国共産党の支配と権力——党と新興の社会経済エリート』慶應義塾大学出版会、2012年

唐亮『変貌する中国政治——漸進路線と民主化』東京大学出版会、2001年

唐亮『現代中国の政治——「開発独裁」とそのゆくえ』岩波新書、2012年

西村成雄・国分良成『党と国家——政治体制の軌跡』岩波書店、2009年

毛里和子『現代中国政治——グローバル・パワーの肖像〔第3版〕』名古屋大学出版会、2012年

毛桂榮「第5章　中国における公務員制度の構築」『比較のなかの日中行政』風行社、2012年

毛桂榮「第4章　政治体制論から見た中国政治」明治学院大学法学部政治学科編『初めての政治学——ポリティカル・リテラシーを育てる〔改定版〕』風行社、2015年

Andrew J. Nathan et al., ed. *Will China democratize?*, Johns Hopkins University Press, 2013.

# 第3章

# 中国の行政システム

毛桂榮

## 1．計画経済体制と「全能な政府」

　1949年に中華人民共和国が成立したとき、中国はまだ社会主義体制ではなかった。1950年代に入り社会主義改造が始まり、1954年に社会主義憲法が公布され、計画経済がスタートした。農村では農業集団化が進み、やがて人民公社の組織化へ至った。その過程で移動の自由を制限する戸籍制度が強化され、職場が社会統制の役割を兼ねるようになり、中国社会は「単位」社会といわれるようになった。

　計画経済の実施を中心に、政府はあらゆる社会的・経済的資源を動員し、社会主義の建設を進めた。計画経済において企業は物資の調達から生産計画、製品の流通、価格設定まで政府の指令の下で行ない、また従業員の採用や幹部人事なども政府の指示によるものであった（図1）。市場経済でいう「企業」は存在しなかった。政府内に具体的に企業に指令する各種の行政組織が設置された。表1は、1965年の国務院組織を示したものであるが、石炭工業部、石油工業部はもちろんのこと、機械工業を管轄する組織は8つも設置されていた。理論上、あらゆる産業に関して政府の管理組織が設置され、あらゆる企業が政府の指令により生産活動などを行なっていた。

　計画経済の「総司令部」ともいえる組織は、国務院の国家計画委員会である。当該組織の内部部局（1955年）を表2に列挙した。経済の長期計画や総合計画のほか、賃金、物資配分などの計画を制定し、地域間や産業間の均衡

第3章　中国の行政システム

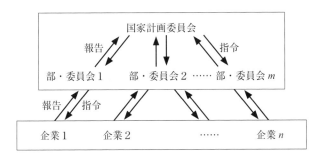

図1　計画経済における政府と企業
出所：筆者作成

表1　1965年の国務院組織

| 国務院（常務会議、全体会議） ||||
| :---: | :---: | :---: | :---: |
| 弁公庁（官房） ||||
| 部・委員会機構 || 事務機構 | 直属機構 |
| 外交部<br>国防部<br>国家計画委員会<br>国家経済委員会<br>国家基本建設委員会<br>科学技術委員会<br>公安部（警察）<br>内務部<br>民族事務委員会<br>農業部<br>農墾部<br>水産部<br>林業部<br>冶金工業部<br>化学工業部<br>第1～8機械工業部<br>石炭工業部<br>石油工業部<br>水利電力部 | 地質部<br>建築工程部<br>建築材料工業部<br>紡績工業部<br>第1、2軽工業部<br>鉄道部<br>交通部<br>郵電部（郵便と電話）<br>物資管理部<br>労働部<br>財政部<br>商業部<br>食糧部<br>対外貿易部<br>文化部<br>高等教育部<br>衛生部<br>体育運動委員会<br>対外文化連絡委員会<br>対外経済連絡委員会<br>華僑事務委員会 | 外事弁公室<br>内務弁公室<br>農林弁公室<br>工業交通弁公室<br>国防工業弁公室<br>財貿弁公室<br>文化教育弁公室 | 国家統計局<br>国家測絵総局<br>中国人民銀行<br>中国農業銀行<br>民用航空総局<br>全国物価委員会<br>中央気象局<br>中央工商行政管理局<br>新華社通信社<br>ラジオ事業局<br>文字改革委員会<br>外文出版発行事業局<br>中国旅行遊覧事業管理局<br>国家海洋局<br>国務院科学技術幹部局<br>国務院宗教事務局 | 国務院房産（不動産）管理局<br>国家編制局<br>国家檔案局<br>国務院外国専門家局<br>国務院参事官室<br>国務院機関事務管理局 |

出所：筆者作成

51

表2　国家計画委員会の組織図（1955年）

| 主任・副主任 ||
|---|---|
| 弁公室 ||
| 国民経済総合計画局 | 重工業計画局 |
| 国民経済長期計画局 | 燃料工業計画局 |
| 工業生産総合計画局 | 機械工業計画局 |
| 基本建設総合計画局 | 第二機械工業計画局 |
| 労働工資（賃金）計画局 | 軽工業計画局 |
| 成本（コスト）物価計画局 | 農林水利計画局 |
| 財政金融計画局 | 交通運輸計画局 |
| 物資分配計画局 | 商業計画局 |
|  | 対外貿易計画局 |
|  | 機電設備分配計画局 |
|  | 幹部養成・分配計画局 |
|  | 文化教育衛生計画局 |

出所：国分良成『現代中国政治と官僚制』慶応義塾大学出版会、2004年、66頁

を考えながら、物資、労働力などの配分を計画していた。また産業別に生産活動を計画した。

政府は教育、医療のほか新聞社、テレビ局などの公共サービスを「事業単位」として設置した。事業単位はほとんど政府の付属物であり、「全能な政府」が経済社会のすべてを統制・管理していた。

計画経済では市場は機能せず、労働市場も存在しなかった。大学生は、政府によって国有企業などの勤め先に「配分」され、いわゆる「就活」も存在しない。もちろん転職は困難であり、勤め先の職場は結婚許可証明書を発行するなど、多くの行政機能を果たしていた。

## 2．市場経済への行政システム再構築

1980年代以後、計画経済の廃止、市場経済への移行で、政府と経済社会との関係が大きく変化した。1992年に「社会主義市場経済」が提起され、政府と企業そして市場との関係が再構築されるようになった。計画経済の時代に設置された組織の統廃合、人員の削減、またマクロ経済の運営にかかわる市場の監視監督組織の新設も行なわれた。以下、組織と人員の2つの側面から行政の変容をみていく。

表3　2014年国務院の組織

| 国務院（常務会議、全体会議） ||||
|---|---|---|---|
| 秘書庁（国務院官房） ||||
| 部・委員会（構成組織） | 事務機構 | 直属機構 | 直属事業単位 |
| 外交部<br>国防部<br>国家発展と改革委員会<br>教育部<br>科学技術部<br>工業と情報化部<br>国家民族事務委員会<br>公安部<br>国家安全部<br>監察部<br>民政部<br>司法部<br>財政部<br>人力資源と社会保障部 | 国土資源部<br>環境保護部<br>住宅と都市農村建設部<br>交通運輸部<br>水利部<br>農業部<br>商務部<br>文化部<br>国家衛生と計画出産委員会<br>中国人民銀行<br>審計署 | 僑務弁公室<br>港澳香港・マカオ事務弁公室<br>法制弁公室研究室<br>台湾事務弁公室<br>報道弁公室 | （部分）<br>中国海関総署<br>国家税務総局<br>国家工商行政管理総局<br>国家品質監督検査検疫総局<br>国家新聞出版広電総局<br>国家体育総局<br>国家安全生産監督管理総局<br>国家食品薬品監督管理総局<br><br>特設直属機構：<br>国務院国有資産監督管理委員会 | （部分）<br>新華通訊社<br>中国地震局<br>中国気象局<br>中国銀行業管理委員会<br>中国証券監督管理委員会<br>中国保険監督管理委員会<br>全国社会保障基金理事会 |

出所：筆者作成

（1）組織改革

　まず、政府組織の改革は、1980年代以後、政府の機能転換を中心とした改革が繰り返されてきた。表1と表3を比較してみると計画経済時代と市場経済時代の政府組織編成の相違がわかる。組織改革には、およそ3つのタイプがある。第1は、組織の廃止である。たとえば冶金工業部、機械工業部、石炭工業部、石油工業部などが廃止された。第2は、組織の統廃合が繰り返された。統廃合は組織廃止の過渡的手段とする一面もある。たとえば部・委員会組織が局に（冶金工業部が冶金工業局に）再編され、やがて廃止されていく。計画経済の司令塔である国家計画委員会は統廃合を繰り返し、現在は国家発展改革委員会に統廃合・再編されている。第3は、組織の新設であり、環境保護部がその一例であるが、社会保障関係の組織なども新設された。また市場経済を構築するため、銀行、証券、保険の管理監督委員会が「事業単位」として設置された。

　ここで、中国の政府組織である国務院の構成について、若干の説明を行

なっていく。

　国務院の構成組織とされる部と委員会は、日本の省庁（府省）組織に近い。国務院の構成組織である部と委員会の責任者が参加する会議は、国務院全体会議と呼ばれている。中国の部は日本の省に、たとえば中国の外交部は日本の外務省に相当する。日本では委員会は通常、公正取引委員会のように独立性のある行政委員会として設置されることが多い。国務院の委員会は、必ずしもそうではない。国務院の委員会と部とでは、はっきりした区別規定がなく、部より委員会が総合的な調整を要する業務を担当するようである。1980年代、教育改革を進める時期に教育部を教育委員会に再編し政策調整を行なったこともあるが、1998年に教育委員会は教育部に戻っている。部より委員会のステータスが上という指摘があるが、一概にそうとはいえない。委員会の中では国家発展改革委員会（発改委）の格が上位であり、「小さい国務院」といわれている。

　委員会として設置される組織は、そのほかに国務院の直属組織や事業単位組織がある。直属組織や事業単位組織には、「部」たる組織はない。その意味で「部」は国務院の基幹組織ともいえる。国務院の直属機構は、国務院の構成組織である部や委員会と区別され、国務院の構成組織ではないとされる。その責任者は、国務院の全体会議のメンバーでもない。直属となる理由は必ずしも明確ではないが、部や委員会として設置するほどの規模ではない組織と推測される。一方、直属機構の中では特別の機関として国有資産を管理・監督する委員会が設置されている。

　また、国務院の下には「事業単位」としての組織が設置されている。「事業単位」は、日本の特殊法人や独立行政法人のような組織であり、国務院直属や各部・委員会管轄、さらに地方政府管轄の組織がある。国公立の学校、病院、テレビ局、新聞社などの公共サービスを提供する組織であるが、一部は行政機能を果たしている。国務院直属としては、中国地震局、中国気象局のほか、銀行、証券、保険の金融監督管理委員会があり、行政機能などを分担している。

　そのほか、表3では明示していないが、国務院各部や委員会が管理する「国家局」なる組織がある。これは、日本の府省の外局（国土交通省の観光庁・気象庁など）のような組織である。たとえば国家食糧局（国家発展改革委員会管理）、国家海洋局（国土資源部管理）、国家文物局（文化部管理）などがある。

以上の組織の責任者が一堂に集まって会議することはない。国務院全体会議は、半年に１回開かれる程度である。日本の内閣総理大臣と省庁（府省）の大臣からなる閣議が定例として週に２回（火曜と金曜）開かれることに比べると、かなりの相違がある。実は中国の国務院では、部や委員会の部長や主任より上にある職として国務院総理のほか、副総理と国務委員が複数任命されている（表6参照）。総理、副総理・国務委員および秘書長（日本の官房長官に相当）により構成される国務院常務会議が週１回程度開かれて、国務院の重要問題について討論し基本方針を決定するほか、法律案の討論や行政法規の審議を行なう。この常務会議が、日本の閣議に相当するといった方がよい。

　以上は、現在の国務院の概要であるが、もちろん、これで改革が完成したとはまだいえない。たとえば次の課題が指摘できる。第１に、部や委員会が局や処（課組織）に縮小・再編されたこと、また業界組織、事業単位あるいは国有企業へ変容したケースがあることである。一層の機能転換や組織統廃合が進められる必要がある。市場経済へ移行しつつあるが、計画経済の名残があり、政府の機能転換は、いまだに改革における重要課題である。

　第２に、先進諸国では内閣を構成する組織は、およそ20前後であるが、中国では、国務院の部と委員会などの数が依然として多く、一層の統廃合が必要である。現在、巨大省（中国語では大部制）の構想が検討されている。鉄道部は2013年に廃止されたが、交通関係の組織を統合する構想がある。また、教育や文化関係（文化部、文物局、国家新聞出版広電総局など）の組織を統合することが議論されている。他方、社会保障制度の構築に伴う組織再編が予想されるが、現在は戸籍や居民身分証の管轄は警察が担当している。これを公共サービスの基盤構築の一環として、民政部への移管を早期に行ない、また民政部と社会保障組織との統合も提起されるべきであろう。

　第３に、銀行、証券、保険の３つの金融監督管理委員会は「事業単位」として設置されているが、行政組織として再編する必要があろう。事業単位を現在、行政類、公益類、経営類に分類して、一部を事業単位法人へ改革することが進められている。行政類の事業単位である３つの金融監督管理委員会がどのような行政組織に再編されていくかはまだ不明であるが、行政組織への再編は共通の理解となっている。

　第４に、国務委員の構成組織には中国人民銀行、審計署（会計検査を行なう

組織）が入っており、再編が必要である。中央銀行である中国人民銀行が独立性のある組織として再編していくことは、中国経済の発展にプラスとなる。一方、日本の会計検査院は憲法上に規定された機構であり内閣所轄ではない。また、アメリカの会計検査院は議会の所轄となっている。会計検査組織の設置の仕方は国によって異なるが、独立性の確保が必要とされる。これは中国の予算制度構築の問題でもある。

　第5に、政府の組織改革では同時に行政組織法の構築も必要と思われる。国務院の設置法は条文が驚くほど短く、各部・委員会の設置法もしっかりと整備されていない。中国には日本のような内閣法や国家行政組織法がなく、部と委員会の区別は明確ではない。また、3つの金融監督管理委員会が事業単位として設置されている。委員会なる組織は、国務院の構成組織のほか、直属機構や事業単位組織としても存在する。委員会組織のあり方がかなり混乱しているのである。3つの金融監視監督委員会を行政組織として再編する場合、国有資産管理監督委員会と類似する組織にするのか、それとも日本の行政委員会のように準立法的機能などを有する組織類型を新たに設計するのか、検討が必要であろう。

### （2）公務員制度改革

　中国の公務員法は2006年より実施されている。公務員法の制度規定を詳細に紹介することはできないが、まず公務員の範囲については、軍人や国有企業の役職員は公務員から除外され、立法行政司法機関のほか、共産党や民主党派組織および政治協商会議、工商連合会のスタッフは公務員とされた。また事業単位の一部と「人民団体」とされる特定の社会団体（青年団など）のスタッフが、許可により公務員に準じて人事管理を行なうことになっている。

　中国公務員制度の基本について、表4・表5に整理した。下級職は、資格任用制を基本に採用される。上級職は内部昇進のほか、現職公務員の公開競争による上位職の獲得や、社会一般に開放された競争による中途採用（社会公開選抜）、さらに国有企業や事業単位、人民団体の中から人事異動による公務員任用の方法があり、中国公務員制度は閉鎖型と開放型の特性を併せ持っているといえる。市場経済化に伴って戸籍制度や「単位社会」が崩壊し、職業の選択も自由になり、大学生が就職活動を行ない、公務員受験は過熱化し

## 表4　公務員の採用と昇進（2006年以後）

| 下級職 | 資格任用制。競争試験（公開試験、厳格考察、平等競争、優秀者採用の原則）による採用。「主任科員」以下およびそれに相当する非指導職務の公務員に適用。 | |
|---|---|---|
| 上級職 | 内部昇進 | 在級・経験年数などによる昇任規定により昇進。 |
| | 競争任用 | 組織内の庁・局級正職以下の指導職務に適用。組織内あるいは業務関係組織内部で「競争」によって人選。 |
| | 社会公開選抜 | 庁・局級正職以下の指導職務、あるいは副調研員以上の非指導職務に適用。（非公務員も参加可）社会に開かれたコンペで適任者を選抜し公務員に任命。 |
| | 「調動」（人事異動） | 国有企業、事業単位、人民団体からスタッフを公務員に異動。指導職務あるいは副調研員以上の非指導職務に適用。 |
| | 選挙職（任期制） | 各組織のトップである「指導メンバー」。 |

出所：筆者作成

## 表5　中国公務員の職務体系と幹部

| 公務員の職級 | | 代表的な職位 | 「幹部」概念との対応関係 |
|---|---|---|---|
| 指導職務 | 非指導職務・総合管理類 | | |
| 国家級正職 | | 国家主席、全人代委員長、国務院総理、政治協商会議委員長 | 「党と国家の指導者」 |
| 国家級副職 | | 国務院副総理、国務委員 | |
| 省部級正職 | | 省長、直轄市の市長、国務院の委員会主任、部長 | およそ県処級職（副職を含む）以上の職（非指導職務を含む）は党政指導幹部 |
| 省部級副職 | | 同上副職（副省長など） | |
| 庁局級正職 | 巡視員 | 国務院各部・委員会の司長 | |
| 庁局級副職 | 副巡視員 | 同上副職 | |
| 県処級正職 | 調研員 | 国務院各部委員会の処長、県長 | |
| 県処級副職 | 副調研員 | 同上副職 | |
| 郷科級正職 | 主任科員 | 郷長、県組織の局長 | 一部は指導幹部 |
| 郷科級副職 | 副主任科員 | 同上副職 | |
| | 科員 | | |
| | 弁事員 | | |

出所：筆者作成

ている。

　中国公務員法では、「党が幹部を管理する」原則が明確に規定されている。「公務員」の用語は公務員法を除き中国憲法でも使用されておらず、他方、現実の政治では、「党政幹部」「党政指導幹部」が重要な意味を持っている。表5では、公務員の職務体系と代表的な職位を示し、また「幹部」との対応関係も示している。幹部人事で中心的な役割を果たす共産党の中央組織部は、「党政領導幹部選抜任用工作条例」（最新改正は2014年）などによって幹部人事任命の審査を進めている。この条例で規定される「党政指導幹部」には、立法行政司法機構だけではなく、民主党派および政治協商会議のほか、国有企業、事業単位、人民団体の幹部職が含まれる。公務員制度は、共産党の幹部制度と接合しているといってもよい。具体的には、共産党中央では中央組織部がリストアップされた「幹部職務名称表」があり、中央レベルで管理される「指導幹部」の詳細が規定されている。同様に各レベルの政府機関などにおいても各自の「幹部職務名称表」が作成され、それに依拠して人事任免などが行なわれる。「党政領導幹部選抜任用工作条例」や「幹部職務名称表」によって、共産党が幹部を管理する原則が具体化され、新しい公務員制度も共産党の幹部管理政策によって統制されている。全国人民代表大会（以下、全人代）・常務委員会の人事も共産党の幹部政策によって管理されている。

　日中間の公務員職位の対応関係が整理されたものを図2に示した。これを参考にして中国公務員制の職務体系をイメージすることができる。実線は制度上の対応関係を示しており、点線は、国務院の常務会議が日本の閣議に相当することと同じように、実態として近いことを意味する。

　図2に示された部長や主任以上の役職は、公務員法では「指導メンバー」とされ、これは全人代あるいは常務委員会の承認が必要な人事であるが、いままで共産党が提案した「指導メンバー」の人事が承認されなかったことはない。「党が幹部を管理する」原則が貫徹されているといえる。以下、さらに少し党と政府の関係を検討していく。

## 3．党政関係の現在

　公務員制度における「党が幹部を管理する」原則を紹介したが、これは、

第 3 章　中国の行政システム

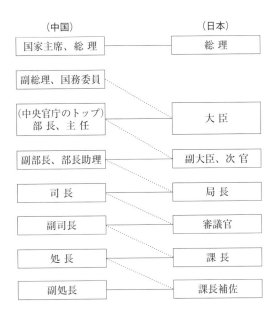

図２　日中の職位の対応関係
出所：大西靖『中国における経済政策決定メカニズム——景気過熱、金融改革、人民元はどうなるのか』金融財政事情研究会、2005 年、14 頁

共産党と政府の関係を象徴する一側面である。「党政分離」は政治改革の重要課題であるが、まったく進展は見られない。共産党と政府との関係を以下のいくつかの側面から分析していく。

### （１）国務院の執行部

　2013 年の全人代で選出された国務院常務会議のメンバー（10 人）を表６に示した。全員が共産党員、なおかつ共産党中央委員以上の執行部である。全人代における多数派確保、党組や主席団の役割などによって、共産党の執行部の人事提案がそのまま承認されるのである。また表３に示した国務院の構成組織である部と委員会の責任者は、一人を除きほかは全員共産党員である。1949 年の時点では非共産党員が副総理、また最高法院の院長を担当したが、1950 年代以降、政府主要ポストは共産党の独占となった。改革開放政策以後、衛生部（2013 年、計画出産委員会と統合）と科学技術部の部長に非共産党員が任命された例があるのみである。ちなみに、国務院常務会議のメンバーは全

59

表6　2013年3月全人代選出の国務院総理副総理等

| 役　職 | 氏　名 | 共産党内の地位 | 担　当 | 兼任する職務 |
|---|---|---|---|---|
| 総理 | 李克強 | 政治局常務委員<br>(序列第2位) | | |
| 常務副総理 | 張高麗 | 政治局常務委員<br>(序列第7位) | 金融・財政 | |
| 副総理 | 劉延東<br>(女性) | 政治局委員 | 科学技術・教育・<br>文化・衛生 | |
| | 汪洋 | 政治局委員 | 国家発展改革委員会<br>・商務等 | |
| | 馬凱 | 政治局委員 | 農業・民族問題 | |
| 国務委員 | 楊晶<br>(蒙古族) | 中央委員 | 国務院日常業務 | 国務院秘書長<br>党中央書記処書記 |
| | 常万全 | 中央委員 | 国防動員 | 国防部長、共産党<br>中央軍事委員会委員 |
| | 楊潔篪 | 中央委員 | 外交、華僑、台湾 | |
| | 郭声琨 | 中央委員 | 公安、司法、国家安全 | 公安部長 |
| | 王勇 | 中央委員 | | 国務院国有資産監督<br>管理委員会主任 |

出所：筆者作成

人代が承認する人事である。各部や委員会の部長と主任は、全人代常務委員会の承認事項である。

### （2）指導小組と党組

　共産党が政府を統制するための仕組みとして、「対応機構」(議事機関)と「党組」がそれぞれ共産党組織の内部と政府組織の内部に設置されている。対応機構（通称、指導小組）は、かなり長い歴史を有するが、社会主義建設で強化されてきた。具体的組織は常に再編されるが、その体制は、基本的に変化していない。いくつかの関係領域（これは「系統」あるいは「口」と呼ばれる。たとえば財政経済系統）をまとめる形で意思決定の責任体制を明示し、共産党が関係する政府組織に政策方向を指示することにしている。表7は、1959年に設置された行政組織に対応する指導小組の状況である（現状は、第1章などを参照）。

　第2章では、全人代の党組のことを紹介したが、政府の各部・委員会にも同様な組織が整備された。表8に財政部の党組を例示した。財政部部長は財

表7　党中央指導小組と行政組織（1959年、一部）

| 党組織（指導小組） | 対応する行政機構など |
|---|---|
| 中央外事小組 | 外交部、対外貿易部、対外文化連絡部、華僑事務委員会など |
| 政法小組（委員会） | 内務部、公安部、最高法院、最高検察院など |
| 中央財経小組 | 国家計画委員会、国家経済委員会、国家基本建設委員会など |
| 中央文教小組 | 文化部、教育部、衛生部、新華通信社など |
| 中央工業交通部 | 冶金工業部、機械鉱業部、化学工業部など |
| 中央農村工作部 | 農業部、農墾部、林業部、水産部など |

出所：筆者作成

表8　政府機関における党組（財政部）

| 財政部の組織 | 財政部の党組 |
|---|---|
| 部長 | 党組の書記 |
| 副部長（複数名） | 副部長1人は党組の副書記、その他の副部長などは党組メンバー |

出所：筆者作成

政部党組の書記となり、財政部の執行部は基本的に財政部党組のメンバーである。

　党の指導小組と党組との関係は党組織の上下関係であり、また人事的に重複している。たとえば財政部長は財政部党組の書記であるが、また財政経済指導小組のメンバーでもある。財政経済指導小組の責任者は、政治局常務委員会の一人が担当することが多い。こうして党の政策方針が財政部へ伝わるのである。図3では、財政部を例に指導小組と党組の関係を示している。あわせて共産党と司法との関係、すなわち党の政法委員会（第5章参照）と最高裁およびその党組との関係を示した。通常、公安部部長（公安部党組書記）は政法委員会のメンバーであり、また最高法院院長（同書記）、最高検察院院長（同書記）、司法部部長（同書記）も政法委員会のメンバーであるが、同委員会では序列としては公安部部長（同書記）の下位に位置している。

### （3）共産党の幹部管理政策

　党と政府の関係では、人事管理が重要な要素である。すでに公務員制度に

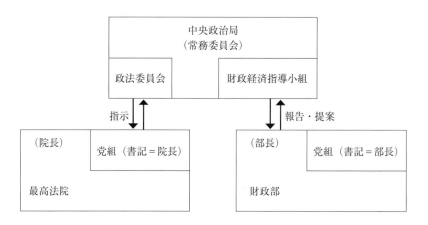

図3　党指導小組、政府機関、党組の関係図
出所：筆者作成

関する記述において、「党が幹部を管理する」原則に言及した。党の人事政策は指導小組や党組などのメカニズムを媒介して実施される。中央政府では党中央組織部の審査を経て党中央によって任命されるが、地方では、党委員会の決定を経て、また上級組織（党委員会あるいは党中央）の審査と許可を経て任命される。主要幹部の実質的任命権については、大まかにいうと、省部級正職と副職以上（表5）の人事は中国共産党中央委員会（組織部）にある。全人代・常務委員会が承認する人事の場合、全人代などによって選出されるが、決定権が党にあることはたしかである。北京大学の学長も中央組織部により任命される。地方の省政府の庁局級正職と副職は、地方の共産党委員会による任命となる。

　加えて国有企業の統制に関しては、国有資産管理監督委員会（表6にあるように国務委員の一人が同主任、また党組書記を兼任）や財政部の監督管理を受けるが、重要産業の国有企業の幹部職は共産党中央の組織部が管理している。「党政幹部」である国有企業の役員は公務員ではないが、中央組織部によって公務員組織へ人事異動（調動）することが可能である。また中間管理職は国有資産管理監督委員会を中心に人選が行なわれ、組織部の承認を得て任命されることになっている。

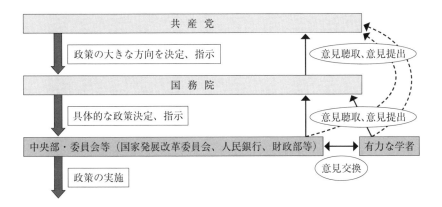

**図4　経済政策決定の一般的なプロセス**
出所：大西靖『中国における経済政策決定メカニズム――景気過熱、金融改革、人民元はどうなるのか』金融財政事情研究会、2005年、3頁。加筆のうえ引用。

## 4．政策決定過程

　最後に、中国政府における政策決定の特徴を説明して本章を終えたい。
　経済領域に限定した場合、図4に示した政策プロセスが現在の実態をおおよそ捉えていると思われる。前章で明らかにしたように（第2章表3）、現在、毎年夏に共産党の執行部が党大会の準備をし、10月に中央委員会が開かれ、政策方針が示される。その後12月頃、中央経済工作会議などで政策の調整と具体化が行なわれ、実施へ進められていく。1月より予算が実施となるが、3月の全人代で政府の政策方針と予算が承認されていく。共産党執行部の政策方針の決定は大きな影響力を持っている。もちろん、その政策方針の形成には、政策の現場、国務院の各部門からの共産党執行部への報告や提案なども重要である。
　いうまでもなく、すべての政策形成過程がそのようなプロセスをたどるとは限らない。政策領域により政策形成のパターンも異なるであろう。中国政治の研究では、統制型政策決定モデル、エリートの権力闘争モデル、官僚政治モデル、修正ゴミ缶モデル（ないし政策の窓モデル）が提示されている。イデオロギー性が強い政策分野では統制型の政策決定モデルが妥当し、また経済分野では官僚政治モデルが妥当しうる。いずれにしても、共産党中央の政

治的決定が重要である。また、専門家の意見を積極的に取り入れながらも（第7章参照）、政策決定の透明性が依然として欠けているといえる。

政府の政策決定の合理性、透明性を高めるとともに、党政関係の再構築（党政分離など）は、中国政治ないし政府改革の重要な課題である。

【参考文献】

大西靖『中国における経済政策決定メカニズム――景気過熱、金融改革、人民元はどうなるのか』金融財政事情研究会、2005年
国分良成『現代中国の政治と官僚制』慶応義塾大学、2004年
田中修『検証――現代中国の経済政策決定』日本経済新聞出版社、2007年
唐亮『現代中国の党政関係』慶應義塾大学出版会、1997年
唐亮『現代中国の政治』岩波新書、2012年
毛桂榮『日本の行政改革』青木書店、1997年
毛桂榮『比較のなかの日中行政』風行社、2012年
毛桂榮「『戸籍制度』」と公共サービスの制度構築」明治学院大学『法律科学研究所年報』、28号、2012年
毛桂榮・白智立「中国の公務員制度」武藤博己ほか編『東アジアの公務員制度』法政大学出版局、2013年、第2章
毛桂榮「人民団体と公務員制――中国政治の一側面」明治学院大学『法学研究』97号、2014年8月所収
毛桂榮「公務員の用語と概念を巡って――日本と中国」明治学院大学『法学研究』98号、2015年1月所収

# 第4章

# 政治協商会議と民主党派

毛桂榮

## 1．共産党が指導する多党協力

　中国の憲法（1982年制定、2014年修正）の序文には、次のような文言がある。①毛沢東主席を指導者とする中国共産党が勝利し、中華人民共和国を建国した。中国革命の勝利と社会主義の建設は、中国共産党が達成したものである。今後も中国共産党の「領導」（以下は指導と訳す）の下で社会主義国家を建設する。②中国共産党指導の下で、各「民主党派」と各「人民団体」などが参加する「広範な愛国統一戦線」組織である中国人民政治協商会議は歴史的役割を果たし、今後もさらなる重要な役割を果たす。③中国共産党指導の下における多党協力および政治協商制度は今後も存続し、発展する。

　中国憲法の序文には共産党の指導が確立された根拠（革命による獲得）、また今後も共産党による指導が続くことが示されている。過去をもって未来を正当化する形で今後も共産党が唯一の政権党であることが憲法序文に規定されているのである。中国語の「領導」という用語には、権力的上下関係があり、「指導」よりも命令服従関係を含意するが、本章での叙述は「指導」に統一する。また、統一戦線組織とする政治協商会議（以下、政協）の存続と発展が宣言された。この政協は、中国共産党が指導する多党協力・政治協商における重要組織である。

　中国には政権党（執政党）である共産党以外に、「政党」を名乗る政治組織が存在する。共産党に協力するこれらの「政党」は通称「民主党派」と呼ば

れる。協力組織としては政協が設置されている。2007年に発表された『中国の政党制度』(中国政府の白書) は、次のように叙述している。「政党制度は現代の民主政治を構成する重要な部分である。どのような政党制度を実行するかは、その国の国情や性質、社会発展の状況によって決定され」、「中国の政党制度は西側諸国の二党制、あるいは多党競争制とは異なり、また一部の国が実施する一党制とも異なる」。中国の政党制度は、「中国共産党が指導する多党協力と政治協商制度」で、「中国的特色のある社会主義政党制度」であると述べている。

「統一戦線」という用語は左翼的概念で、共通の敵を打倒するために協同・統一して闘争や運動をすることを意味し、またその組織を指す場合もある。共産党や労働者階級が多数派の支持を得るための戦術ともいえる。中国共産党の場合、いわば民主党派などとの協力関係を構築するための政策、組織を指す概念である。中国の政協は、共産党の統一戦線組織である。

共産党中央に直属する組織として中央統一戦線工作部 (略称は統戦部) が設置され、共産党と各民主党派の連携を担当し、さらに共産党が各民主党派を指導する業務を担当している。後述するように統戦部の部長は、通常、政治協商会議全国委員会 (以下、全国政協) の副主席を兼ねることになっている。

本章は、中国の「統一戦線」組織である「政治協商会議」を中心に共産党指導下の「多党協力と政治協商制度」について分析する。まず、政協の歴史を簡単に振り返り、またその現状、特に民主党派などについて紹介する。さらに民主党派の役割を分析したうえで、政治協商制度にかかわる「協商民主」について分析してみたい。

## 2．政治協商会議の歴史

政協の歴史は、およそ次の3つの時期に分けることができる。

### (1) 建国と最高の国家権力機関

現在の中国の政治協商や統一戦線論の起源は、第2次世界大戦期に遡る。1941年に毛沢東は『新民主主義論』で新しい共和国における連合政府論を展開し、また1945年の『連合政府論』では、より具体的に連合政府を構想した。そして建国直前の1949年6月に発表した『論人民民主専政』では、連合政府

論が改めて論じられ、共産党の指導がより明確にされた。

　第2次世界大戦終了後、中華民国の国民政府において、国民党の主導により 1946 年に政治協商会議（「旧政協」と呼ばれる）が重慶で開催された。国民党と共産党のほか、中国民主同盟や中国青年党が参加した。しかし、内戦（共産党の正史では「解放戦争」と呼ばれる）の勃発で政協は実質上崩壊した。

　1948 年 4 月末、中国共産党は内戦における情勢（国民党主導による国民政府の中華民国憲法の実施、国民大会の開催など）を踏まえて新しい政協の開催と連合政府の樹立を呼びかけた。人民代表大会の招集を討論し、「民主連立政府」の設置を構想する一方で、人民代表大会の開催は現実的ではないと判断し、政協を通じて建国し、中央人民政府を創設することを提案した。中国民主同盟などが共産党の呼びかけに応じて集まり、1949 年 6 月に政協の準備会合が開かれた。1949 年 7 月の第 2 回準備会議では「政治協商会議」に「人民」を追加する周恩来の提案が了承され、「中国人民政治協商会議」が正式名称になった。

　政協は 1949 年 9 月 21 日から 30 日にかけて、建国を行なうため北平（現在の北京）で開催された。この政協では、以下の事項が決定された。①臨時憲法となる「中国人民政治協商会議共同綱領」の採択、②国旗・首都（北京）の決定、③中央人民政府成立と中央人民政府組織法の決定などである。以後、第 1 期政協は、合計 4 回の全体会議を開催し、土地改革法、婚姻法などを採択し、実質上最高権力機関として機能していた。

　政協は、共産党の統一戦線政策の産物であり、共産党のリーダーシップのもとで組織されたものである。政協の主導権は共産党にあり、事実として共産党主席である毛沢東は、政協の主席であると同時に、新たに成立した中央人民政府の主席でもあった。つまり、政協は、新中国の最高権力機関であると同時に共産党指導の統一戦線組織でもあるといえる。

### （2）社会主義と政治協商会議の形骸化

　1949 年の時点では、中国はまだ社会主義体制ではなかった。やがて社会主義への転換において政協は、国権の最高権力機関から役割を転換した。すなわち統一戦線組織へ純化したのである。

　共産党中央は 1952 年に人民代表大会を開くことを決定し、1953 年の全国統一戦線工作会議では全国人民代表大会（以下、全人代）開催後の政協の役

割に関して、意見の調整が行なわれた。1954年に全人代が開催され、社会主義憲法が公布された。人民代表大会制度が構築され、最高権力機関としての政協の役割が終了したのである。

以上の役割の変化を受け、毛沢東は第2期政治協商会議第2次全体会議の開催に先立ち、民主党派などとの座談会で「人民政協の性質と任務」の談話を発表した。国家政権機関が全人代となり、政協は国家の権力機関ではなくなったが、依然、統一戦線として存在する必要があることを示すものであった。また、1955年に毛沢東の提案で人代代表と政協委員が共同で地方を視察する活動が始まった。さらに第3期政治協商会議第1回全体会議から、全人代と政協が同時期に開催される先例が形成され、政協委員が全人代の会議に陪席し、政府活動報告を傍聴するようになった。いわゆる「両会」の原型が形成されたが、文化大革命によって全国政協（事務局）は1966年に業務を停止し、地方を含め政協は実質、機能停止となった。第4期の政協は、14年間に1回しか開催されていなかった（表1）。

### （3）政治協商制度と参政党

1978年に第5期全国政協が開催され、鄧小平が政協主席となり、政協の再建がスタートした。1980年代以降、政協を中心とした政治協商制度の構築が始まり、政治協商の制度化と「参政党」の定式化が行なわれるようになった。

1989年に共産党中央は、各民主党派と相談したうえで「共産党が指導する多党協力と政治協商制度を堅持・改善することに関する意見」を公表し、そこでは共産党が執政党、民主党派が参政党であり、多党協力と政治協商制度が中国の基本政治制度の1つと定式化され、さらに政治協商制度を憲法に追加することが提案された。その結果、1993年の憲法修正で政治協商制度が憲法序文に追加された。憲法修正に合わせて政協の規程も修正され、「政治協商会議は中国の愛国的統一戦線組織で、共産党が指導する多党協力と政治協商の重要機構」と規定された。

2005年以後、共産党中央は3つの政策（意見）を公表した。すなわち、「さらに共産党が指導する多党協力と政治協商制度の建設を強化する意見」（通称「中共中央五号文献」）、「人民政協工作を強化する意見」（2006年、政協に関する初めての単独の政策意見）、「新世紀・新段階の統一戦線工作を強化する意見」

表1　政治協商会議の歴史

| | 任期 | 主席 | 副主席 | 委員総数 | 全体会議数 |
|---|---|---|---|---|---|
| 第1期 | 1949年10月–1954年12月 | 毛沢東 | 周恩来、郭沫若ほか計5人 | 180人 | 4回会議 |
| 第2期 | 1954年12月–1959年4月 | 周恩来 | 宋慶齢（孫文夫人）、何香凝ほか計16人 | 559人 | 3回会議 |
| 第3期 | 1959年4月–1965年1月 | 周恩来 | 彭真ほか計15人 | 1071人 | 4回会議 |
| 第4期 | 1965年1月–1978年3月 | 周恩来（在任中死去） | 彭真、葉剣英ほか22人 | 1199人 | 1回会議 |
| 第5期 | 1978年3月–1983年6月 | 鄧小平 | 烏蘭夫、栄毅仁ほか計37人 | 1988人 | 5回会議 |
| 第6期 | 1983年6月–1988年4月 | 鄧穎超（周恩来夫人） | 費孝通、巴金ほか計38人 | 2039人 | 5回会議 |
| 第7期 | 1988年4月–1993年3月 | 李先念（在任中死去） | 銭学森、胡縄ほか計32人 | 2081人 | 5回会議 |
| 第8期 | 1993年3月–1998年3月 | 李瑞環 | 葉剣平、霍英東ほか計28人 | 2093人 | 5回会議 |
| 第9期 | 1998年3月–2003年3月 | 李瑞環 | 巴金、銭偉長ほか計30人 | 2196人 | 5回会議 |
| 第10期 | 2003年3月–2008年3月 | 賈慶林 | 董建華ほか計27人 | 2238人 | 5回会議 |
| 第11期 | 2008年3月–2013年3月 | 賈慶林 | 何厚鏵、鄧樸方ほか計26人 | 2237人 | 5回会議 |
| 第12期 | 2013年3月–2018年3月（予定） | 兪正声 | 23人（表5を参照） | 2237人 | 2014年まで2回 |

出所：筆者作成

(2006年) である。これらの意見では改めて共産党指導下の多党協力と政治協商制度が中国の基本的政治制度として中国的特色のある社会主義政党制度であり、参政党として民主党派の役割が「政治協商」「民主監督」「参政議政」と定式化された。要するに、執政党である共産党に対する参政党としての民主党派の地位、そして共産党が指導する多党協力と政治協商制度、政協の役割が明確にされたのである。政府白書『中国の民主政治建設』(2005年)、同『中国の政党制度』(2007年) は、共産党の統一戦線論、共産党が指導する多党協力と政治協商制度、政協の役割、民主党派の役割などを総括したものである。

## 3．政治協商会議の現在

　共産党が指導する多党協力の仕組み、そして政治協商制度の根幹にあるのが、政治協商会議（政協）である。

### （1）「界別」による構成

　政協は、全国委員会のほか、各地方の省などに設置されている。上述のとおり、「全国政協」は政治協商会議全国委員会の略称である。全国政協は、全人代の会議と同時に全体会議が開催され、合わせて「両会」と称される。

　全国政協は、現在34の「界別」より構成され、それぞれには決まった番号がふられている。全国委員会の代表は「委員」とされ、各「界別」より選出される。次期の政協委員の選出は各「界別」の推薦から始まり、そして前掲共産党中央統戦部との相談・協議を経て政協の常務委員会で承認されるプロセスを辿る。政協の構成組織は、1950年代から70年代までは29「単位」（組織）、1993年第8期から34「単位」（組織）になった。構成組織は、「単位」という表現であったが、やがて「界別」という表現に統一され、2004年の規程改正で正式に規定された。表2は、34の「界別」を列挙し、また2014年2月現在の各「界別」の委員数を掲げたものである。「界別」16番「中国科学技術協会」と「界別」20番「科学技術界」との相異など不明な部分が多いが、その検討については省略する。

　第12期の全国政協委員は2237人で、2013年に会議に実際出席したのは、2206人である。表2にある委員数2223人の内訳は、政協のHPに名前が掲示された2014年2月26日の実数である。

　この表からわかるように、政協では「界別」1番の共産党の委員は、100人弱であり、全体委員2223人の約5％程度である。すなわち、「界別」委員を見ると、「共産党」の委員は少数である。対して、2番から10番までは8つの民主党派と「無党派人士」で444人であり、総数の約2割である。10番「無党派人士」は、「無党派層」や「支持政党なし層」というものではなく、特定の無党派知識人であり、委員数は民主党派の総数に計算される。共産党員は約8000万人余り、民主党派党員は全部で約71万人（表3、2007年現在）、個別政党の党員は多くても18万人であるので、全国政協における党派委員の配分としては民主党派の過剰代表といえる（表2と表3を比較）。

## 表2　全国政治協商会議に参加する「界別」

| 番号 | 界別（党派団体など） | 委員数 | 説明 |
|---|---|---|---|
| 1 | 中国共産党 | 96 | 指導する政権党 |
| 2 | 中国国民党革命委員会 | 64 | 参政党は8つの民主党派で、中国公務員制度ではそのスタッフは共産党のと同じく公務員。無党派人士は、特定無党派知識人という「党派」であり、下記の界別34「特別招待人士」とは異なる。 |
| 3 | 中国民主同盟 | 65 | |
| 4 | 中国民主建国会 | 65 | |
| 5 | 中国民主促進会 | 45 | |
| 6 | 中国農工民主党 | 45 | |
| 7 | 中国致公党 | 30 | |
| 8 | 九三学社 | 45 | |
| 9 | 台湾民主自治同盟 | 20 | |
| 10 | 無党派人士 | 65 | |
| 11 | 中国共産主義青年団 | 9 | 「人民団体」は国家機関に準じた組織管理（行政編制）。スタッフは「青年聯合会」を除き「準公務員」。工商聯合会は民主党派並みの地位、スタッフは公務員とされる。 |
| 12 | 中華全国総工会 | 61 | |
| 13 | 中華全国婦女聯合会 | 67 | |
| 14 | 中華全国青年聯合会 | 30 | |
| 15 | 中華全国工商聯合会 | 64 | |
| 16 | 中国科学技術協会 | 43 | |
| 17 | 中華全国台湾同胞聯誼会 | 15 | |
| 18 | 全国帰国華僑聯合会 | 28 | |
| 19 | 文化芸術界 | 145 | 業界、職能領域。具体的に代表する組織および参加する個人は、別途協議（協商）による。 |
| 20 | 科学技術界 | 111 | |
| 21 | 社会科学界 | 68 | |
| 22 | 経済界 | 152 | |
| 23 | 農業界 | 67 | |
| 24 | 教育界 | 111 | |
| 25 | 体育界 | 21 | |
| 26 | 新聞出版界 | 44 | |
| 27 | 医薬衛生界 | 89 | |
| 28 | 対外友好界 | 41 | |
| 29 | 社会福祉と社会保障界 | 36 | |
| 30 | 少数民族界 | 103 | |
| 31 | 宗教界 | 66 | |
| 32 | 特別招待香港人士 | 123 | 特別行政区 |
| 33 | 特別招待マカオ人士 | 29 | |
| 34 | 特別招待人士 | 160 | 特別招待 |
| | | 計2223人（2014年2月26日現在） | |

出所：筆者作成

表3　政治協商会議に参加する「民主党派」

| 界別 | 民主党派名 | 略称 | 成立 | 特徴 | 組織と党員（2007年） |
|---|---|---|---|---|---|
| 2 | 中国国民党革命委員会 | 民革 | 1948年1月（香港） | 国民党、また台湾と関係。中の上の社会階層レベル。中高級知識人 | 30省レベルに組織、党員は8万1000人余り |
| 3 | 中国民主同盟 | 民盟 | 1941年3月（重慶）1944年に現在名 | 文化教育と科学技術分野の知識人 | 30省レベルに組織、党員18万1000人 |
| 4 | 中国民主建国会 | 民建 | 1945年12月（重慶） | 民族商工業者、関係する知識人が発起。経済界を中心 | 30省レベルに組織、党員10万8000人 |
| 5 | 民主促進会 | 民促 | 1945年12月（上海） | 文化、教育、出版に従事する知識人を中心に、商工業者も | 29省レベルに組織、党員10万3000人 |
| 6 | 農工民主党 | 農工党 | 1930年8月（上海）。1947年に現在名 | 国民党左派を中心に設立。医薬界の知識人 | 30省レベルに組織、党員9万9000人 |
| 7 | 中国致公党 | 致公党 | 1925年発足。1947年に香港で改組、現在名 | 華僑団体による発足。帰国華僑およびその親族 | 19省レベルに組織、党員2万8000人 |
| 8 | 九三学社 |  | 1946年5月（重慶） | 1944年に民主科学座談会を組織、翌年現在名。科学界の知識人 | 30省レベルに組織、党員10万5000人 |
| 9 | 台湾民主自治同盟 | 台盟 | 1947年11月（香港） | 台湾「2・28」事件後、成立。台湾省の人 | 13省レベルに組織、党員2100人 |
| 10 | 無党派人士 |  | 1949年以後に設けられた特別カテゴリー | 無党派知識人（特定の知識人） | 郭沫若、巴金など |

出所：筆者作成

このいわゆる過剰代表は、実は表面的な現象である。まず第1に、民主党派の党員（委員）には、（民主党派と共産党の）二重党籍を持つ者がおり、その場合、共産党員（委員）としてではなく、民主党派の党員（委員）として分類されている。また、特殊な政治団体である「人民団体」（「界別」11-18番）の委員の多くは共産党員である。さらに、社会科学界など職能組織（「界別」19-31番）の委員も、共産党員が多数と推測される。これらの共産党員を計算に入れると、党派別の委員数は異なってくる。

『中国の政党制度』によると、第10期全国政協では、民主党派と無党派人士の委員は1343人で委員総数（2238人）の60％を占め、後述する政協常務委員になったのは195人で常務委員総数（299人）の65％を占めるとの統計がある。現在、各級政協における共産党員の割合は、共産党の統一戦線政策により4割前後と設定されている。これは、見かけ上の5％と異なっている。さらに、実際に政協の執行部においては、共産党が指導権を確保できるようになっている。これについては後述するが、政協に参加する民主党派、および人民団体をまず紹介していく。

### （2）民主党派と人民団体

中国共産党が指導する多党協力には、政権党である中国共産党のほか、8つの民主党派などがある。8つの民主党派とは、中国国民党革命委員会、中国民主同盟、中国民主建国会、中国民主促進会、中国農工民主党、中国致公党、九三学社、台湾民主自治同盟である。

表3は各民主党派の情報を整理したものである。党員数は、中国政府白書『中国の政党制度』による2007年現在のものである。民主党派は大部分が1940年代に設立されたものであり、党員は欧米留学からの帰国組が多い。中国共産党の呼びかけに応じて建国に参加した。党員総計は現在71万人弱であり、大きな規模かどうかは判断によるが、共産党の規模（8000万強）に比べるとその1％未満である。

「政党」をどのように定義するかにもよるが、中国共産党の指導を受ける「政党」は、果たして「政党」といえるのか疑問がある。「疑似政党」との批判は正論である。

政協に参加するのは、8つの政党だけではない。「人民団体」とされる組織も政協の構成組織である。「人民団体」は現在、約20組織が認可されて

表4 政治協商会議に参加する「人民団体」

| 界別 | 組織（略称） | 成立 | 特徴 |
|---|---|---|---|
| 11 | 中国共産主義青年団（共青団） | 1922年5月 | 青年の共産主義教育の組織 |
| 12 | 中華全国総工会（総工会） | 1925年5月 | 労働組合の連合会 |
| 13 | 中華全国婦女聯合会（婦聯） | 1949年3月 | 女性労働者、女性農民、女性知識人の愛国組織 |
| 14 | 中華全国青年聯合会（青聯） | 1949年5月 | 共青団を中心に各種青年組織の連合組織 |
| 15 | 中華全国工商聯合会（工商聯） | 1953年11月 | 商会組織。民主党派に準じる。責任者は政治協商会議の副主席 |
| 16 | 中国科学技術協会（科協） | 1958年9月 | 自然科学専門学会聯合会と全国科学技術普及協会との統合で成立 |
| 17 | 中華全国台湾同胞聯誼会（台聯） | 1981年12月 | 台湾同胞の愛国組織 |
| 18 | 全国帰国華僑聯合会（僑聯） | 1956年10月 | 帰国した華僑の利益を擁護する組織 |

出所：筆者作成

おり、中国では特殊な社会（政治）団体であり、その中で8つの「人民団体」（表4）が政協の構成組織となっている。比較的有名なのは、中国共産主義青年団（共青団）であり、そのほかに労働組合である中華全国総工会などがある。中華全国工商聯合会（工商聯）は民主党派並みのステータスがあり、その組織スタッフは公務員制度では民主党派とともに公務員とされている。ほかの7つの「人民団体」は、中華全国青年聯合会（青聯）を除き、公務員制度に準じて人事管理が行なわれる「準公務員」組織である。

共産党が指導する政治協商組織に参加する民主党派や「人民団体」などは、いずれも共産党によって認可された組織である。政協は共産党の統一戦線組織であるが、見方を変えれば、共産党の翼賛（協賛）体制であり、あるいは共産党主導のコーポラティズム体制である。

（3）組織——**全体会議、常務委員会議、主席会議**

全国政協は約2000人強の委員から組織され、全人代と同じく毎年3月に年1回の会議が開催される。委員はほとんど兼職である。また全人代と同じく常務委員会が設置されており、常務委員は現在、約300人である。さらに全人代常務委員会と同じように、常務委員の中から主席と副主席が選出され

る。主席および副主席からなる主席会議が常務委員会を指導する体制となっている。そして主席会議の下では秘書長会議、専門委員会会議などがある。全体会議の閉会中は、常務委員会がその役割を代行し、また常務委員会の閉会中は、主席会議が主たる議論の場となる。秘書長や副秘書からなる秘書長会議は、主として主席会議で審議する議題を事前調整する会議体である。主席会議は政協の日常業務を指導している。

政協の全体会議では規約改正を行なうが、常務委員会では規約を解釈できる。常務委員会は全体会議を招集し、会議中は会議主席団（議長団）が会議を指導するようになり、その運営は全人代と類似している。全人代と同じく、全国政協には共産党の党組が組織されている。

表5は2013年現在の第12期全国政協指導部の構成を示したものである。政協の主席は、共産党政治局常務委員の一人が就任することになっている。共産党内での序列は4位である。副主席は現在、23人で減少傾向にあり（表1を参照）、その中で1人（共産党員）は秘書長を兼ねている。また表5に見るように、民主党派や「人民団体」の指導を担当する共産党中央統戦部の前部長および現部長は、副主席名簿の上位にある。

前掲『中国の政党制度』によれば、第9期全国政協の委員数は、2196人であり、共産党員は4割弱である。その中で常務委員は323人であり、非共産党員は65％である。しかし副主席31人中、16人は共産党員で、過半数となっており、さらには共産党政治局常務委員の政協主席1人を入れると、政協の執行部では共産党が大きな影響力を持つことになる。

第12期政協の副主席も似たような人事配分である。表5からわかるように、副主席は全部で23人であり、その中で共産党の党員（ほとんど中央委員以上の身分）は、11人である。主席を入れると、共産党員は半数になる。8つの民主党派の代表（主席あるいは副主席）は工商連合会の主席1人を入れて9人、残りは香港、マカオの初代行政長官各1人を合わせた2人、さらに宗教界代表1人が副主席に名を連ねている。副主席23人中、チベット族、回族、チワン族、満州族の少数民族が各1人となっている。

## 4．政治協商制度と民主党派の役割

現在、中国共産党が指導する多党協力と政治協商制度が、中国憲法で規定

表5　第12期政治協商会議全国委員会の主席・副主席

| 兪正声 | 主　席 | 共産党中央政治局常務委員（序列4位） |
|---|---|---|
| 副主席（23人） ||||

| 姓　名 | 党派、役職など |
|---|---|
| 杜青林 | 共産党第15～18期中央委員、中央書記処書記、前中央統戦部部長、第11期から重任 |
| 令計劃 | 共産党中央委員、中央統戦部部長、前中央書記処書記（2014年12月免職・交替へ） |
| 韓啓徳 | 九三学社主席、科協主席、北京大学医学院主任、第10期・11期全人代副委員長 |
| 帕円拉・格列郎傑 | 化身ラマ、チベット族、宗教界代表、中国仏教協会名誉会長、チベット自治区政協主席、第3期～7期および第10期から重任 |
| 董建華 | 特別招待香港人士、初代香港特別行政区行政長官、第10期から重任 |
| 万鋼 | 中国致公党主席、科学技術部部長、第11期から重任 |
| 林文漪 | 台湾民主自治同盟主席、清華大学教授、第11期から重任、女性 |
| 羅富和 | 中国民主促進会常務副主席、第11期から重任 |
| 何厚鏵 | 特別招待マカオ人士、初代マカオ特別行政区行政長官、第11期から重任 |
| 張慶黎 | 全国政協秘書長、共産党第16～18期中央委員、チベット・河北省党委書記を歴任 |
| 李海峰 | 国務院僑務弁公室主任、中国共産党第17期中央委員、女性 |
| 蘇栄 | 共産党第16・17期中央委員、前中央党校常務副校長、青海省・甘粛省・江西省党委書記を歴任（2014年6月汚職調査を受け免職） |
| 陳元 | 国家開発銀行会長、共産党第16・17期中央候補委員 |
| 盧展工 | 共産党中央委員、福建省・河南省党委書記を歴任 |
| 周小川 | 中国人民銀行総裁、共産党第16・17期中央委員 |
| 王家瑞 | 共産党中央委員、党中央対外連絡部長 |
| 王正偉 | 共産党中央委員、国家民族事務委員会主任、寧夏回族自治区政府主席、回族 |
| 馬飈 | 共産党中央委員、広西チワン族自治区政府主席、チワン族 |
| 斉続春 | 国民党革命委員会中央常務副主席、満州族 |
| 陳暁光 | 民主同盟中央常務副主席、元吉林省副省長 |
| 馬培華 | 民主建国会中央常務副主席、全国総工会副主席、中華職業教育社副理事長 |
| 劉暁峰 | 農工民党中央常務副主席、元四川省副省長 |
| 王欽敏 | 全国工商聯合会主席、中国民間商会会長、元致公党常務副主席 |

■：共産党員、□：民主党派
出所：筆者作成

される人民代表大会制度、民族地域自治制度などと同じく、中国の基本政治制度とされている。中国共産党は執政党で、民主諸党派は参政党である。中国的特色のある「新しいタイプの政党制度」とされている。中国共産党は民主諸党派との関係については「長期に共存し、相互に監督し合い、肝胆相照らし、栄辱をともにする」ことを目標にしている。

　『中国の政党制度』によれば、共産党が指導する多党協力制度と政治協商制度では、共産党と民主諸党派が、次のような側面で協力するとされている。

　第1に、中国共産党は民主党派と重要な方針・政策や業務をめぐって政治協商を行ない、互いに監督し合う。第2に、民主党派のメンバーは国の権力機関（人代）において一定の比率を占め、法律に基づいて職権を履行する。第3に、民主党派のメンバーは各級の人民政府と司法機関において指導的職務を担当する。各級の人民政府はさまざまな方法を通じて民主党派と連携し、その参政・議政（政治に参加し、政治を論じること）の役割を発揮させている。第4に、民主党派は政協を通じて国の重要な事務をめぐる協議に参加する。第5に、共産党は民主諸党派が改革開放と社会主義現代化の建設に参加することを支持する。

　また、多党協力と政治協商制度における民主党派の役割は、「政治協商」「民主監督」「参政議政」することとされている。

　まず第1に、「政治協商」は、多党協力の重要な内容とされる。これは中国共産党が国の重要な方針・政策を決定する前と実行する過程で、民主諸党派などと協議を行なうことである。たとえば、憲法と重要な法律に対する改正提案や国の指導者の人選に対する提案、国民経済と社会発展に関する中長期計画、重要な政策意見の通報と意見聴取などである。政治協商には2つの基本方法があり、1つは共産党が民主党派と行なう協商である。たとえば、中国共産党中央は民主諸党派の指導者を招いた民主協商会議において中国共産党中央の提起する政策方針についての協商を行なう。もう1つは、「政協」という組織を通じて共産党が民主党派などと行なう協商である。民主党派は制度化された人民政協における政治協商の方法を通じて、国と地方の政策方針や政治・経済・文化や社会生活の中での重要問題について、協商討論を行ない、意見と提案を提出する。

　第2に、「民主監督」とは、民主諸党派が政協の視察、大会の発言あるいは他の形式で、①憲法や法律・法規の実施、②重大な政策・方針の徹底的な

実行、③国の機関およびその職員の仕事などに対して、建議と批評を通じて監督を行なうことである。

　第3に、「参政議政」することというのは、たとえば、人代に参加して議論することが一例である。『中国の政党制度』によれば、民主党派メンバーは各級の人代の代表や人代常務委員会委員の中で、いずれも一定の数を占めている。2003年の第10期全人代第1回会議以後、合わせて17万7000人の民主党派と無党派人士が各級の人代の代表に選出された。そのうち全人代常務委員会副委員長は7人で、全人代常務委員会委員は50人であった。省級人代の常務委員会副主任は41人で、省級人代の常務委員会委員は462人であった。民主党派の委員は人代代表の職責を通じて憲法や法律、地方の法規の制定・改正に参与し、国と政府の指導者の人選の確定、罷免に参与し、国民経済・社会発展計画および計画実施状況の報告、国家予算と予算実施状況報告の審査に参与し、また議案と質問案を提出し、視察や法律執行の検査活動に参与している。

　また、民主党派メンバーが政府や司法機関の指導的職務を担当することは、多党協力の1つとされる。『中国の政党制度』によれば、2006年末現在、公務員制度における県処級以上の職責（第3章表5を参照、57頁）にある民主党派メンバーと無党派人士は合わせて3万1000人おり、そのうち最高人民法院（最高裁）と最高人民検察院、国務院の部・委員会などで指導職の副職を担当する者が18人いる。全国31の省級政府で、副省長、副主席、副市長は24人いる。省級人民法院（裁判所）の副裁判長と検察院の副検察長は35人、地区・市級裁判所の副裁判長と検察院の副検察長は141人いるとされている。

　指導職の担当については、いずれも「副職」であることに注目してほしい。「有職無権」、すなわち指導職の職位（副職）があるが、権力がないという批判は、まさにこういう状況を踏まえているものである。むやみな批判ではないのである。

## 5．政治協商と「協商民主」

　第2章で検討したように、自由で公正な選挙は、中国にはまだない。真の議会政治は中国では依然見られない。共産党が指導する多党協力と政治協商制度がいかなる意味を持っているか、「協商民主」あるいは「社会主義協商

民主」の議論を検討してみたい。

　民主主義論では協議・熟議デモクラシー（deliberative democracy）について議論されている。この理論の中国版は「協商民主」論であり、「社会主義協商民主」論である。その議論を整理すると、およそ次のようになる。

　第１に、「協議（協商）民主」と「選挙民主」（代表制民主主義、選挙を通じたエリートの競争）との関係については、論者によって異なる。一部では対立する関係、または相互補完論として議論されている。そして第２に、中国では「選挙民主も協商民主も」の議論よりも、協議（協商）民主の発展を積極的に評価する傾向がある。第３に、西側の「協議民主」論は資本主義経済制度と多党制を基礎としているため、中国はこれを簡単に踏襲することはできないとし、直接選挙の拡大（すなわち選挙民主）よりも共産党が指導する多党協力と政治協商制度を通じて「社会主義協商民主」が実現されると論じられている。

　自由な選挙がなく、共産党が指導する「協商民主」が果たして「民主主義」なのか。多党協力と政治協商制度は、共産党の国民政党化あるいは包括政党への変容とともに、中国社会の自由化・多元化がもたらした結果といえる。しかし、共産党指導下の協商や協議は共産党への協賛、共産党による取り込みである。それは共産党の統一戦線であって、自由な政治主体による平等な対話や合意形成のメカニズムではありえない。

　中国共産党指導下の「協議（協商）民主」あるいは「社会主義協商民主」の「歴史的な必然性と偉大な創造性」（『中国の政党制度』における表現）がどこにあるのか。その評価は、中国民主化の行方に大きくかかわっている。

【参考文献】

王元『中華民国の権力構造における帰国留学生の位置づけ――南京政府（1928-1949年）を中心として』白帝社、2010年

厳興文「新時期人民政協界別変化的特徴及其原因」（中国語）『当代中国史研究』2008年第３期（資料を含む）

田村哲樹『熟議の理由――民主主義の政治理論』勁草書房、2008年

中国政府『中国的民主政治』（白書）国務院報道弁公室、2005年

中国政府『中国的政党制度』（白書）国務院報道弁公室、2007年

平野正『中国民主同盟の研究』研文出版、1983年
毛桂榮「人民団体と公務員制――中国政治の一側面」明治学院大学『法学研究』97号、2014年8月所収
李東屹「人民政協界別制度研究的新視角」(中国語)『中国政協理論研究』2012年第3期
林尚立『中国協商民主』(中国語)近刊
中国人民政治協商会議HP（www.cppcc.gov.cn）

# 第5章

# 政法委員会と司法との関係

趙 詣

## 1. 政法委員会の位置づけ

### (1) 中華人民共和国憲法と三権分立

中華人民共和国憲法の第5条は、「中華人民共和国は、法による治国を実行し、社会主義の法治国家を建設する。国家は、社会主義の法秩序と統一と尊厳を守る。すべての法律、行政法規および地方法規は、この憲法に抵触してはならない。すべての国家機関、武装力、政党、社会団体、企業および事業組織は、この憲法および法律を遵守しなければならない。この憲法および法律に違反する一切の行為に対しては、その責任を追及しなければならない。いかなる組織または個人も、この憲法および法律に優越した特権を持つことはできない」と定めている。

また、第126条では、「人民法院は、法律の定めるところにより、独立して裁判権を行使し、行政機関、社会団体および個人による干渉を受けない」、第131条では、「人民検察院は、法律の定めるところにより、独立して検察権を行使し、行政機関、社会団体および個人による干渉を受けない」、さらに第135条では、「人民法院、人民検察院および公安機関は、刑事事件を処理するにあたって、責任を分担し、相互に協力し、互いに制約しあって、法律の的確で効果的な執行を保障しなければならない」と定めている。

これらを換言すれば、中国の公安機関（人民警察および人民武装警察を指し、行政警察活動や司法警察活動、戸籍管理などを所掌としている）、人民検察院（以下、

検察院)、人民法院（以下、法院）などの俗にいう「公・検・法」の三大機関は、憲法によって付与された「権力の独立行使権限、行政機関、社会団体および個人による干渉を受けない特権」を有しており、これらに基づいて法を執行することができるのである。このような権限が付与されたのは、司法の公正と公平を保ち、社会秩序の安定を維持していくという目的に基づいている。上記のような中国の制度は、近代以降の世界主要国が採用してきた「三権分立」や「抑制と均衡」という法律精神と合致するものである。

### （2）司法機関に対する制約

　もっとも、中国では、「公・検・法」の各機関が独立権限を行使するときには、やはり多くの制限や制約を受けることになる。そのうち、最も重要な制限や制約は、政権党による制約、すなわち中国共産党指導部による制約である。中華人民共和国憲法の前文においては、歴史的および中国の現実社会の観点から、共産党指導の必要性を述べており、国家の最も重要な法源である憲法をもって、中国共産党指導の正当性ないし正統性を確認している。中国においては、欧米諸国の社会契約論に謳われている権力の来歴や人権の概念が希薄であり、権利とは法律によって付与されるものであるとの理解が根強く残っている。すなわち、権力とは、国民が勝ち得たものでなく、憲法によって付与されたものである。もっとも、このような憲法による付与にも根拠が必要である。その根拠は、アヘン戦争以来の100年以上もの歴史にまで遡ることができる。すなわち、中国共産党指導が中華人民共和国を建国し発展させたことによって、「共産党なければ中華人民共和国なし（中国の著名な歌謡曲の曲名にもなっている）」と歴史的に証明されたことこそが、その根拠なのである。

　憲法のこれらの論述からみても、中国においては共産党が唯一の政権党であり、また、共産党は他の政党や社会団体、国家のあらゆる領域における出来事を指導する権力を憲法から付与された「超級」政権政党であることが理解できる。このような現象こそが、法の解釈および執行の場面において、困難な問題を引き起こす根源といえる。

　政治と法律の相互関係は、どの国家にも存在する問題であり、よく両者が矛盾・衝突する形で立ち現れる。中国共産党は、立法過程・法執行過程における指導作用である「政法工作」については、おもに特定の制度や組織形態

を通して執り行なっている。そして、中国共産党の各級委員会に設置された「政法委員会」こそが、上記の制度や組織形態を具現化させる基本的な媒体なのである。この委員会の主な役割は、政治と法律の間において、「公・検・法」の独立権限行使に影響を与えないよう、また、中国共産党の政法工作の指導を健全に保つように働きかけることである。確かに、政法委員会のこのような役割は簡単なものではないが、これこそが「中国社会主義独特の政法関係」の特徴といえる。

## 2．政法委員会の由来および歴史的変遷

### （1）政法委員会の誕生から文化大革命まで

　政法委員会は、1946年6月に成立した「中国法律問題研究委員会」にまで遡ることができる。当時、中国共産党は中国全土を掌握しておらず、革命根拠地においてのみ統治権を有していたが、この委員会は名実ともに研究機関であり、共産党のブレーン的存在であった。1949年の中華人民共和国成立直後、中央人民政府内部では、「公・検・法」の三権を集約させた「政法委員会（政府内部の委員会）」が生まれた。しかし、1954年の憲法発効以降は、裁判所や検察庁がそれぞれ独立の司法部門となり、政法委員会は消滅した。上述の「中国法律問題研究委員会」および「政法委員会」は、いずれも地域的に限定された過渡的な産物であった。

　1956年7月、共産党は、「中共中央法律委員会」を成立させた。この委員会は、法律政策の方針や各部門の分担を決めることを責務としており、現在の政法委員会の直接の起源ともいえる。しかし、この委員会の「政」という名称には、何らの政治的意義も含まれていない。また、これらは中央委員会のレベルにしか設置されておらず、実際には「法律秘書室」の性質を持った機関にすぎなかった。

　1958年以降、朝鮮戦争や国内の権力闘争を経た毛沢東は、日増しに自信を深めていき、強烈なユートピア的色彩を持つ「大躍進」政策を積極的に推し進めていった。毛沢東に対する崇拝感情は、共産党内部のみならず中国全体においてとどまることなく膨張し続けた。これによって、まだ始まったばかりの法制度整備は頓挫し、毛沢東を中心とする各党委員会による「一把手（最高権力者を重視する風潮）」「一言九鼎（トップによる一言は国家の財宝に匹

敵するほど重要である)」などに見られる個人の意思が法律を凌駕するような「人治」主義が現れ始めた。大躍進運動まっただ中の1958年には、県以上の各級の党委員会は、共産党の通知に従って「中央政法小組」を成立させた。「中央政法小組」は、「公・検・法」との調整を重んじず、重大な犯罪事件は、党委員会による審判にかけるという慣例をつくり始めた。「党政不分」という党委員会における書記専権は、このようにして形成されていったのである。

「政法小組」の出現は、さまざまな弊害をもたらした。

まず、「立法はもはや必要ない」という類の誤った認識の出現があげられる。たとえば、中央政法小組は「主席が直面する人民公社級の政法政策に関する諸問題」では、「我が国の実情に鑑みれば、民法、刑法、訴訟法については、もはや制定する必要がない」と述べている。事実、この報告によって全国の立法活動は停滞に陥ってしまった。

次に、法律、法執行機関が重大な損失を被ったことがあげられる。1960年、中央政法小組は「中央政法機関の簡素化および管理体制の変更について」という報告を提出した。これにより、公安部の「統一指導」のもと、完全に憲法に反する法体制といえる、公安を中心に「公・検・法」を集約するという極端な人治主義体制を形成させた。1966年までの文化大革命の10年間において、法律・法執行機関は徹底的に破壊され、各地方党委員会も形骸化された。いわゆる「反革命分子」「破壊分子」「走資派(資本主義を目指す役人たち)」などは、「紅衛兵」などの民衆集団によって勝手に逮捕、拘禁、審判されるようになり、中国における法秩序と法の尊厳は跡形もなく消え失せた。1972年3月、中央政法小組の創始者である謝富治が病没した後、中央政法小組自体も消失した。このようにして人治主義は、中国社会に長い期間にわたる「無法無天(法も神も眼中にない)」の時代をもたらした。

(2) 文化大革命後から現在まで

文化大革命が収束した後の1978年、中央政府は、「中央政法小組」の成立を認め、状況はあたかも1940年代の「法律研究委員会」がブレーンないし助手としての役割を果たす段階に舞い戻った。その翌年の1979年9月9日、「刑法の保障、刑事訴訟法の執行の指示に関して」を64号文書として発布した。この文書では、「司法政策に対する党の指導を強めるべきである。また、最も重要なのは法律の施行を保障することであり、司法機関の機能を十分に

発揮させるべきである。人民検察院の独立検察権および人民法院の独立裁判権を保障すべきである。党委員会と司法機関は個別の責務を有しており、相互に代替することができず、相互に混同されるべきでない。ここにおいて、各党委が刑事事件を裁判する制度を廃止することを決定する」と述べている。また、共産党が検察院および法院の独立行使権限を回復させたことは、一般人には想像しがたいことであった。しかし、当時の中国においては、これが党委員会によって犯罪事件を裁判される制度を終結させる唯一の手段であった。また、同時期に中国は経済分野において「改革開放」の時代に入った。

　そして、改革開放以後、価値観や法律観も含めて、中国国内に西洋文化が流入してきた。経済活動が活発化するにつれて、西洋文化の退廃的な部分に煽られて、犯罪活動が多くなっていった。「先富論（鄧小平が提唱していた「有能な者が先に豊かになることができても構わない」政策）」によって、貧富の格差が拡大し、多くの社会矛盾が立ち現れた。「公・検・法」機関の職員の間でも、汚職収賄が常時存在しており、このような腐敗した状況に対して、民衆の共産党に対する政権党としての統治能力に大きな疑問が投げかけられるようになった。このような背景をもとに、中国共産党は 1980 年 1 月、中央政法委員会の設立を決定した。同委員会は、法律における政治政策の方向性の把握が機能として求められており、具体的な司法政策の実施は求められていない。

　また、同時に各地方でも政法委員会が成立し、文化大革命以前の状況に戻ってしまった。1987 年、中国共産党第 13 期全国大会が開催され、政治体制の改革を推し進めるために「党政分離（党・政府の機能分担論）」を強調し、中央政法委員会を解消させた。もっとも、1990 年にはこの委員会の再設立を決め、同時に「党政機能の分担原則」も強調した。政法委員による権力濫用や裁判案件への干渉をあらかじめ防止するため、最高立法機関の責任者である喬石（第 8 期全人代常委会委員長）は、政法委員の「指導」の重点は「マクロ的な指導と調整」にあることを特に強調した。しかし、この精神は「談話」にすぎず、法規としては形成されていない。

## 3．政法委員会の現状──その基本的機能や他機関との関係

### （1）政法委員会の基本的機能および組織

　1995年に公布された「中共中央政法工作委員会が各級の党委政法政策を強化する通知」では、政法委員会の性質について、次のような最も権威のある定義を下した。それは、「各級の党委員会における政法委員会は党が率いる政法政策を策定する職能部門である」というものである。実際、中国共産党は、政法委員会の機能・職能をもってして初めて、政法政策の策定において指導力を発揮できるのである。

　一般的にいえば「政法委員会」の基本的機能は、以下の5点にまとめることができる。

　①指導の機能

　これは、まず政法政策の方向性を掌握し、中国共産党の方針を定め、政法政策が全面的に実現できるような「政治指導」を確保することである。また、政法警察幹部に対して、真実追究の姿勢を求め、サービス意識とリベラルな法執行の理念を求める「理念指導」があげられる。さらに、共産党委員会および組織部門と協力し、政法管理部門の指導幹部に対する「組織指導」などもかかる機能としてあげられる。

　②組織調整機能

　これは、政法機関の二大政策である「社会秩序の安定」および「社会管理、総合管理」に関する政策を実施する際の機能を指している。政法委員会は、執行部門を除く多くの党政部門や企業、事業体、農村等の組織との交渉を経なければならず、総合的な機能を持つ部門として各部門と調整するために先頭を引っ張らなければならないとされている。そこで、政法委員会は政法政策を全面的に執行するために、かかる機能を引き受けたのである。これは、政法委員会の存在価値の中で最も重要な機能であるといえる。その他にも、政法委員会は、具体的な犯罪事件の捜査活動においても、他部門と調整していかなければならない。

### ③監督機能

基本的には、政法委員会の監督機能は、政法各部門を監督する行使権限に現れている。実際、政法委員会が監督する対象というのは、判断が難しい重要な刑事事件が大半である。このような監督機能は、時として司法機関の権力の独立行使に悪影響を与えてしまう。

### ④督促機能

筆者からすれば、督促機能（紛争を迅速に解決できるよう監督する機能）は監督機能と大差がないように思われる。政法委員会は、「督弁（事務処理への監督・催促）」への参与を通じ、事件処理速度とその質を上げて、正確な紛争処理を追求し、誤判を防ぐことにおいて重大な意義がある。たとえば、2011年の海南の春城空港の紛争案件の処理を一例としてあげることができる。ある企業が空港建設用地をめぐって五指山市政府の不作為を訴えた事案で、下級審は五指山市政府に対して、企業への1.7億人民元の賠償を命じた。敗訴した市政府は不服申し立てを行ない、最高人民法院に上訴した。それに対して、海南省委政法委員会は同市政府および海南省高等裁判所との数回の協議を経て、市政府が空港用地として一定の使用権を企業に認めるという合意に達し、最高人民法院への上訴を取り下げさせ、紛争案件が解決された。これは模範的な成功例の1つとされている。

### ⑤信訪（陳情）機能

「信訪」とは、私人、法人、その他の団体が、手紙やEメール、ファックス、電話、戸別訪問などの手段を通じて、各級の人民政府、県級以上の人民政府政策部門に対して、民衆の実情を伝え、意見や提案を提出し、場合によっては法的手段に訴えることなどを指すものである。これは、法に依拠し、かつ、行政機関の執行処理にも関係する活動である。実際上は、政府関係部門に直訴する非常手段ともいえる。

理論上では、法的問題を交渉するには「信訪」する必要がなく、逆に「信訪」すべき問題については法的機関によって処理されることになっていない。しかし実際には、一般市民に法律知識が欠けているがために、「信訪」を受ける機関によって報告された問題の中には法的手続に基づいて解決できるものが少なくない。そして、法律に関する訴訟案件を直接受理した場合には、

「公・検・法」等の部門と調整しながら訴訟案件を解決しており、これも末端の政法委員会の主な役割・機能となっている。

それでは、政法委員会の組織形態はどうなっているのであろうか。研究者の調査によれば、ある県の政法委員会では、1998年以前にはわずか1つの執務室しかなく、それぞれの仕事を各担当者に割り振っていたという。しかし、1998年以後には、秘書科、総合管理科、案件監査調整科などが設置され、組織形態が徐々に拡大されていった。また、政法委員会は、時々「社会治安総合管理委員会」の責務を「兼任」（2つの看板を持つこと）しており、「取締執務室（違法行為の取締室）」という臨時的な組織も案件監査調整科の中に設置されていた。これらに鑑みると、政法委員会の組織は、あまり合理的とはいえず、極めて過渡的な役割が多く与えられ、その職務範囲も必要性に応じて変更および調整してきたといえる。

政法委員会の副書記を含めた主要メンバーの多くは、「公・検・法」の現場から離れ顧問職に就いたシニアが多くを占めている。メンバーの多くは、長年にわたって法曹界で活躍しており、豊富な社会経験も有しているため、彼らが他部門との「調整」を上手く執り行なっているといっても過言ではない。しかし、彼らの多くは間もなく定年退職する年齢にあることから、「業務に取り組む気があればいつになっても仕事は終わらないが、業務をやらないとしても平気である（どうでもよい）」というのが、彼らの仕事に対する態度であるといわれている。「業務に取り組む気があればいつになっても仕事は終わらない」というのは、政法委員会の職務権限が拡大したために、任期中に業務を完結することができないことを表しており、「業務をやらないとしても平気である」というのは、政法委員会の職務権限が他の同類機関と重複している状況を表している。

（2）「法が一番か？ それとも党が一番か？」
　　——政法委員会制度が抱える問題

「政法委員会」は、発足以来、中国共産党の職務部門の1つとして、「党による政法の指導」という目標も実現してきており、重要な役割を果たしてきた。最も特筆すべき点は、政権党が「政法委員会」を通じて各級の政法機関に及ぼす影響力が日増しに強くなってきたことである。もっとも、ある研究者は、「もし政法委員会を現代法治社会のあるべき姿の視点から見れば、多

くの矛盾と論理撞着が露呈してしまう。中国社会の経済的発展が進むにつれて、政治体制の改革も進み、人びとは政法委員会の存在と発展に関する正当な理由について絶えず思索している」と指摘する。すなわち、「人治社会」から「法治社会」へと変貌する中国において、「政法委員会」という制度自体に合理性や存在意義があるのか、疑問が投げかけられているのである。

政法委員会制度は、執行手続においても問題を抱えており、おもに以下の項目において、不適切な処理や矛盾が生じ始めている。

①政法委員会の権限と憲法との矛盾の問題

政法委員会制度が規定された後、政法委員会の組織および権限は拡大し続けており、外部から制約を受けることは滅多になかった。組織形態からみれば、政法委員会の最高責任者である書記に誰が任命されるかによって、司法機関内部の関係や政府との関係に変化が生じてくる。中国政界には「書記説了算（書記による最終的決定権）」という伝統が長らく存在してきたため、書記が公安局長を兼任した場合には、法院や検察院は公安機関より軽い存在となってしまう。また、書記が政府の副首長を兼任した場合には、「公・検・法」の3機関は政府の下部組織になり下がってしまう。

近年、中国では「群体性事件」が頻発しており、民衆による「信訪」を上手く処理するのも官僚の功績として評価されるようになってきた。政法委員会が、このような状況に対応するために各地方において制定してきた行政法規は、他の規範とさまざまな衝突を起こしている。これらは、立法権・司法権・行政権への侵害となり、法執行の混乱さえ招いている。

たとえば、2003年に、中共北京市委員会政法委員会は「軽傷害事件の処理に関する会議紀要」を公表した。これによると、軽傷害事件において、被疑者が罪を自白し、侮辱的表現や自らの賠償責任を認めた場合には、被害者は刑事責任を追及せず、訴えの取り下げや不起訴処分などの処理を求めることができる。地方の政法委員会の「会議紀要」が、法律や関連法規を変えることもある。同年に、河北省の政法委員会が発布した「社会主義市場経済体制の改善、良好な環境づくりに関する政法機関の決定」の中には、法律に反する項目が多く存在していたという。近年、ある地方の政法委員会は、「総合管理」という名目のもとで、公安（警察）、法院、検査院ばかりではなく、国家安全委員会、武装警察までもコントロールでき、いつでも外交、教育、

行政、軍隊、衛生などの諸資源を調達でき、政権外の権力的中心となっていたように思われる。

このような矛盾が解決されなければ、中国における「法治国家」の構築という目標は単なる絵空事に終わってしまうおそれがある。

② 「社会的効果」と公平および社会の安定との間の矛盾

政法委員会は、事件について調整している過程において、公正や公平、社会の安定といった法律として求められる観念や価値観を考慮せず、政治的に要求されている「社会的効果」、すなわち、担当事件が社会に与える効果を深く考慮している。このような考え方により、政法委員会は、政治制度や機能に従って形成された組織となり、司法制度の運用に従って形成された組織ではなくなったのである。このような「社会的効果」は、往々にして当時の政権党の方針や政策判断に基づいて考慮されるものである。共産党の理論・思考から説明すれば、共産党と政法委員会の目標や目的は合致しているため、何ら矛盾は生じないことになる。もっともそうはいっても、具体的な事件処理では、「社会的効果」と公平および社会安定のいずれを重視するのかによって、利益衡量や結論の妥当性において不一致が必然的に生じることになる。

③ 「司法の尊重」と「司法への干渉」の矛盾

政法委員会は「調整」という方式で作業を進めていると自称するが、「公・検・法」が政法委員会に対して送致している案件のほとんどが判断の困難な案件である。すなわち、証拠不足の案件や逮捕すべきかどうか判断が分かれる案件などである。したがって、政法委員会は、事件調査後に、調整会を招集し、自ら主導的に意見を述べて、会議紀要を形成し、各部門へ指示することになる。このため、調整会による判断は、往々にして客観的な事実認定と異なり、政治権力の作用による結果であるといわれている。このような判断過程は、「公・検・法」間の抑制と均衡という憲法の想定したモデルとも異なっている。

また、政法委員会は、「公・検・法」の予算と人事権を握っているため、政法委員会の書記は、法院や検察院の事実上の上級機関ともいえる。そのため、理論的には、政法委員会の結論は「公・検・法」にとっては拘束力のな

第 5 章　政法委員会と司法との関係

い「提案」にすぎないはずだが、実際には事実上の拘束力を持っており、政法委員会の結論が反対されるケースは非常にまれである。このようにして、いつの間にか政法委員会が司法機関に対して干渉を及ぼす「司法への干渉」が形成されていった。判断が分かれる事件がひとたび政法委員会の調整過程に入ると、真の決定権を持つ者は裁判官の背後に控えている政法委員会となり、裁判官は政法委員会の指示を忠実に守る「パフォーマー」となってしまう。

### （3）政法委員会不要論

　これまでみてきたように、政法委員会には多くの問題が存在しているが、いまだこれらの問題を現行体制下で解決する有効な手立てはない。したがって、中国の法学者からは、政法委員会はもう「寿終正寝（畳の上に死ぬ）」すべきであるという声があがるようになり、このような傾向は日増しに強くなっている。刑事訴訟法を専門とする崔敏教授は比喩を用いながら、「各級の司法機関に対して、指揮命令する「姑さん」をさらに設ける必要などない」と主張する。また、著名な社会学者である于建嶸も、「中国は政法委員会制度を廃止すべきである。最も重視すべきなのは司法の尊重である」と明確に述べている。そして、政法委員会を存続させるべきでないことについて、法的観点から検討した理由は以下のようにあげられている。

　①政法委員会の存在と政法政策に対する指導には法的根拠がない
　中国のあらゆる法律に照らしてみても、「政法委員会」という文言や政法各部門や政法政策が「政法委員会」の「指導」に従わなければならないという規定は見当たらない。政法委員会の存在や政法政策に対する指導に法的根拠がなければ、政法委員会自体が違法な機関であり、このような政党機関が、国家機関である「公・検・法」に対して管理・指導をするということは、国家尊厳の破壊ともいえる。

　②「外行（素人）」が「内行（ベテラン）」を指導すべきでない
　「公・検・法」出身のシニアメンバーを除けば、政法委員会の職員は、基本的に官僚や新卒大学生、研究者によって占められている。彼らの多くは法律知識や法律実務に精通していない行政官や共産党員であるため、法曹界か

らすれば「外行（素人）」に該当するといえる。これらの共産党員は、法解釈や法執行にあたるときには、法律的な合理性や正義・公平の観念に従うのではなく、政治的な利害関係に基づいて判断している。したがって、共産党員と裁判官・検察官・弁護士などの法律専門家との間には、自ずと価値観や判断のずれが生まれることになる。

### （4）政法委員会存続論──政法委員会が存続する合理性

　もっとも他方で、中国の法曹界においても「政法委員会」を存続させるべきであるという意見がいまだに存在している。このような見解を持つ者の多くは、中国の「国情」や中国社会の現状からやむをえないと考えている。なぜなら、改革開放以来、中国の裁判、検察機関内部は、公務員と同様に深刻な汚職や横領、不透明なルール、違法な事件処理、不公平な司法判断、強引な執行手続に満ちていたからである。2009年8月、最高人民法院常務副院長である沈徳詠は、「一部の民衆の司法に対する不信感がまさに普遍的な社会感情になろうとしているが、これは非常に恐ろしい現象である」と指摘した。このような状況下では、政法委員会は、政法政策を指導・管理する共産党の職能部門として、「先天的優勢」によって、「公・検・法」機関に対する監督機能を強化しなければならず、「執行手続に存在する問題と客観的ニーズに符合させなければならない」という主張が生じるのも当然である。沈のこの発言は、共産党および政府内部の多数の見解を代表して述べたものであり、また、政法委員会の存続には合理性があることの重要な根拠を論証したものでもある。もっとも、「先天的優勢」といっても、政法委員会が従前から存在しており、長きにわたってこのような使命を担ってきたことをいうのであって、さらに進んで、政法委員会こそが司法の腐敗を解決する唯一の糸口とまでいうことはできない。したがって、上述の見解に賛成する研究者も、現状では監督管理体制に多くの問題があることを認めており、政法委員会の監督体制を改めて策定することを提言している。

　政法委員会を存続させる合理性にはもう1つの要素がある。通常では、制度外や法規外という理由で司法機関によって解決が困難な問題でも、政法委員会には解決できる機能がある。具体的には、2001年の「打黒除悪」という政治的色彩の強い行政活動における実績を例にあげることができる。江蘇省北部S県公安部門では、2つの犯罪組織に対する偵察活動を終え、犯罪事

実が明確になり、証拠も揃ったとして、検察院に対して逮捕を要請した。しかし、検察院は、犯罪事実が不明確であること、証拠が不十分であることを理由に逮捕に同意しなかったことから、公安部門は、県の政法委員会に対して、この2つの事件を「調整」するよう要請した。政法委員会は、「公・検・法」機関のトップや関係者を集めて調整会議を開き、処理方針をまとめた。そして最終的には、2つの事件ともに犯罪組織の構成員に対して有罪判決を下すことに成功したとされる。

　実際には、公安と検察との間で事件処理について意見が対立した場合には、中国刑事訴訟法第144条によると以下のように解決できる。すなわち、「公安機関から移送された案件に関し、人民検察院は起訴しないと決めた場合、不起訴決定書を公安機関に送らなければならない。公安機関はその不起訴決定に誤りがあると考える場合、再議を要請することができる。もしその意見も拒否されれば、上級の人民検察院に再検証を要請することができる」。本件について詳細に調査した侯猛は、「我々は、公安機関が政法委員会に対して討議を依頼したところを目撃した。法律の規定からすれば、このような事件処理方法は刑事訴訟法に合致しない。法律の趣旨からすれば、刑事訴訟法を介して各機関が均衡を保つべきであるが、実際にはこの趣旨が実現されるに至っておらず、これには原因が別途存在している」と指摘している。その主な原因は、「公」と「検」という2つの機関がそれぞれ有している資金力や動員力などのリソースの格差があまりにも大きいことにある。リソースを多く持てば持つほど、権限も大きくなる。法律という枠組みで解決することが困難な場合は、政法委員会の「調停」によってしか解決が得られないのである。このことから、政法委員会は、制度外や法規外の問題を解決するひとすじの「政治経由」であるといえる。

### （5）「党による指導」と「司法の独立」

　中国共産党が全面的指導について述べた憲法前言における「4つの基本原則」の1つ、「人民民主主義独裁の堅持」は「党の司法に対する指導」に収斂されているように思われる。これは現在の中国においては、「議論する余地なし」の問題といえる。したがって、今後は、「党による指導」と「司法の独立」の関係がいかにあるべきかについて、議論することができるのではないか。

多くの研究者は、政法委員会の政法政策について分析を進めるうちに、「党による指導と司法の独立が緊張関係になった場合、多くの矛盾は党による指導によって引き起こされたものである」と考えるようになった。党の司法に対する指導が不適切である場合に初めて、党による指導と司法の独立の緊張関係に辿り着くのであり、その後にようやく党の指導のあり方について疑問を抱くようになるのである。もし、党が司法に対する適切な指導のあり方を探り出せたのならば、党の指導の下においても司法は独立を保つことができるといえ、党による指導と司法の独立の緊張関係、およびそれに対する一般市民の懐疑的感情は消失するであろう。上記のような分析や解決策の提示には説得力があるのではないだろうか。なぜなら、中国の司法と政権党の矛盾関係には、司法が弱い立場に立たされる一面があるからである。弱い立場にある司法の行為や判断の独立性を保障すれば、公正な結果が得られるはずである。他方、強い立場にある政権党は、自らの影響力に対して抑制的でなければならず、また、それに対して明確な制限を設けなければならない。
　以上を総括すれば、政法委員会が今後も存続すべきかどうかはすでに政治的タブーではなくなり、また異なった意見を持って疑問を呈示できない神聖なるテーマでもなくなった。
　政法委員会制度が今後どれだけの期間にわたって存続するかは不確かだが、政法委員会の改革や廃止については、すでに議論の俎上にのぼったといえる。

## 4．おわりに——「法治国家」と中国の未来

　「共産党の政法政策に対する指導」をいかに理解するかについては、「中国式」の思考を用いなければならない。つまり、政治理念や政治制度（政治文化や政治伝統を含む）の差異から、中国は欧米の資本主義国家に見られる法治国家のモデルに照らし合わせることができず、自らの国情や現状に照らして、中国に適合した法治国家モデルを選択するしかない。これこそが中国共産党が指導する法治国家なのである。
　ところで、中国の「国情」とは、非常に便利な理由・解釈である。この理由は、これまで至るところで、「中国的特色のある社会主義」の政治要素の解釈として用いられてきた。もっとも、かつての「正確指導（党の理念や方針に従うよう諸機関を指導すること）」は、現在の「正確指導」を意味するも

のではなく、ましてや、将来の「正確指導」を保証するものでもない。党の司法に対する指導を強調し過ぎると、必然的に、党が司法の上に立つ状況や、党や党指導者が司法のいかなる制約も受けない状況が形成されてしまう。これでは、社会秩序の安定や社会治安の維持との間に矛盾が生じてしまう。もし、この矛盾が解決できれば、法律上も制度上も、安定した「法治国家」のモデルが確立できることになる。これは、今後の中国の法治改革や政治改革を語るうえで、避けることのできない重要な課題である。

　この問題に関連して「法が一番か？　それとも党が一番か？」という問題もあり、これは数十年間にわたって共産党を悩ませてきた難題である。これに対して、2014年10月に開催された中国共産党第18期中央委員会第4回全体会議（4中全会）では正式な回答を述べた。同会議で採択された「法治国家の全面的な推進における若干重要な問題に関する中共中央の決定」によれば、憲法や法律と共産党との関係は3つの部分から構成されるという。つまり、第1に、共産党の中国に対する指導は憲法により定められたもので、中国的特色のある社会主義の最も実質的な特徴であり、社会主義法治国家を構築する最も根本的な保証である。第2に、共産党は人民を指導して憲法や法律を制定し、法定手続に基づき党の主義主張を国の意思として活かすように取り組む。第3に、共産党は憲法や法律の範囲内で活動を行なうと同時に、党規約や党の関連規定に従い党自身を取り締まらなければならない。そのために、党は立法業務を指導し、法の執行を保障し、司法活動を支持し、先駆けて法を守り、法治国家の構築に関する基本的方略と法による執政の基本的方式とを統一させ、党による全局の掌握および各分野での協調活動と人代、政府、政治協商会議、裁判機関、検察機関が法規に従い職能を執行することとを統一させ、党による立法への指導と党が憲法や法律の範囲内で活動することとを統一させなければならない。以上が、同決定における憲法や法律と共産党との関係のおもな内容である。さらに同決定は、「司法改革を推進し、裁判権、検察権の独立行使を確保すること」と宣言した。その具体例としては、裁判権や検察権を独立行使する制度の確保、司法活動に対する政府・党の指導職員の干渉や事件の処理記録について通報および責任追及できる制度の設立、司法職の職責を健全に履行することを保障する制度の設立などがあげられる。このような、司法の独立性を重視する姿勢は、官僚の汚職撲滅キャンペーンを大々的に展開している中国にとっては必要不可欠といえ

る。なぜなら、司法の独立を確立させることこそが、政治腐敗を根絶し、再発させないようにする有効なシステムであり、今後の司法改革の基礎となるからである。

【参考文献】

殷嘯虎「党委政法委在我国政法関係中的功能審視」（中国語）『法学』2012年

王中霊・閻建軍・虞幼敏「政法工作如何走出"塔西佗陥阱"——関於党委政法委加強執法監督工作的思考」（中国語）『公安学刊——浙江警察学院学報』2012年

侯猛「司法改革背景下的政法治理方式——基層政法委員会制度個案研究」（中国語）『華東政法学院学報』2003年

侯猛「"党与政法"関係的展開——以政法委員会為研究中心」（中国語）『法学家』2013年

周永坤「政法委的歴史与演変」（中国語）『炎黄春秋』2012年

周永坤「論党委政法委員会之改革」（中国語）『法学』2012年

陳衛東「司法機関依法独立行使職権研究」（中国語）『中国法学』2014年

李建明「論党領導下的司法独立」（中国語）『政治与法律』2003年

呂智霞「法律社会学視野下的政法委員会——対我国"政法委"的幾点法理思考」（中国語）『前沿』2010年

# 第6章

# 国民世論の形成と
# ソーシャルメディアの影響

陳 洋

## 1．中国のソーシャルメディア

### （1）中国のソーシャルメディアの発展と現状

　21世紀に入り、フェイスブックやツイッターを代表とするソーシャルメディアの登場によって情報の伝達は速くなった。人びとは自分のアカウントを通して、いつでも、どこでもコメントや画像および動画などを自由に発信することができる。

　2009年以降、中国内陸ではフェイスブック、ツイッター、およびユーチューブ（YouTube）などは遮断されており、アクセスすることができない。その代わりに、中国版のフェイスブック「人人網」（2006年に開設）、中国版のツイッター「新浪微博」（2009年に開設）、中国版のユーチューブ「優酷網」（2006年に開設）が急速に発展してきた。2010年12月8日と2011年5月4日に、「優酷網」と「人人網」はそれぞれアメリカのニューヨーク証券取引所で株式を上場し、また、2014年4月17日に、「新浪微博」もアメリカのナスダック（NASDAQ）で株式を上場した。

　2006年から2013年にかけて中国のネットユーザー数は急増した。中国インターネット情報センターが2014年1月に発表した「第33回中国インターネット発展状況統計の報告」によれば、「2006年の中国のネットユーザー数は1.37億人……2013年12月までに中国のネットユーザー数は6.18億人にのぼっている」。つまり、2013年からは2人の中国人のうち、1人はネット

ユーザーとなっていることになる。

　ソーシャルメディアの普及とネットユーザーの増加とともに、中国におけるコミュニケーションの環境も大きな変化を見せた。中国ではメディア管理制度が存在するため、特定の出来事について個人の考え方を自由に発表できる公共圏（Public Sphere）は限られている。しかし、ソーシャルメディアが普及してから、誰でも公共の話題に参与し、議論することができるようになった。たとえば、ソーシャルメディアの微博では、利用者がパソコン、スマートフォンなどの端末によって、リアルタイムに情報を発信・伝達することができる。そのため、人びとがさまざまな意見や議論を交わし、世論を形成し、微博で広く注目されている社会の出来事に対して、政府にその問題の解決を促すような役割を果たすこともできるようになった。この点からみれば、ソーシャルメディアは中国の民主を推進する原動力の１つだといってよかろう。

### （２）新浪微博

　ソーシャルメディアは中国におけるコミュニケーションの環境を変貌させた。その代表的なものは微博である。中国には新浪微博、網易微博、捜狐微博、騰訊微博、フェニックス微博があり、その中では新浪微博の影響力が一番大きい。

　中国語の「微博」はマイクロブログ（MicroBlog）を意味する中国語の略称である。ソーシャルメディアとしての微博の定義は極めて簡単である。「2012年中国微博藍皮書」によれば、「微博は……情報シェア、伝達および受信のプラットフォームである。ユーザーはウェブ、WAPなどのクライアントを通じて……140以内の文字で情報を書き込んだり、シェアしたりすることができる」。喩国明は、微博の情報伝達の特徴をまとめ、「個人が無限に広範な社会の大衆に対し声を出すという手段を提供するものである」と定義した。

　微博はツイッターによく似ている（図１）。微博でも中国語、英語、日本語、ロシア語、フランス語などの言葉で書き込むことができ、また、ユーザーは他人をフォローしたり、他人にフォローされたり、グループをつくったりすることもできる。

　一方、独自の機能を微博は持っている。新浪微博はツイッターやフェイスブックの混合体のようなソーシャルメディアであり、網易微博は163字のコ

第6章　国民世論の形成とソーシャルメディアの影響

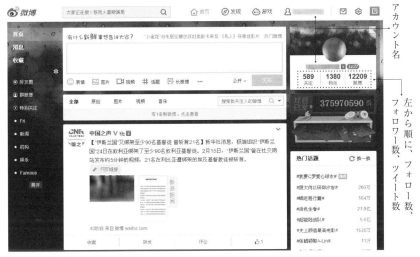

図1　新浪微博の画面

メントを書き込むことができ、捜狐微博では字数の制限はない。

　中国の国内外の研究者は新浪微博を対象とした研究を行なうケースが多い。その原因はおもに4つあげられる。

　第1、他の4つの微博に比べ、新浪微博は運営の歴史が一番長く、利用者が一番多い。2013年6月に発行された「2012-2013微博発展研究報告」には、「2013年第1四半期までに……登録者は5.36億人」との記載がある。つまり、ほとんどの中国のネットユーザーは新浪微博のアカウントを持っているということになる。

　第2、内容と利用者の多様性である。新浪微博には政治、経済、文化、科学技術、スポーツ、芸能などに関するニュースから、海外留学、名所旧跡、グルメ、ショッピング、住宅までさまざまな情報が掲載されており、利用者もほとんどの分野に及んでいる。たとえば、政治家、芸能人、文学者、企業家、ジャーナリストなどの個人、さらに政府機関、大企業、中小企業、NGO、シンクタンク、新聞社や雑誌社なども使用している。この点から、新浪微博は中国の各分野の人びとを最大限に集め、皆が社会の出来事について一緒に議論することのできる公共の場を提供したといえる。

　第3、新浪微博は中国政府の各機関が行政微博（The Microblog for

99

Administration）アカウントを設定する際、優先的に選択する微博である。「微博の元年」と呼ばれている 2010 年から多くの政府機関は微博アカウントを開設した。そして、政府情報を発表したり、ネットユーザーと交流したり、人びとの関心事に迅速に応答したりするようになった。中国共産党機関紙としての人民日報傘下の「人民網」というウェブサイトに属する人民網世論情況管理室の「2012 年新浪政務微博報告」によれば、「2011 年 10 月までに、新浪政務微博のアカウント数は 1 万 8132 ある……今年（2012）の新浪政務微博のアカウント数は 4 万 1932 が純増した……新浪微博によって認定された政務微博のアカウント総数は 6 万を突破した」。各政府機関が微博アカウントを開設する際に優先的に選択する新浪微博は、中央政府または地方政府が民意を直接聞く場となり、微博上の議論や意見が取り上げられ、政策制定に影響を与えるケースも少なくない。

第 4、新浪微博は中国で一番早く微博コミュニティを管理することを試みている。新浪微博は政府機関の言論と情報に関する政策を遵守していたが、規制も最も早く制定された。たとえば、「新浪微博コミュニティ公約（試行）」「新浪微博コミュニティ管理規定（試行）」「新浪微博コミュニティ委員会制度（試行）」「新浪微博商業行為規範方式（試行）」「微博信用規則」などがあげられる。それと同時に、微博ユーザーが微博コミュニティ委員会に参加し、微博管理に積極的に参与するようになった。そして、微博に関する管理規制の制定の模索は他の微博運営社より着手が早く、経験も多い。

### （3）新浪微博と日本のツイッターとの比較

2006 年から、世界諸国の人びとにとって、ツイッターは人びとの交流や情報の伝達のためのプラットフォームになっている。日本総務省「平成 23 年版 情報通信白書」によれば、「Twitter とは、ウェブ上で短いメッセージ（140 文字以内）を投稿し合う簡易投稿サイトである。ウェブ上でメッセージを公開するほか、『フォロー』という仕組で、メッセージ受信を希望する人を集め、簡単にメッセージを送ることができる」。

新浪微博とツイッターの機能をみれば、共通点が多いと指摘することができる（表 1）。たとえば、中国と日本のネットユーザーはいずれもパソコンやスマートフォンの端末を通して、新浪微博とツイッターにアクセスし、それを利用することができる。新浪微博とツイッターのネットユーザーには、

第 6 章　国民世論の形成とソーシャルメディアの影響

**表 1　新浪微博とツイッターの機能の相違点**

|  | 新浪微博 | ツイッター |
|---|---|---|
| 利用者の性別 | 公開される | 公開されない |
| 発言の公開・非公開 | すべての発言は公開されるが、個人の設定で公開されないのもある | 発言をフォロワーにのみ限定して公開することができる |
| オンラインチャット | あり | なし |
| 画像・ビデオ・音楽・アンケート | タイムラインに組み込まれる | タイムラインには外部URLで添付、プロフィールページに組み込まれる |
| 情報のチェック | あり | なし |
| リツイートとコメント | リツイートせずにコメント記入可 | リツイートせずにコメント記入不可 |
| 発言の字数 | リツイートの場合、元の発言は発言字数の140字に含まれない | リツイートの場合、元の発言も発言字数の140字に含まれる |
| ダイレクトメッセージの送信 | 利用者が特別に設定しない限り、誰にでも可能 | フォローしている人以外には不可能 |
| フォローリスト | あり | あり |

出所：筆者作成

各業界の人が含まれているので、日中両国において「思想の自由市場（Free Marketplace of Ideas）」の発展に大いに役立っている。

　新浪微博とツイッターはどちらもニューメディアであるが、社会への影響力は異なっている。新浪微博は中国の現実社会への影響力がかなり大きいのに対して、ツイッターは日本社会への影響力が中国の微博に比べれば比較的小さい。なぜなら、戦後、日本国憲法の保障のもとで、日本の新聞、雑誌などのメディアはより高次な報道の自由と言論の自由を享受している。そのため、ツイッターは、日本社会にとって、1つの新しい交流の手段にすぎない。社会の役割からみれば、ツイッターが日本社会に与える影響は新浪微博が中国社会に与える影響ほど大きくはない。

　一方、中国の紙媒体は厳しくチェックされているが、内容が短く、伝達が速いなどの特徴を持っている新浪微博のようなソーシャルメディアはその壁を乗り越えた。政府機関は、ビッグブラザーのように、ネットユーザーの言論を監視することはできるが、微博上の断片化された情報の迅速な伝達を「捕まえ」、また阻止することはできない。まさに、イギリスのエコノミスト

誌が「Special Report: China and the Internet」で「伝統的なマスメディアの分野において、政府は高速電車の衝突事件に関連する報道を十分に制限する能力を持っているが、……微博のユーザーは素早く関連する情報や多くの写真を送信した。これは政府が制限を施す前に行なわれたのである」と記述しているように、微博は情報を十分に伝達することを可能にしたのである。

## 2．中国における伝統的な世論とネット世論

### （1） 2つの世論の場

ソーシャルメディアの普及とともに、中国を含めて世界の世論の場は分裂した。1つは、伝統的なメディアによる世論の場であり、もう1つはソーシャルメディアによる世論の場である。ただし中国ではメディア管理制度が存在しているので上記の2つの世論の場のうち、政府系のメディアは伝統的な世論の場を支配しているが、ソーシャルメディアでは政府系メディアと異なる意見が飛び交っていることがよく見られる。中国のソーシャルメディアは「民間の世論の場」とされ、さまざまな問題を幅広く議論している。

元新華社の総編集長南振中も現在の中国社会には「2つの世論の場」が存在していると述べている。1つは党機関紙、国営テレビ局、国営通信社などの「主流メディアの世論の場」である。この世論の場では党と政府の方針と政策が正確に宣伝され、社会主義の核心の価値観が拡大されている。もう1つは、口コミに基づく、特にインターネット上の「民間の世論の場」である。人びとは微博、BBS（掲示板）、QQ（中国版のMessenger Service）、ブログなどで社会の出来事についてコメントを発表したり、政府の公共管理について議論したりする。インターネットはすでに思想や文化の情報の集散地と社会の世論の拡大鏡になり、また世論の誘導の新構造となった。

同じ社会の出来事、または話題についての2つの世論の場における見解は異なる場合が多い。たとえば、2011年に起きた「郭美美事件」が一例としてあげられる。新浪微博で「中国の赤十字社の商業部部長」と名乗る郭美美が自分の微博上で金持ちであることをひけらかしていた。これについて、国営テレビ局は、中国の赤十字社とは関係がないことであると繰り返し説明した。しかし、民間の世論の場は中国の赤十字社の腐敗と汚職を厳しく批判した。そのために中国の赤十字社の社会的信用は急速に下落し、中国人の寄付

への意欲にも影響をもたらすこととなった。ネットユーザーの政府や国営メディアへの不信感が高まってきているため、近年、中国政府はこの２つの世論の場の融合に取り組んでいる。例として、中央電視台（CCTV）や新華社は中国の微博でアカウントを開設し、また人民日報もスマートフォンで利用できるアプリケーションを取り入れ、ソーシャルメディアを通して党と政府の方針と政策を宣伝している。

### （２）中国政府のネット世論の重視

　ネット世論とは、ネットユーザーがインターネットをプラットフォームに共通の関心事をめぐって述べた意見や考えである。たとえば、中国の微博と日本のツイッター上で、ある特定の話題について数十万ないし数千万ものツイートが現れるという現象が多く生じている。このような多数のコメントはネット世論を創り出すことができる。そのため、近年、各国の研究者や研究機関はビッグデータでネット世論を分析している。

　日本の新聞社、通信社、テレビ局などは政府の施策に関する国民の意見を把握するために、よく世論調査を実施している。これに対し、中国のマスメディアはおもにネット世論の監督を実施している。たとえば、人民日報傘下の人民網に「輿情」、新華社傘下の新華網に「輿情在線」、中国青年報に「中青在線・輿情」というようなネット世論の分析機関が多く設けられ、日々ネット上で議論されている社会の出来事をめぐるネットユーザーのコメントを収集、整理し、分析している。その分析結果を中国政府に報告書などとして提出したり、または新聞に掲載したりすることになっている。

　中国のネット世論の分析機関の監督対象は２つある。まず、中央政府（各中央部門）、地方政府、そして国営会社に関する出来事である。これらの出来事は政府と企業の公共イメージにかかわるため、ネット世論の分析を通して、ネットユーザーの反応をすぐ把握し、すぐに対応策が取られる。たとえば、近年、中央または地方政府の公務員の汚職問題は微博によって摘発され、ネットユーザーの不満を生じさせている。汚職の公務員は政府のイメージにつながっているため、政府部門はネット上で話題になっているこのような出来事に対して、迅速にその公務員を首にするという対応策をとり、またネットを通して国民に謝罪している。この「社会の出来事」というのは、一般市民が関心を持ち、また自分の利益や生活に緊密な関係のある社会の出来事で

ある。そのため、社会の出来事についてのネット世論を分析することによって、市民の意見を正確に把握し、また市民生活に関する政策や規定の調整に活かすことができる。

### (3) 人民日報と2つの世論の場の融合への試み

　人民日報は中国共産党の機関紙であり、中国共産党の「喉と舌」を代表し、人民日報における記事や論評などは共産党の意志を表す。中国のマスメディアは人民日報の内容に関心を持っている。特に、人民日報上の見方や考え方は伝統的なメディアとニューメディアにおける討論の主要な論点になりやすく、また世論の注目が集まる点になっている。

　人民日報の論評には主として社説、評論員文章、署名入りの評論文章の3種類があり、また朝日新聞の「声」のような一般市民からのコメント欄である「今日談」と「人民論壇」もある。人民日報の社説と評論員文章の主な役割は中国共産党の精神を即時かつ十分に宣伝するところにある。社説はおもに重大な記念日に、また重要な出来事について発表する。たとえば、建国記念日、共産党の建党記念日、党大会や全人代の開催などである。このような社説は各地方紙にも掲載される。評論員文章は主として社会の重大な出来事などに対する評論である。たとえば、2014年9月26日からの香港の「雨傘革命」に対して、10月2日、3日、4日の人民日報のトップページに評論員文章が掲載され、香港の違法デモを断固として非難した。これらの文章はネット上で多数転載され、また他の党機関紙や各地方紙に転載され、巨大な世論が創り出された。

　社説と評論員文章のほかに、特定の出来事に対する署名文章も発表される。これらの署名文章は社会の関心度が一般論評より高い。しかしその発表される記事の本数は1年間のうち、30本程度にとどまっている。また、それらの署名文章の「筆者」は個人ではなく、組織または部門である。たとえば、1993年から人民日報に執筆されている、すべての署名文章の中で一番重要である「任仲平」の文章がある。この「任仲平」の「任」は「人」、「仲」は「重」、「平」は「評」というように発音が同じであり、すなわち「人民日報の重要な評論」という意味を表している。たとえば、2014年12月3日に「任仲平」は「法治で現代中国を護れ」という文章を人民日報に発表した。2014年12月4日は、中国初の「憲法記念日」であり、執筆者は「社会主義

の法治は党の指導を堅持しなければならない」という思想を再び強調したのである。また、2005年から「国記平」という「人」が国際問題に対し、中国政府の立場や観点を述べる文章が人民日報に掲載され始めた。2012年9月11日に、「国記平」は人民日報の文章において「懸崖勒馬（断崖に直面して馬を止める）」という表現を用いた。中国の外交用語として、この言葉は領土の主権を守るために、武力に訴える行動がいよいよ始まるという意味で用いられる。そして、「国記平」のこの文章はソーシャルメディア上で大いに転載され、また中国政府が今後どういう行動をとるかについて、ネットユーザーの間でさまざまな議論や推測を引き起こしたのである。

　ソーシャルメディアが急速に発展するにつれて、共産党は「民間の世論の場」で発表する論評を重視している。人民日報は伝統的なメディアであり、執筆や編集や出版などに時間がかかり、ある社会の出来事に対するコメントを即時に発表することができない。2014年5月から「国平」という署名文章が国営メディアまた民間メディアに注目され始めた。おそらく、ある政府部門に属する「国平」の文章はいつも人民日報傘下の人民網、新華社傘下の新華網などの主流ウェブサイトで掲載され、またソーシャルメディアを使うネットユーザーにも転載されるからであろう。

## 3．ソーシャルメディアが直面する課題および展望

### （1）ソーシャルメディアに対する規制の試み

　微博は中国社会に変化を生じさせている。言論や報道の自由がまだ不十分な中国において、人びとは微博を通して、自分の考え方をある程度自由に述べることができるようになった。

　長い間中国のメディア管理制度の対象は新聞、雑誌、テレビなど伝統的なメディアであったが、近年急速に発展しているソーシャルメディアも中国政府の情報チェック部門の視野に入った。2013年7月の呉虹飛事件[*]の後、中国最高人民法院と中国最高人民検察院は微博上の言論と情報などに対して、「情報ネットワークを利用して誹謗等を実施した刑事事件を取り扱う際の法律の適用に係る若干の問題に関する解釈」という司法解釈を発表し、微博上の言論や情報の公表を厳しく規制することになった。特に、規定の第2条において「同一の誹謗情報が実際にクリックされ、閲覧回数が5000回以上に

図2　微信の画面

達し、またはリツイート回数が500回以上に達した場合」、中国人民共和国刑法に違反し、誹謗罪となり、また刑事事件となる可能性が高いとされた。この条文は中国の各方面から非難された。なぜなら、たんなる噂か実際の誹謗情報かは、自由に議論するという方法によってのみ、判断することができるからである。まだ真偽が確認されていない1つの情報が500回のリツイートまたは5000回の閲覧を超えれば、違法になりうる。これは、ネットユーザーの自由に言論を発表する意欲や特に微博上の「思想の自由市場」の発展に影響を与えるであろう。

（2）微信の登場への期待

微博に関する規制は厳しくなったが、一方、同じソーシャルメディアとしての微信（ウェイシン）（WeChat、図2）は大いに発展している。微信は中国版のLINE（スマートフォンなどで利用するインスタント・メッセンジャー）であり、その登場は2011年である。登場は微博より遅いが、その利用者は微博より多い。微信の運営会社によれば、2014年6月までに利用者数は6億人に達している。利用者はスマートフォンで微信を利用している。微博と違い、微信の情報の

送受信は知り合い同士間のみに限定されている。微博との共通点は、LINEと同じように、微信を利用して、いつでも情報を発信することができることである。微博に比べ、微信のほうは情報伝達が速くて便利であり、情報伝達の有効性も高い。

　微信にも「公式アカウント」というサービスがある。LINEの「公式アカウント」と異なり、微信の「公式アカウント」の利用者は新聞社、企業、芸能人などに限らず、一般の利用者も申請することができる。一般の利用者による個人の「公式アカウント」のフォロワーは数万の場合もあれば、数十万の場合もある。これらの影響力が微博より大きいかどうかはまだわからないが、しかし、自分の「公式アカウント」で自分の意見や考えなどを比較的自由に発表することができる。微博では、知人でも未知の人でも情報を受信することができる。これに対し、微信の場合は、コンタクトリストに追加しなければ、相手の情報を受信することができない。微信上の情報への政府からのチェックは相当難しくなるのである。

### (3) 「第五の権力」の台頭

　以上述べてきたように、中国ではソーシャルメディアにおける世論が「第五の権力」として、台頭しつつある。中国におけるソーシャルメディアは情報伝達の役割だけでなく、議論の場としての公共圏の役割も果たしている。さらに、中国のソーシャルメディアにおける世論の権力は伝統的な権力としての立法、行政、司法および「第四の権力」としての報道と異なり、その権力の所有者は一般のネットユーザーである。この世論は中国の「第四の権力」の報道の不足を補っている。

＊2013年7月23日、歌手兼作家の呉虹飛が微博上での発言を理由に拘束された。言論の自由を侵すなどとして中国ネットユーザーは強く反発し、その結果、行政拘留裁判にかけられることなく、より軽微な罰金で釈放された。

【参考文献】

DCCI互聯網数据中心『2012年中国微博藍皮書』（中国語）2012年
互聯網実験室＆浙江伝媒学院互聯網與社会研究中心『2012-2013微博発展研究報告』（中国語）2013年
人民網世論情況管理室『2012年新浪政務微博報告』（中国語）2012年
中国互聯網数据資訊中心『CNNIC——2014年第33次中国互聯网絡発展状況統計報告』（中国語）2014年
人民網輿情監測室「打通"両個輿論場"——善待網民網絡輿論」（中国語）2011年7月11日（http://opinion.people.com.cn/GB/15119932.html）

# 第7章

# 中国政治におけるシンクタンク

劉　迪

## 1．現代国家とシンクタンク

### （1）シンクタンクとは何か

シンクタンクは各分野の専門家からなる頭脳集団であり、思想の工場でもある。シンクタンクは意思決定者のために報告書を提供するだけでなく、自身の判断で特定分野の研究成果を社会に公表する。

現代社会のなかではシンクタンクの役割はますます増大し、社会生活、特に政府の意思決定に大きな影響を与えている。シンクタンクは以下の責務を担っている。①社会に新しい考え、価値観を提供し、世論、社会をリードする。②研究者の研究成果を政府の政策と結びつけさせ、政治と学術の架け橋となる。③政府の意思決定のために諮問に応じ、政府の意思決定に影響を与える。④さまざまな意見・要求を即時に収集・公表し、利益表出の役割を果たす。

### （2）中国のシンクタンクの発展

1970年代以降、中国は外国から技術を導入する際、失敗したという教訓があった。その後中国政府の改革案は専門家に諮問されるようになり、多くの専門家が政府意思決定機関に採用され、彼らの一部は中国政治の中枢部にまで採り入れられた。一方、多くの半官半民のシンクタンクが相次いで設立された。たとえば1989年、一部の元官僚は「総合開発研究院」を設立した。

1992年海南省政府所属の「中国（海南）改革発展研究院」は国有予算の受給を辞退し、民営化を決めた。1993年、中国社会科学院に所属する一部の研究者は辞職して民間シンクタンク「天則経済研究所」を立ち上げた。1994年林毅夫は中央農村政策研究室から離れ、フォード基金会の支援のもとで北京大学「中国経済研究センター」を創立した。

　大学関係のシンクタンクも発展している。1993年、1998年には国務院および教育部が世界トップレベルの大学をつくるためにそれぞれ「211プロジェクト」と「985プロジェクト」を導入するようになった。各大学はさまざまな政策研究と諮問機関を立ち上げ、国内外からさまざまな人材を受け入れた。

　ペンシルベニア大学が編集した『2012年世界有力シンクタンク評価報告書』によれば、米国のシンクタンクの数は1823であり、中国のシンクタンクの数は429である。

　1999年、清華大学は国際伝播研究センターを設立した。当該センターは政府の「ソフトパワー」の構築および国家イメージの研究に意欲的に取り組み、国務院新聞弁公室に協力して中国スポークスマン制度を立ち上げた。2002年に浙江大学は中国の大学としては最初の民営経済研究センターを設けた。2009年に上海社会科学院シンクタンク研究センターが設立され、2014年に『中国シンクタンク報告』が出版された（付表1参照）。

　2006年に中国第1回シンクタンク会議が開催され、以来、長期にわたって中国政府の意志決定のために諮問に応じるシンクタンクが一堂に会している。中国社会科学院、国務院発展研究センター、中国科学院、中国人民解放軍軍事科学院、中国国際問題研究所、中国現代国際関係研究院、中国太平洋経済合作全国委員会、中国科学技術協会、中国国際戦略学会などのシンクタンクが脚光を浴びた。

　中国政府はますますシンクタンクの役割を重要視している。2009年6月、中国国務院総理温家宝は「予備的な政策研究を強化せよ」と指示した。2012年12月、中国共産党18期3次全体会議は「中国的特色のある新型シンクタンクの建設を強化し諮問制度を整備せよ」と呼びかけ、翌年4月、習近平総書記は「中国的特色のある新型シンクタンク」という目標を掲げた。さらに同年10月、中国共産党中央委員会がシンクタンクの整備を国家重大戦略として位置づけたのである。

中国政府がシンクタンクを重視する理由は以下のように考えられている。①国家情報安全と経済安全を維持すること。②国家ガバナンスシステム・ガバナンス能力を整備すること。③イノベーション能力および構造転換を促進すること。④サービス経済の水準を高めること。⑤中国国家のイメージの向上と国家ソフトパワーをより向上させること。

### (3) よきシンクタンクの基準

一般的にはシンクタンクの報告書・提案書が政府指導者に評価され採択された場合、そのシンクタンクの価値の向上につながっていると考えられている。ただし、シンクタンクを評価する基準は決して政府との関係などではなく「知的製品」の影響力である。シンクタンクの影響力は社会のニーズに応えうる価値のある製品を提供することで測られる。その製品は意思決定のために使用され、その効果が高いほど評価される。良質のシンクタンクの製品とは何か。ある中国官僚は以下の要素を有すべきであると指摘している。①それぞれの時代における国家の需要に呼応すること。②政府の意思決定の需要に応じたものであること。③現実に合致し具体的なもので実用性のあること。製品の効果はシンクタンクにとって死活の問題である。

ペンシルベニア大学の学者ジェームズ・マクガンは、シンクタンクとは意思決定のためにサービスを提供する機構であると指摘したうえで、もしその製品が意思決定の過程において満足を与えられそうもなければ、そのシンクタンクは成功を収めていないと判断せざるをえないと述べている。共産党中央編訳局長兪可平は、よいシンクタンクは以下の基準を満たさなければならないと指摘している。①社会発展の趨勢に合致する新思想・新論点・新理論・新知識を提起すること。②社会の発展を阻む問題を発見し、その原因を明らかにすること。③社会発展に公的な責任を有すること。④長期的な視野を持つ戦略的な機関であること。⑤優秀なリーダーと優秀な研究者を有すること。⑥自分の考えを提起するだけでなく、これらの考えをさまざまな媒体を介して流布し社会に影響を与えること。この媒体は政府意思決定機関、学術研究部門、マスメディア（インターネットを含む）、民間組織などを指す。⑦得意な研究分野を活かし、それを維持すること。

長い間、中国の意思決定部門はさまざまなシンクタンクから情報・提案を受け取っている。では中国の意志決定部門はどのような提案を求めているの

か。1990年代に入り世界はポスト冷戦時代に入った。当時の中国外交部は新しい時代に合致する周辺外交政策および関連する理論を求めていた。ある中国外交官は閻学通氏の理論が外交部の政策形成に影響を与えたと評価している。以前より閻氏は「国家利益外溢説」を唱えていた。これは中国の国家利益が国境を越え外国に及ぶという説である。上述の外交官は、この説は中国の周辺外交に示唆を与えたと指摘している。多くの学者の論文・著書の考えを参照して中国外交部門は過渡期の周辺外交政策を形成した。「周辺外交は改革開放のために良い周辺環境を構築すべきである」という考えに基づき、中国外交部は「信頼の強化、疑念の払しょく」「多角的対話への参加」などの外交政策を形成している。こうして中国と東南アジア諸国連合（ASEAN）間の自由貿易協定（FTA）の構築を実らせた。これにより中国アジア外交はポスト冷戦時代の思想混乱期を乗り越え、好循環期に入った。中国外交部はさまざまなシンクタンクの学者と密接な関係を維持している。過渡期の中国外交政策・思想の発展に中国のシンクタンクは多大な貢献をしたとされている。

中国はASEAN地域フォーラムなどのアジア地域間協力に参加すべきかどうかをめぐって悩んでいたときもあった。これに関し、国際関係研究所、中国社会科学院、北京大学などのシンクタンクは中国外交部に長期にわたって助言をしていた。中国のシンクタンクは「予防外交」の概念を提起し、中国外交部門はこれを導入したのである。「予防外交」政策の導入により国家間の多角的協力への中国の参加が理論づけられた。

シンクタンク「改革開放論壇」（座長：鄭必堅・中央党校前副学長）は中国の「平和台頭論」を提起した。この説は中国の平和発展の道を内外に示し、諸外国の懸念を払しょくする役割があった。後に「平和台頭論」の主旨が中国政府に採用され、『中国の平和発展』という政府白書も作成された。

## 2．中国のシンクタンクの分類と分布

### （1）民間シンクタンクの台頭

上述したペンシルベニア大学の研究報告は設立した機関によって中国のシンクタンクを「党・政・軍」「社会科学院」「大学」と分類しているが、上海社会科学院シンクタンク研究所はさらに「民間」という類別を増やした。この4種類のシンクタンクにはそれぞれに特徴が見られる（表1）。

表1　中国のシンクタンクの分類

| 設立主体 | アクターの性質 | 組織形態 | 運営経費源 | 研究方向 |
|---|---|---|---|---|
| 党・政・軍 | 政府部門 | 厳密 | 政府全額出資 | 政府内部向け |
| 社会科学院 | 事業体 | 比較的厳密 | ほぼ政府出資 | 政府または社会向け |
| 大学 | 事業体 | 比較的緩やか | 教育部または大学系統内部 | 政府または社会向け |
| 民間 | 社会団体・商業機構・企業 | 緩やか | 多元的 | 政府向け、ただしおもに社会向け |

出所：上海社会科学院シンクタンク研究所『智庫報告——2003年中国智庫報告』上海社会科学院出版社、2014年、10頁より引用。

　①党・政・軍のシンクタンクはそれぞれの組織内部に組み込まれ各ランクの政府組織およびその指導者の意思決定のために諮問に応じる組織である。「国家発展改革委員会マクロ経済研究院」（政策制定の直接参加）、「国務院研究室」（政府工作報告の起草）と「国務院発展研究センター」（政府工作報告の起草）、「国家行政学院」（国務院重大意思決定の参画・広報）などはこの類の組織である（付表2参照）。地方レベルからみれば各地方人民政府のなかには発展研究センターが設けられているし、各地方にも行政学院や党校がある。

　②中国社会科学院は1977年に設立され、各省・市・自治区にも各自の社会科学院を設けている。社会科学院の予算は財政予算から捻出される。政府の委託を受けさまざまな研究を行なう政府諮問機関である。ただし政府以外の機関・企業からの諮問も受けている。

　③大学のシンクタンクは各大学が独自に設立するものもあれば外部の資金を導入して設立されるものもある。運営経費は大学、基金会、企業協賛または私的な支援である。

　④最近、民間のシンクタンクも現れて次第に増え、広く関心が寄せられている社会問題の研究に取り組んでいる。企業、個人または民間団体によって設立されたものが多い。

（2）中国シンクタンクの問題

　中国のシンクタンクには以下の問題があると指摘されている。①行政従属的な性格が強いこと。②シンクタンクが大都会や東部に偏在していること。③研究成果の政策への転換が少ないこと。④ニューメディアを利用する能力が低いこと。

現在、中国のシンクタンクの大部分は依然政府の予算によって運営されている。しかし、これらのシンクタンクの政策提言水準はまだ期待されたほどではない。いかに市場競争のメカニズムを導入し、政策提言の質を向上させるかということが中国のシンクタンクが直面している課題である。

### (3) 中国で活躍しているシンクタンクの特徴

上海社会科学院シンクタンク研究所は中国のシンクタンクを「活躍しているシンクタンク」と「活躍していないシンクタンク」に区分している。活躍しているシンクタンクは200余りあるとしている。活躍しているシンクタンクは健全な組織を有し定期的な活動を行なうことが特徴である。「活躍しているシンクタンク」は意思決定の参加に前向きに取り組み、政策の決定者、メディア、学界と良好な関係を築いており、国内外において影響力を発揮している。

「活躍しているシンクタンク」は以下の特徴を有している。①シンクタンク間の交流・協力が盛んに行なわれていること。フォーラム、複数のシンクタンク間の連合、シンクタンクサミット、戦略的協力枠組みの構築などを通じて影響力を向上させていること。②新しい組織形態への転換を試みていること。多くのシンクタンクは既成の人事関係から脱し、より柔軟な組織形態を構築する工夫をしている。たとえば「中国経済50人論壇」「中国金融40人論壇」「中国都市100人論壇」などが相次いで登場しメディアから脚光を浴びている。これらのシンクタンクは学術レベルの高い学者を中心に大型フォーラム、専門家研究会、オフーレコ会議などの形式を通じてプロジェクトを進め、研究報告書をまとめる。さらに内部のルートを通じて意思決定部門に提出し中国上層部の意思決定に影響を与える。③大学のシンクタンクが急速に拡張し、台頭すること。今後、豊富な人材や世界にわたるネットワークを有している大学のシンクタンクは大きな飛躍が期待されている。

多くの「活躍しているシンクタンク」は以下の研究傾向が見られる。①常に改革過程のなかで発生した重大かつ現実的な問題に即して研究し、操作可能な政策建言を速やかに提起する。②中国改革の重要な時期に重要な政策建言を即時に提起する。③重大な戦略問題についてはその流れを常にフォローし予備的な研究を行ない、建設的な対策を提起する。④改革のための基礎理論の研究を重視する。

第7章　中国政治におけるシンクタンク

## 3．中国のシンクタンクの政治過程

### （1）2種類のシンクタンクの報告書

　自身の政策によって意思決定に影響を与えることはすべてのシンクタンクの目的である。シンクタンクの研究活動はいかに政府に影響を与えているのか。各シンクタンクと政府の関係によって2つの類型に分けられる。

　1つ目は政府からの注文である。中央政府から各研究機関に注文される課題はこの類型に属している。たとえば「第12次5カ年計画の枠組発想研究」「第12次5カ年計画ノルマシステム研究」などの課題は中央財経領導小組弁公室から直接国務院発展研究センターに依頼されたものである。一方「中国の低炭素発展マクロ戦略研究──中国炭素交易市場メカニズムの研究」は国家発展改革委員会が国務院発展研究センターに依頼した課題である。「第12次5カ年計画・改革プランの研究」「第12次5カ年計画・基本サービス均等化政策研究」は国家発展改革委員会から中国（海南）改革発展研究院に委託された課題である。

　一方、研究機構が自ら選定した課題をもって研究する例も珍しくはない。院長が遅福林である中国（海南）改革発展研究院は、長期にわたって農村改革に注目し研究している。1998年に当該機構の研究チームはなるべく早めに「農民に長期かつ保障つきの土地使用権を付与すべきである」という課題を提案した。15期3次全会決定起草期間中、中国（海南）改革発展研究院は同提案書を起草委員会に提出した。温家宝前総理は書面での評価を与えた。

　各シンクタンクが中国政府に提出する報告書は以下の特徴を有している。①諮問報告書の場合3000字以内、場合によっては1000字ないし500字である。意思決定機関に提出する提案書は簡潔で明瞭でなければならない。②報告書は個人より集団の智恵であること。たとえば中国共産党第18期中央委員会第3回全体会議（以下、3中全会）前に中国の知識人層の間で広く読まれていた「383報告書」は国務院発展研究センターの重大課題であり、当時多くの部門、研究スタッフはこの報告書のまとめ作業にかかわっていた。③大局に立脚し、いかなる利益集団のためにも代弁してはならない。④報告書の上達のルートは2つある。政府系のシンクタンクは「内参」（共産党高層幹部のために発行された機密文書）、「送閲件」（各部門の特定の上層部宛に届く文書）という形式をもって直接に上層部へ意見を届ける。たとえば2003年の第16期

3中全会決議を起草する際、国家発展と改革委員会マクロ経済研究院の研究者は起草チームのために「現代財産権制度建設に関する報告書」を提出した。この報告書はマクロ経済研究院から国家発展改革委員会を経由して国家指導者に渡された。

　政府系シンクタンクの報告書は滞りなく上層部へ届けられるだけでなく、上層部からのフィードバックも迅速に得られる。国務院発展研究センターによれば2012年に当該センターは中央政府に研究報告書を572本送付した。そのうち党の中央委員会と国務院の指導者からそれぞれ145本、271本につき書面での評価を得た。

　これに対して民間シンクタンクの声が上層部に届くことはなかなか困難である。一部のシンクタンクはメディアと協力して一部の提案書を関係部・委員会の指導者に届けることができる。なお政府関係者が多数出席するシンポジウムを開催することもシンクタンクの意思決定への影響力を高める機会となりうる。中国（海南）改革発展研究院が「2013新興経済体政策フォーラム」を開催したとき、全国25の省・市などの地方意思決定者だけでなく商務部、外交部などの中央部・委員会からの代表も出席している。官僚に対してシンクタンクの学者の発言が深い印象を残すことは少なくなかった。

　上記の方法以外、シンクタンクはまた以下の方法によって政府の意思決定に影響を与える。①シンクタンクの研究者が政治局委員の学習会の講師となること。②中央政府に招かれて専門分野の座談会に参加すること。③国務院が重大な意思決定を行なう前に、頻繁に国家行政学院で各省の部級幹部セミナーを開催すること。セミナー終了後、国務院指導者は参加者と座談会を開き、決議起草チームは発言者の要旨に基づいて決議文の内容を修正する。また各部・委員会の研究機関はより具体的な課題が依頼される。このような課題は時には年3、400もある。時の重大な課題なら突然依頼される場合もある。④一部の報告書を内参を通じて中国共産党中央弁公庁、国務院弁公室、シンクタンクに届けること。⑤学者たちがシンクタンク主催のシンポジウムで発表した一部の発言が高級幹部に重要視され、意思決定に影響を与えること。

### （2）民間のシンクタンクの人脈と影響力

　シンクタンクはその影響力を維持するため下記の方法を行なう。①「シンクタンク政府間の通路」を構築し維持すること。②多チャンネルの研究成果

のメカニズムを構築すること。③メディアとの協力を重要視し、成果の宣伝・影響力の見積もりを行なうこと。④その他の方式。たとえば内部意思決定の参考、学術報告会、科学の普及、記者会見、ソーシャル・メディア、We-Media（ブログ、微博など個人メディアを指す）、新聞の連載等のさまざまな形式の対外伝播を行なう。シンクタンクは上記の方式をもって政策変革を促す原動力となる。

　中国国際経済交流センターは、前国家指導者をトップとして迎える。理事長は国務院前副総理である曾培炎である。メンバーのなかには多くの元官僚がいる。当該センターは政府予算から予算の支給を受けない民間シンクタンクである。

　「中国経済50人論壇」は民間シンクタンクであるが、官僚および政府系研究機構の学者も多く在籍している。この論壇の学術委員会には著名な経済学者呉敬璉、林毅夫、樊綱など政府系大学の学者以外にも、中国人民銀行副行長易綱、中央財経領導小組弁公室主任・国家発展改革委員会副主任劉鶴、全国人民代表大会常務委員会委員・同財政経済委員会副主任呉暁霊など現役の役人の名も並んでいる。

　中国人民大学重陽金融研究院は当該大学と上海重陽投資管理有限公司が共同で設立したシンクタンクである。その運営費用はおもに国有企業会員によってつくられた基金会の運営基金から捻出されている。

　各シンクタンクは競って研究報告書を指導部に届けている。これはシンクタンクの政府への影響力を発揮する重要なルートである。「中国経済交流センター」は雑誌を4誌持っている。そのうちの1つは雑誌『要情』である。週2回発行、読者は高級官僚である。当該センターは中国国内のさまざまな研究成果を網羅して適切にまとめたうえ、政策建言として政府の意思決定者に提供する。

　大学のシンクタンクも各自のルートを介して研究成果を上層部に届ける。たとえば胡鞍鋼は中国科学院で国情研究センター（後に国情研究所）を設立し、その研究資料を中国科学院を介して中国指導部に報告している。上述した中国人民大学重陽金融学院は新華社など複数のルートを通じて中国上層部に報告書を届けている。非政府系シンクタンクはさまざまな私的なルートを開拓しそれを介して上層部に報告書を届けている。

　非政府系シンクタンクはメディアを通じて各自の考えを広めて影響力を拡

大することが得意である。各シンクタンクにはメディア経験者やメディアと良好な関係を持つ人が少なくない。メディアに通じる人は世論に訴えるコツを熟知しているので彼らはシンクタンクにとって欠かせない存在である。

民間シンクタンクの資金源はおもに外部から依頼されたプロジェクトによる利益である。たとえば企業からの諮問である。多くのシンクタンクは実際にはコンサルティング会社である。一部の民間シンクタンクは国内基金会や外国基金会からの支援を受けている。ただし中国ではシンクタンクの資金源は非常に繊細な問題なので、多くのシンクタンクは外国からの支援に対しては極めて慎重である。

### （3）「内参」、シンクタンクと政治の意思決定

中国の情報伝達システム内には「内参」という独特なメディアが存在する。このメディアは非公開的な性格を有しその記事の内容も「参考に供する」ものとなっている。「内参」における記事の掲載基準には政府の視点からみれば「公開報道に適さないすべてのもの」も含まれている。その内容の特徴は「現在進行中で、しかも政治上重大かつ繊細な問題」である。指導部はこれを通じて民意、社会の実態を把握する。各レベルのメディアが各自の内参部を設け、一部の記者は「内参」の作成のために動員されている。各主要紙の内部には「内参」の専門記者もいれば兼務で「内参」を書く記者もいる。「内参」の数は膨大なものであるが、そのごく一部しか最高指導者の机に届いていない。

最高指導部の人間は日常的にどのようなものを閲覧しているのか。たとえば鄧小平は複数の「内参」を愛読していた。そのなかには、新華社系の『国内動態清様』、人民日報社系の『群衆来信摘編』『状況匯編』『状況匯編特刊』、光明日報系の『情況反映』、中国青年報系の『青年来信摘編』、解放日報系の『情況簡報』などが含まれている。

一方、中央政府、軍の機関も内部刊行物を持っている。たとえば国務院信訪弁公室編『人民来信摘報』、中央弁公庁信訪処編『来信摘要』、中央軍事委員会弁公庁信訪処編『信訪摘報』、中央紀律検査委員会編『信訪簡報』、中央党校編『思想理論内参』、財政部弁公庁弁公室編『信訪摘報』、教育部弁公庁編『人民来信来訪摘報』などである。

「内参」はみな「国家秘密」と決められている。「国家秘密」はいくつかの

ランクがある。一部のものは「絶密」と記されている。「内参」の機密保持期はさまざまである。官僚たちは各自の肩書に応じて異なる「内参」を読む。内参の最高級のものは新華社編『国内動態清様附頁』であり、閲覧範囲は政治局委員ないし政治局常務委員会委員に限られている。その次は同編『国内動態清様』と国際問題を扱う『参考清様』である。この2種類のものは省・部級以上の幹部の閲覧に供されている。

　内参記者の職務は事実を客観的かつ正確に報道することである。彼らはシンクタンクの研究者と違って内参記事のなかで個人の意見を述べたり提案を提起することは認められない。しかし真実を伝えることは意外にも強い影響力を持っている。「内参」記事が指導者に評価されればその記事の内容が意思決定につながる場合もある。たとえば1970年代の中米卓球外交の契機は実は新華社編集の『参考資料』(『大参考』ともいう。1955年創刊、形態としては雑誌であるが、毎日1回か数回発行する。掲載内容はおもに外国関係である。扱いは「秘密」であるが、閲覧範囲は「県・連隊」級以上の幹部である)が取り上げた中米卓球選手の日本での接触記事から得られたものである。当時毛沢東はその記事を読み即座に「中米卓球外交」を始めようと指示した。

　今日、中国共産党、中国政府は多種多様な民意を汲み取り、体制内外の大量な専門家や多くのシンクタンクから助言、政策提案を受け入れ、自身の執政能力の強化に取り組んでいる。今後、中国の政治過程においては、シンクタンクの役割がより一層期待されているのではないかと考えられている。

## 【参考文献】

詹姆斯・G・麦甘『智庫報告──2013年全球智庫報告』(中国語)上海社会科学院出版社、2014年

於今『中国智庫発展報告 (2012)』(中国語)紅旗出版社、2013年

上海社会科学院智庫中心『智庫報告──2013年中国智庫報告──影響力排名與政策建議』(中国語)上海社会科学院出版社、2014年

東中西部区域発展和改革研究院編『中国智庫発展報告』(中国語)国家行政学院出版社、2011年

「中国智庫参與改革決策過程」『北京青年報』(中国語) 2013年11月11日

「那些直達中南海的神秘"内参"」(中国語　http://news.takungpao.com/mainland/focus/2014-12/2853384_3.html) 2015年1月24日閲覧

付表1　シンクタンクの総合影響力のランキング

1　国務院发展研究中心
2　中国社会科学院
3　北京大学
4　清華大学
5　中国国際経済交流センター
6　中国共産党中央党校
7　国家発展改革委員会マクロ経済研究院
8　復旦大学
9　上海社会科学院
10　中国（海南）改革発展研究院

出所：上海社会科学院智庫中心『智庫報告——2013年中国智庫報告——影響力排名與政策建議』上海社会科学院出版社、2014年、13頁


付表2　中国共産党中央委員会、国務院直属のシンクタンク

| 中央党校 | 学長：劉雲山 | 中国共産党中央委員会直属の機関であり、党員素質を強化する大学である。党の哲学・社会科学を研究し各種の報告書の起草に携わる。 |
|---|---|---|
| 中国共産党中央政策研究室 | 主任：王滬寧 | 中国共産党の最高シンクタンク機構であり中国共産党中央直属である。 |
| 国家行政学院 | 院長：楊晶 | 国務院直属の大学である。高級・中級国家公務員の養成および高級の行政管理・政策研究の人材の育成基地である。 |
| 国務院発展研究センター | 主任：李偉 | 国務院直属の政策研究・諮問機構である。国民経済、社会発展と改革のなかでの問題を研究し中国共産党中央委員会および国務院のために政策建言を提供し答申を行なう。 |
| 国務院研究室 | 主任：謝伏瞻 | 総合的な政策研究の依頼や意思決定の諮問を受ける。国務院の主要指導者のためにサービスを提供する。政府工作報告の起草に責任を負う。 |
| 国務院参事室 | 主任：陈進玉 | 国務院に直属し政府の参事仕事に携わっている。政府意思決定のためのシンクタンクである。 |
| 国家発展改革委員会マクロ経済研究院 | 院長：朱之鑫 | 国家発展改革委員会に直属。おもに政策研究や諮問を行なう。5カ年計画の起草・調査に携わる。また発展改革政策を研究・制定することに携わる。 |
| 中国社会科学院 | 院長：王偉光 | 中国社会科学院は中国哲学社会科学の最高学術機構と総合研究センターで、所轄の研究院は中国政府のシンクタンクである。 |

出所：『北京青年報』2013年11月11日付

# 第8章

# 腐敗の深刻化とそれを撲滅するメカニズム

熊達雲

## 1．腐敗の現状、特徴および原因

### （1）腐敗の全容

　習近平を総書記とする中国共産党の新しい最高指導部が2012年末に発足した後、最初に手掛けたのは「大衆路線教育の実践キャンペーン」である。2013年6月から始まったこの大がかりなキャンペーンが2014年10月半ばに終了するまえに、官営の「新華ウェブサイト」に総括気味の長い記事が掲載された。この記事では「形式主義、官僚主義、享楽主義および無駄遣い・退廃の風紀」の撲滅を主題とするキャンペーンの成果として一連の数字が示された。その中から主なものを下記のとおりあげることができる。

①官官接待、無駄遣いの行為にブレーキが掛かった。公務活動や休祭日に役人がお土産や現金および各種の有価証券、支払証書を受領する問題が1.3万余件発見され、4024人が処分を受けた。また、公費による宴会、高価な買い物などの問題が3083件発見され、4144人が処分を受けた。

②基準を上回って配置された公用車が11.4万台整理された。事務室の配置面積の超過使用が2425.7万㎡に及び、そのうちの91.8％を占める2227.6万㎡が取り上げられた。2580棟、1512万㎡に及ぶ官官接待用のホテルや療養所の建築が中止された。

③公費による外国視察、公用車購入および公費招待といった「三公費用」が大幅にカットされた。キャンペーン前と比べれば、費用は530.2億元

圧縮され、海外視察が2.7万回次、人数換算で9.6万人分も削減された。

④役人の見栄として企画された「イメージ工事」「業績工事」663件を停止させた。架空事業が436件発見され、418人がそのために処分を受けた。

⑤土地収用、農業にかかわる利益、法律違反・訴訟干渉、安全生産、食品薬品安全、生態環境、教育・衛生などの面で庶民の利益を侵害した問題が38.6万余件発見され、20万人以上が処分を受けた。

⑥恣意的な費用徴収・罰金などが整理された。キャンペーン前より費用徴収、罰金の項目が3.1万項目減少した。恣意的な費用徴収・罰金の問題が1.1万余件発見され、金額15.1億元に及び、8519人が処分を受けた。

⑦住民優遇政策を実施する過程において、親族や友人を優先させるという権力濫用の問題が5545件発見され、6494人が処分を受けた。

⑧基準に基づいた土地収用の代金を適時、満額を支給せず、各種の補助金を着服、流用する問題が6499件発見され、3968人が処分を受け、その金額は21.7億元に達した。また、個人の飲食代のつけによって生じた借金を返済しない問題は1.6万余件摘発され、5万余人が処分を受けた。

⑨勤務に携わらずに給与を受領するという幽霊公務員が16.2万余人も整理された。

⑩10万人以上の職員が自分の行政行為に対する謝礼の名義で受領した5.2億元にも及ぶ現金またはクレジットカードを紀律検査機関に上納した。この行為のために行政処分を受けた職員は2550人にのぼり、金額は2.5億元に達した。

⑪巨額な参加費を要する研修に参加した役人2982人が摘発され、同様の研修クラスが7つも停止し、735人が関与していた。

⑫8.4万人以上の党政役人が法に反し企業で兼職していたことが発覚し、そのうち、6.3万余人がその兼職を辞職した。

以上は大衆教育実践キャンペーンの成果として取り上げられたものだが、腐敗とは、公的権力を掌握したものがその権力を行使する過程に、公的権力の授権目的に背き、行使規範に違反し、公共利益を犠牲にして少数者または自分個人のために利益を図る行為である、という腐敗に関する定義と照合すれば、上記の業績のほとんどはそのまま共産党役人の腐敗に対する摘発といえる。

さらに、汚職・腐敗撲滅キャンペーンの中で、巨額の収賄、横領、着服、人事業務に絡む官職の売買、国有資産の着服などを行なったとして、摘発を受けた副大臣級、副知事級以上の高官は 2014 年 10 月現在、56 人にも及んだ。そのうち、中央委員、中央候補委員が 8 人、中紀委委員が 1 人含まれている。また、その 56 人の所属を見ると、中央官庁からは 12 人、軍事関係からは 3 人、大手国有企業からは 5 人、巡視作業が終わった 19 の省からは 36 人が摘発されており、山西省 1 省からは 7 人も摘発されたという。そして、副総理級以上の役人も 3 人検挙された。なお、胡錦濤政権時代のチャイナナインの一人として巨大な権限を手にしていた周永康まで検挙された。

また、10 月 31 日の最高人民検察院の発表によれば、2014 年 1 月から 9 月にかけて、検察系列の汚職賄賂取締機関によって立件された汚職賄賂事件は 2 万 7235 件、3 万 5633 人に及び、そのうち、県（課長）級以上の役人は 2608 人（そのうち、局長級以上は 319 人）で、国外から引き渡された犯罪容疑者は 502 人となっている。国家発展改革委員会のある局長が汚職したとして家宅捜査されたところ、現金 2 億元以上が押収され、河北省のある水道管理局の課長補佐クラスの役人の家からは現金 1.2 億元、黄金 37 ｋｇ、マンション所有証 67 軒分が発見されたという。

汚職・腐敗は中高層の官史に限らず、末端機関で勤務する職員、いわゆる「ハエ」にも広がっている。2013 年以来、公開されたものだけでも村長クラスの汚職・腐敗事件が 171 件に及んだ。そのうち、汚職の金額が 1000 万元を超えたものは 12 件あり、金額の総額は 22 億元に達した。統計によると、これらの「ハエ」による汚職・腐敗は広東省、浙江省、江蘇省、北京市といった経済発展地方において多かったという。

以上の記述から、中国の汚職・腐敗がどれほど深刻化しているかがわかるだろう。

### （2）腐敗の特徴

2004 年に刊行された『反腐倡廉縦論』では、中国の腐敗現象について統計をあげながら説明を展開した。それによると、中国の腐敗は次のような様相を呈しているという。①腐敗のハイレベル化、家族化が見られること、②各階級のナンバーワンの役人が腐敗者に占めるシェアは高く、さらに増加する向きさえあること、③腐敗が単純な需要型、貪欲型から政治的変質、経済的

貪欲、生活的退廃を一体化する複合型に変化していること、④腐敗の主体が個人から団体・集団へ変わり、集団犯罪、組織犯罪が多発していること、⑤腐敗が権力・性と結びつき、かなりの腐敗者が退廃的な生活を営んでいること、⑥腐敗が生活資料の侵蝕・占有から生産資料、資源に対する占有へ変わり、資金の蓄積から資本の蓄積へとエスカレートしていること、⑦人事に関する腐敗が頻発していること、⑧司法分野での腐敗が深刻化していること、⑨経済発展の目覚ましい分野において腐敗が多発していること、⑩汚職・腐敗した役人が汚職した金を外国へ送金し、外国へ逃亡する事件が頻発していることなどである。

同書が刊行されて10年が経過した現在、胡錦濤政権は執政の10年間に腐敗撲滅のキャンペーンを行ない続けたにもかかわらず、上記の腐敗現象は減少したどころか、ますます深刻化している。したがって、上記の大衆路線の教育実践キャンペーンが行なわれる過程にも「虎、ハエを同時に退治する」（虎とは高官の汚職・腐敗者、ハエとは一般職員または末端職員の汚職・腐敗者の意味）という汚職・腐敗撲滅のキャンペーンも同時に行なう必要があった。

### （3）腐敗深刻化の原因

元中国共産党中央委員会（以下、中共中央）総書記・国家主席の江沢民は腐敗深刻化の原因を以下の4つにまとめた。第1は数千年にわたる封建主義的な伝統による共産党員への影響と改革開放に伴い中国に伝わってきた資本主義の生活様式の共産党員に対する浸蝕など、歴史的および外部からの要因である。第2は計画経済から市場経済へシフトする過程の制度や仕組みに腐敗分子に利用される隙があるという制度の未整備である。第3は、指導機関の共産党員や党政役人に対する監督、取締りの甘さという管理上の要因である。第4は腐敗現象に対する処罰にいい加減なところがあるという腐敗放任であるという。

また、上記の『反腐倡廉縦論』では、その原因を社会・歴史的原因、体制的原因、法制的原因、個人的原因と分類した。

社会・歴史的原因について、同書は「人治思想からの影響」「封建特権思想からの影響」「官本位からの影響」「腐敗および貪欲・汚職文化からの影響」に分けて分析を加え、「等級制」「人身附属」「特権思想」「私利私欲優先」などが特徴とされる人治社会の影響が現在の中国に強く残り、汚職・腐

敗を助長する温床となったという。

体制的原因については、「計画経済から市場経済へシフトする過程での欠陥」「政治体制の改革の遅れによる権力への監督の欠落」「不公平な分配制度」「既得権益集団からの妨害」とされた。

法制的原因については、「立法の遅延、法制度の不備」「法があってもそれを執行せず、法を厳粛に執行せず、違法行為を処罰しないといった現象が多くあること」「腐敗行為に対する取締りがいい加減であり、処罰が軽いこと」「腐敗保護主義による腐敗の助長」などが指摘された。

個人的原因については、「素質の欠陥」「心理的アンバランス」「貪欲心の膨張、不法な要求」などの要素が取り上げられた。

上記諸原因をもって中国の腐敗の深刻化を説明することは基本的に納得できると思われるが、筆者にいわせれば、最も根本的な原因は共産党の一党支配により権力への監督が不能であることと、市場経済に対する権力による干渉の相乗効果にあるのではないかと考える。権力者は経済に対する干渉が恣意的にできるため、権力の行使に対する監督を受けずに済み、汚職・腐敗のチャンスが与えられることになるのである。

## 2．腐敗撲滅の取り組みとそのシステム

### （1）腐敗撲滅策に関する制度整備の歩み

上述したように、権力を背景に不正な財産を手にした党政役人が毎日のように増えるために、共産党に対する国民からの信用がますます低下している。党政役人の汚職を減らし、共産党支配の正当化を維持していくために、検察機関、監察機関を含め、共産党指導部および中央政府は党政役人の腐敗の摘発、防止、処罰についてさまざまな施策や制度の整備に取り組み、相次いで一連の取締策を講じた。その整備の歩みについては3つの12年に分けてみることができる。

最初の12年は共産党の党員を取り締まる機関たる中共中央紀律検査委員会（以下、中紀委）が発足した1978年から天安門事件が発生した1989年までであろう。この間、農業分野における下請生産制、商品経済の導入に伴う価格のダブルスタンダード制、国有企業の自主経営権の拡大などの経済自由化が行なわれた。経済自由化による利益の流動方向に敏感な各級の役人は

競って「下海」(ビジネスへの参入)し、手段を選ばずに経済自由化の利益をわがものにしようと躍起になった。政商癒着の「官倒」(ブローカー)は国民から厳しい批判を浴びるようになった。そのため、この段階に講じられた役人腐敗の防止策はほとんど党政役人によるビジネス参入の禁止といった類のものであった。

　次の12年は1990年から2001年までであろう。この間、鄧小平の南方視察での改革開放を加速せよという大号令もあり、中国は1993年に、計画経済を正式に放棄し、全面的に市場経済へシフトすることにした。しかし、上述したように、市場経済へのシフトが加速したものの、市場経済に伴われるべき政治制度および法律の整備が遅れたため、市場経済の恩恵を私服化するチャンスのある役人たちは決してこれを利用しない理由がなかったと思われる。そのため、国有企業の再編を機に国有資産の私腹化が横行し、腐敗役人の行政ランクも上がり、大臣クラスの高官や副総理級の政治局委員さえ汚職者の列に加わったのである。このような状況に直面し、共産党指導部や政府は党政役人や高官たちを監督する法規の整備に取り組み、「中華人民共和国行政監察条例」(1990年12月)を公布した。汚職役人が最も恐れる「双規」条項が書き込まれたのはまさにこの条例である。また、役人たちの財産の不正増殖に対する取締り策としては「党政機関県(処)級以上の指導職員の収入の申告に関する規定」(1995)、「省部級現職の指導職員の家庭財産の申告に関する規定［試行］」(2001)などが公布された。

　最後は2002年から2013年までの12年である。この間、国際貿易機関(WTO)加盟に伴い、中国の経済体制は世界各国、特に先進国とルールを合わせる要求を受け、金融制度、不動産制度、物流制度など、すべての分野で市場経済へシフトするように改革をしなければならなくなった。また、国連の反腐敗条約にも加盟し、役人たちの腐敗に対する監督や処罰を強化する義務が課されたのである。したがって、中国政府は2003年10月に、腐敗の懲罰および防止に関する体系の構築、整備という重要な政策決定を下した。そのために「実施綱要」「活動企画」(2008〜2012、2013〜2017)が相次いで打ち出され、当面および今後の腐敗撲滅に関する活動の全体的要求、原則、主要任務、方法および実現の目標が明らかにされた。「中国共産党党内監督条例(試行)」や「中国共産党紀律処分条例(修訂稿)」(いずれも2003年公布)をはじめ一連の腐敗撲滅に関する施策が腐敗防止の制度整備の一環として制定さ

れた。

## （2）腐敗反対の国家戦略（2013～2017年）の主な内容

上記の腐敗撲滅施策の延長線として、現指導部はさらにそれを国家戦略として格上げした。中紀委・国家監察部のウェブサイトに掲載された「中国における腐敗反対の国家戦略」によれば、その内容には次のようなものがあげられている。

①法律や法規および制度の整備に力を注ぎ、法治の思想と法治方法で腐敗を撲滅すること。つまり、腐敗撲滅に関する法整備、監督制度の改善、公務職員の活動行為の規範化をはじめ、紀律違反に対する処分、腐敗撲滅の指導体制および業務メカニズムの改善に取り組むこととした。

②風紀の強化に持続的に取り組み、共産党員および政治家や官僚の公正廉潔を促進すること。特に、2012年末に中共中央政治局は人民大衆と緊密に提携する8項目の規定を制定し、実施に力を入れることになった。そのために、各級の党機関および政府機関は綱紀粛正をし、形式主義、官僚主義、享楽主義および無駄遣い・退廃的な生活態度に断固として反対するようになった。各級の紀律検査・監察機関は公金での月餅や年賀状および花火と爆竹などの贈呈、官官接待、公費旅行といった日常の細事から着手し、徐々に難しい問題に広げていく措置をとった。共産党や政府機関の綱紀粛正により社会の気風と国民の気風の改善が見られたという。

③腐敗を根絶する断固とした態度をもって、腐敗の蔓延化をくい止めること。つまり、上層部の役人であろうと、末端の公務員であろうと、腐敗行為があれば同様に処罰を加える。その過程において、共産党員出身の役人による党紀および行政紀律への違反行為、犯罪容疑のある行為に対しては厳粛に取り調べ、厳しい処分を科し、指導的機関また指導職役人による汚職収賄、官職の売買、法執行の不正、堕落的な生活、背任瀆職などの事件や、重点領域、カギとなる分野、国民と密接な利益にかかわる腐敗事件を粛々と処分していくという。

④巡視による監督の強化と改善を行ない、問題職員に対し厳正に処分を加えること。2013年から巡視活動は腐敗撲滅に焦点を絞り、党組織の指導機関およびその構成員に対する監督の目を光らせ、汚職・腐敗、中央

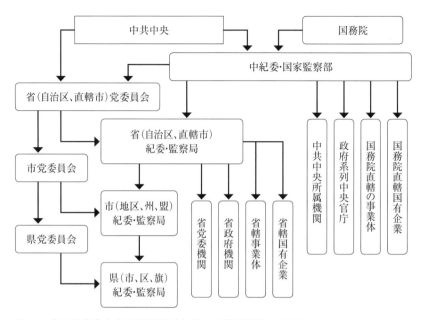

図1　中国共産党中央紀律検査委員会と国家監察部の系列図
中共中央：中国共産党中央委員会　　中紀委：中共中央紀律検査委員会　　紀委：紀律検査委員会

8項目の規定に関する違反行為、政治紀律・組織人事活動の紀律に対する違反行為への摘発に力をより注ぎ込むようになった。

### (3) 汚職・腐敗の取締機関の組織構造および職権

共産党の政権党としての地位が憲法に定められている中国では、汚職・腐敗の取締りや撲滅について最も大きな責任を負うのは共産党の各級委員会内に設けられている紀律検査委員会であろう。その頂点にあるのは中共中央に設けられている中紀委である。同時に政府内に設置されている国家監察部も国家機関内の行政監察と職員による汚職・腐敗を取り締まる機能を果たしている。両機関の業務をよく調整するために、中紀委は国家監察部と合同で業務を展開するシステムを採用している。図1は全国における紀律検査委員会・監察機関の系列図である。

中国共産党規約第8章「党の紀律検査機関」によれば、中紀委は、中共中央の指導のもとで活動を行なう。党の地方各級紀律検査委員会と末端の紀律

検査委員会は、同級党委員会および上級の紀律検査委員会の二重指導のもとで活動を行なう。

　党の中央指導部および中央官庁に設置される紀律検査機構は2種類ある。1つは中紀委から派遣される党の紀律検査組または紀律検査員である。中紀委の公表によれば2013年11月現在、国家発展および改革委員会など44の国務院構成機関、直属機構および直属の事業体に紀律検査組を派遣したという。もう1つは党の中央指導部および中央官庁の党グループに内設される紀律検査委員会または紀律検査組である。

　中紀委により派遣された組織は派遣・駐在紀律検査組といい、そのトップは「組長」と呼ばれ、その活動は中紀委による直接の指導を受ける。内設の紀律検査委員会または紀律検査組では、トップは前者が書記、後者が組長と呼ばれ、業務を展開するには、中紀委と所属の党グループからの二重指導を受けることとなる。派遣・駐在であろうと内設であろうと、紀律検査組のトップまたは紀律検査員は、当該機関の党の指導組織の関連会議に列席することができる。

　党の各級紀律検査委員会の主な任務は、各級の党委員会の役人または共産党員に対し内部監督を行ない、党風の建設に取り組み、腐敗撲滅の仕事を展開し、組織の面で協調を行なうことである。党組織または党員が党規約および他の党内法規に違反するという案件が生じ、それが比較的重大または複雑である場合には取調を行ない、当該党組織または党員に対する処分を決定する。

　中紀委は中国共産党および政府の綱紀粛正、汚職・腐敗撲滅キャンペーンを展開する総司令塔として国内外から注目を浴びているが、長い間、内部組織については公開されず、神秘のベールに覆われていた。習近平新指導部が登場して以来、政務公開の一環として、中紀委・監察部の内設の職能機関や紀律検査・監察室の業務分担などはHPで公開されるとともに、事務棟もジャーリストや国内外の学者の見学に対してオープンにされた。図2は中紀委・監察部の組織構造と主要紀律検査・監察室の業務または地域の分担である。

　政権党と政府機関内に上記の汚職・腐敗撲滅の機関が設けられている一方、最高人民検察院にも同類の機関が設置されている。「汚職賄賂取締総局」がそれである。同局内では捜査第一課、捜査第二課、捜査第三課、業務指導課、

## 中紀委・監察部の組織構造

**内設職能機関**
- ○事務局
- ○組織部
- ○宣伝部
- ○研究室
- ○法規室
- ○党風政風監督室（業種の不正を取り締まる事務室）
- ○中央巡視業務指導小組事務室
- ○事件監督管理室
- ○第1紀検監察室
- ○第2紀検監察室
- ○第3紀検監察室
- ○第4紀検監察室
- ○第5紀検監察室
- ○第6紀検監察室
- ○第7紀検監察室
- ○第8紀検監察室
- ○第9紀検監察室
- ○第10紀検監察室
- ○第11紀検監察室
- ○第12紀検監察室
- ○事件審理室
- ○紀検監察幹部の監督室
- ○国際協力局（国家腐敗防止局事務室）
- ○機関事務管理局
- ○機関党委員会
- ○引退退職幹部局

**直属機関**
- ○中国監察雑誌社
- ○中国紀検監察新聞社
- ○中国方正出版社
- ○マスメディア教育センター
- ○機関総合サービスセンター
- ○情報センター
- ○中国紀検監察学院
- ○北戴河研修センター
- ○廉政理論研究センター

**中央官庁等への紀律監察機関の派遣出張所**

## 第1～第12紀検監察室の業務分担

一、紀検監察室の共通の業務：
① 担当機関の指導部および中央直属管理の幹部が共産党規約その他の党内法規、共産党の路線方針、政策および決議、国の法律法規に対する遵守と執行ぶりを監督、検査すること。
② 担当機関における党風廉政の推進に関する主体的責任、監督の責任を監督、検査すること。
③ 担当機関内の中央管理の幹部による規律違反、法規違反その他の重要、複雑な事件に対する初歩的なチェック、審査を担当すること。
④ 担当機関および系列内の紀検監察の業務を調整、協調、指導すること。

二、各紀検監察室の担当機関および地域
- ○第1紀検監察室：中央直属機関、政治法制および宣伝関係の機関
- ○第2紀検監察室：国務院所属機関および関連機関
- ○第3紀検監察室：同上
- ○第4紀検監察室：金融関係機関
- ○第5紀検監察室：国有資産管理委員会と中央管轄の国有企業
- ○第6紀検監察室：北京、天津市、河北、山西省
- ○第7紀検監察室：上海市、安徽、福建、江西省
- ○第8紀検監察室：湖南、海南、広東省、広西チワン族自治区、香港、マカオ駐在の連絡事務室
- ○第9紀検監察室：陝西、甘粛、青海省、寧夏、新疆自治区、新疆生産建設兵団
- ○第10紀検監察室：内モンゴル自治区、遼寧、吉林、黒竜江省
- ○第11紀検監察室：重慶市、四川、貴州、雲南省、チベット自治区
- ○第12紀検監察室：江蘇、山東、河南、湖北省

図２　中国共産党中央紀律検査委員会・監察部の組織構造

捜査指揮センター（捜査指揮協力監督指導課、捜査情報課、国内外捜査協力課が内設されている）、などの捜査業務部課が設置されている。

「汚職賄賂取締総局」が担当する業務は下記のとおりとなっている。
① 汚職・贈収賄、公金の流用、巨額財産の源泉不明、国外貯金の隠ぺい、国有資産の個人流用、罰金没収財物の着服等の犯罪事件の捜査、予審に関する指導。
② 重大な汚職収賄等犯罪事件に対する捜査への参加。
③ 全国範囲の重大な汚職収賄等犯罪事件に対する直接捜査。
④ 重大、特別に重大または大がかりな汚職収賄等犯罪事件に関する捜査の組織、協調および指揮。
⑤ 重大、特別に重大または大がかりな汚職収賄等犯罪事件に関する捜査への協力。
⑥ 汚職・贈収賄等犯罪の特徴、規則に対する分析、処罰、防止策の作成。
⑦ 汚職・贈収賄の検察業務の細則、規定等の検討、作成。

「汚職賄賂取締総局」は1995年11月に設置されたものだが、その後、各地方の検察院にはすべて汚職・腐敗取締局が設けられるようになり、公職者による汚職収賄に対する捜査は専門化、正規化の軌道に乗せることになった。「汚職賄賂取締総局」の職能と権威を強化するために、2014年11月2日最高人民検察院副検察長邱学強は、共産党指導部は「汚職賄賂取締総局」の改革案を承認し、捜査力を整合し、職能を最適化し、精力的に重要事件、大規模事件に対する直接的な捜査に取り組むようになったという。

## 3．汚職・腐敗退治の手段と措置

### （1）巡視による腐敗の摘発

党政役人の不正、腐敗の蔓延にブレーキをかけようとするために、共産党指導部は歴史上の巡按制度にならい、1990年から「巡視」制度を導入し、腐敗職員の早期摘発に努めようとした。十数年の実験を経て制度が定着し、2009年7月に「中国共産党巡視業務条例（試行）」が公表され、中紀委に「中央巡視業務指導小組事務局」と「中央巡視組」を設け、中共中央に設置される「中央巡視業務指導小組」の統一的指導を受けて業務を展開するようになった。巡視制度の仕組みと活動の内容は図3に示したとおりである。

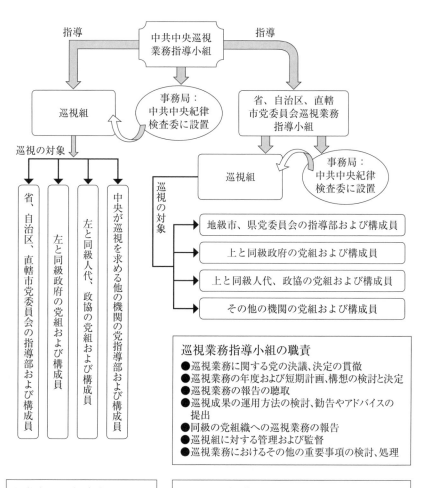

図3 巡視組の仕組みと活動の構造図

### 表1　巡視組が巡視業務を取り扱う方法

1．巡視先の地方または機関の党委員会（党組）の活動報告および関係部局による専門報告を聴取する。
2．業務の必要に応じて巡視先の地方または機関の関連会議を傍聴し、巡視先の党組織の指導部の民主生活の会議および自分の職権に係る業務報告および廉潔状況の反省会議を傍聴する。
3．巡視先の党組織の指導部および指導部構成員の問題に関する国民からの手紙、電話および陳情を受理する。
4．意見の聴取に関する懇談会を開催する。
5．巡視先の党組織の指導部構成員その他の幹部、大衆と個別に懇話を行なう。
6．文書、档案、会議記録等に関する資料を閲覧または複写する。
7．巡視先の党組織の指導部および指導部構成員に対して大衆の評定、アンケート調査を行なう。
8．適切な方法で巡視先の管轄団体または機関に対し、調査訪問を行なう。
9．専門性の強い、または特別に重要な問題については関係する職権機関または専門機関に協力を依頼することができる。

出所：http://news.xinhuanet.com/politics/2013-0/28/c_125607280_2.htm?prolongation=1（2014/2/11 閲覧）

　「第17期共産党全国大会以来巡視業務の綜述」（「17大以来全国巡視工作綜述」）によれば、2002年以来、全国の省、自治区、直轄市級の党委員会にはすべて「巡視業務指導小組」と「事務局」が設置され、合計179の巡視組が設置されたという。また、一部分の国家機関、中央管轄の国有企業、中央の管理下にある金融機関にも巡視組を設け、本系統内の下級機関の指導部とその構成員に対する監察業務を展開している。

　統計によれば、2007〜2012年の5年間に、中央巡視機関は31の省、自治区、直轄市および新疆生産建設兵団、33社の国有重点企業、中央管轄の金融企業、2校の中央管理の大学に対し巡視・監察業務を完了し、14の省級地域と1社の金融企業に対し再巡視を行なった。また、各省級の巡視機関は333の市（地区専署、州、盟）、2049の県、614の省直轄機関および310社の省轄国有企業・大学に対し巡視・監察業務を遂行した。

　巡視業務の取扱方法としては**表1**のとおりである。

　2012年末に船出した第18期共産党中央委員会は総書記習近平の強いリーダーシップの下に、党政役人の腐敗を撲滅しようとする姿勢がますます強くなった。そうしたなかで、各級の役人の腐敗ぶりを把握し、責任を追及していく手段として巡視組の役割がより重視されるようになった。2013年から2014年11月現在にかけての2年弱の間に、中央政府から地方省級政府、中

央官庁、国立大学に対し、5回にわたって59組の巡視組が派遣され、59の地方または中央官庁、大学、国有企業を巡視した。表2は2014年の巡視組の組長とその巡視先である。

　この表からわかるように、巡視組の組長には現職または退職した大臣級の役人が起用され、巡視組の巡視課題も党政役人の中に存在している汚職・腐敗者を発見し、腐敗に対する断固とした姿勢を示した。具体的には、4つの重点問題の発見に取り組むことにした。すなわち、第1に、権力と金銭との取引、権力をもって私利を図る行為、横領・収賄、腐敗堕落といった法規・規律違反の問題が党政役人にあるかどうか。第2に、形式主義、官僚主義、享楽主義、無駄遣い・退廃の風紀があるかどうか。第3に、指導職役人に、「上に政策あり、下に対策あり」といった政治的規律の違反問題があるかどうか。第4に、官職の売買、賄賂による選挙、不法な幹部抜擢といった人事上の不正および腐敗があるかどうか。

　巡視組の精力的な活動を経て、2014年11月現在、計500人以上の高官が検挙され、そのうち、副大臣、大臣級の党政役人が55人、副総理級の者が3人含まれていた。

　2014年11月24日、中紀委はこの年第3回目の巡視を始め、文化部、環境保全部、中国科学技術協会、全国商工業連合会、中国国際ラジオ局、南方航空会社、中国船舶会社、中国連合通信集団、中国海運グループ、河北電力グループ、東風自動車製造社、神華グループ、中国石油化学グループなど13の機関または国有企業に対し、専門項目の巡視を行なうことにした。

(2) 「双規」（両指）による腐敗の捜査

　「双規」（両指）とは取調や処罰を巧みに避けようと企てる汚職の容疑がある党政役人に対する調査手段である。

　最初に「双規」を盛り込んだのは国務院により公布された「行政監察条例」（1990年12月9日公布、1997年5月9日廃止）である。「監察機関は検査、取調において……関係者に対し規定された時間、規定された場所で監察を受けた事件にかかわる問題について釈明を行なうように指令する」と定められたので、文中の2つの規定は「双規」と呼称される。

　1993年、中紀委は「中国共産党紀律検査機関による事案検査業務条例（試行）」（1988年制定）の改正をきっかけに、前出の監察条例の内容を踏襲し、

第 8 章　腐敗の深刻化とそれを撲滅するメカニズム

表2　2014年における中央巡視組の組長と巡視先一覧表

| 巡視組別 | 2014年 | | | | | |
|---|---|---|---|---|---|---|
| | 第1回の組長 | 巡視先 | 第2回の組長 | 巡視先 | 第3回の組長と副組長 | 巡視先 |
| 第1巡視組 | 楊松（湖北省政協主席） | 甘粛省 | 項宗西（寧夏回族自治区政協元主席） | 広西チワン族自治区 | 李宏、劉実 | 中国南方航空公司 |
| 第2巡視組 | 徐光春（河南省党委員会元書記） | 北京市 | 張文岳（遼寧省党委員会元書記） | 上海市 | 劉偉、李煕 | 文化部 |
| 第3巡視組 | 馬鉄山（広西チワン族自治区政協元主席） | 寧夏回族自治区 | 馬鉄山（広西チワン族自治区政協元主席） | 青海省 | 吉林、韓亨林 | 環境保全部 |
| 第4巡視組 | 張文岳（遼寧省党委員会元書記） | 山東省 | 叶冬松（河南省政協主席） | チベット自治区 | 馬瑞民、曽明子 | 中国国際ラジオ局 |
| 第5巡視組 | 王明方（安徽省政協主席） | 天津市 | 吉林（北京市政協主席） | 浙江省 | 馬鉄山、桑竹梅 | 全国商工連合会 |
| 第6巡視組 | 張基堯（国務院南水北調弁公室元主任、党組書記） | 新疆ウイグル族自治区・新疆生産建設兵団 | 王正福（貴州省政協元主席） | 河北省 | 趙文波（副大臣級巡視専門委員）、徐愛娣 | 中国石油化学工業グループ |
| 第7巡視組 | 項宗西（寧夏自治区政協元主席） | 海南省 | 劉偉（山東省政協主席） | 陝西省 | 劉卒、陳毓江 | 中国船舶 |
| 第8巡視組 | 欧陽淞（中共中央党史研究室元主任） | 河南省 | 張基堯（国務院南水北調弁公室元主任、党組書記） | 黒竜江省 | 寧延令、丁伯東 | 中国連通 |
| 第9巡視組 | 王正福（貴州省政協元主席） | 福建省 | 杜德印（北京市人代常務委員会主任） | 四川省 | 佟延成、王平 | 中国海洋運輸グループ |
| 第10巡視組 | 令狐安（会計審査書元副審査長） | 科学技術部 | 令狐安（会計審査書元副審査長） | 中国科学院 | 叶冬松、胡新元 | 中国科学技術協会 |
| 第11巡視組 | 陳光林（内モンゴル自治区政協元主席） | 遼寧省 | 張化為（中央巡視組副部級巡視員） | 国家体育総局 | 張化為、劉立憲 | 中国華電グループ |
| 第12巡視組 | 董宏（中央第12巡視組組長） | 復旦大学 | 徐光春（河南省党委員会元書記） | 江蘇省 | 董宏、彭文耀、姜伯奎 | 神華グループ |
| 第13巡視組 | 朱保成（農業部駐在中央紀委紀検組元組長） | 中国食糧集団有限公司 | 朱保成（農業部駐在中央紀委紀検組元組長） | 第1自動車製造集団 | 朱保成、王海沙 | 東風自動車会社 |

① 人民網－中国共産党新聞網　http://fanfu.people.com.cn/n/2013/1105/c64371-23433293.html（2014/2/11閲覧）、
② http://fanfu.people.com.cn/n/2014/0730/c64371-25367427.html（2014/10/13閲覧）、
③ http://he.people.com.cn/n/2014/0804/c192235-21872980.html（2014/10/13閲覧）、
④ http://www.ccdi.gov.cn/xwyw/201411/t20141130_32955.html（2014/12/1閲覧）を参考に筆者作成。

「双規」の条項を設けた。これにより、「双規」は汚職・腐敗の党政役人を取り調べる重要な手段として定着した。

1997年5月、行政法規として制定された監察条例がバージョンアップされ、立法機関の全国人民代表大会（全人代）で「行政監察法」（1997年5月9日）が採択された。共産党の内規と区別して、同法は「規定」を「指定」に書き替えたため、「両指」と呼ばれている。

一般的にいえば、「双規」が適用される対象は共産党員出身の党政役人で、非共産党員または無党派出身の役人に適応されるのは監察法に定められた両指である。両者は用語は異なるものの、中身は基本的に同じである。前者の場合では党の紀律検査機関が上記「共産党紀律検査機関による事案検査業務条例」、後者の場合では行政監察機関が監察法に基づき該当者に職務を停止させ、ある程度の人身、活動の自由に制限を加えた条件下で事実関係を究明する。

「双規」（両指）には次のような特徴が見られる。
① 刑事事件の捜査措置ではなく、党の紀律と行政紀律に基づく調査措置であること。
② 取調の方式は刑事事件の取調ではないが、当事者の人身の自由をある程度制限し、訊問（被疑者に対する尋問）を行なうといった面では捜査官による取調とほぼ同じであること。
③ 刑事捜査が受けるべき制限と比べれば、取調への時間的制限が緩やかであること。
④ 事実の調査、究明を優先させるため、当事者への人権配慮が足りないところがあるように思われること。
⑤ 政権党の腐敗撲滅の過渡的措置としての色彩が強いこと。

「双規」（両指）の適用は下記のケースのうち1つが満たされた場合とされている。すなわち、1つは重大な規律違反の容疑のある党員の一部の事実および証拠を把握したが、取調をさらに行なわなければならない重要な問題がほかにあり、「双規」（両指）以外の措置を講じた場合、当人の逃亡、または証拠の隠匿、偽造、毀損の可能性があること、あるいは上記以外に取調の妨害が防げないと考えられる行為がある場合、さらに被調査者に重大な規律違反の容疑があるにもかかわらず、その事情を事実どおりに釈明しない場合である。ただし、重病にかかり正常な勤務ができない者、および妊娠・授乳中

第 8 章　腐敗の深刻化とそれを撲滅するメカニズム

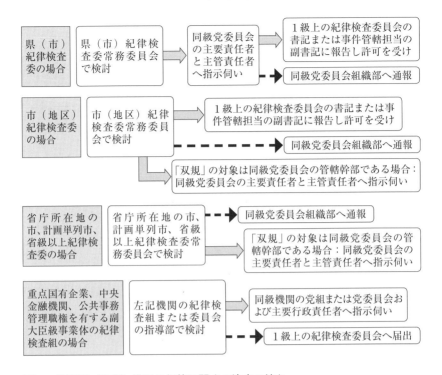

図 4　「双規」（両指）措置の行使に関する決定の流れ

の女性役人、検察機関または警察機関によって立件され捜査を受けている者は「双規」（両指）の適用から除外される。

　「双規」（両指）の発動は、被調査者の階級に応じて管轄権のある党委員会、紀律検査委員会または監察機関が協議して決定する。図 4 はその行使に関する決定の流れである。

　「双規」を実施する場所は通常、「双規」を担当する紀検・監察機関の管轄下の行政エリアに位置しなければならないが、それ以外の地方で「双規」を実施する必要が確実にあるときは、紀検・監察機関の主要責任者によってその実施場所が決定されなければならないとされている。しかし、警察、検察、裁判機関のオフィス、拘置所および行政機関所属の強制収容所などの場所を使用してはならず、「双規」措置のための専用施設を建ててはならないとも規定されている。

実際には、ゲストハウス、ホテル、研修センター、軍事基地といった場所が選ばれる。場所が選定されたら、安全への配慮が最も優先される。被調査者による不慮の事故の発生を防ぐために、調査用の部屋は普通、1階を使い、2階以上の部屋を使わないこととされている。また、付添い室、事務室、談話室、廊下およびトイレなどのところに安全でない部分があれば、防御用の欄干を付け、電源のコードを隠すなどの対応がとられなければならない。トイレは内からのロックができないようにされ、物掛けは外さなければならないという。

　取調の期間は3カ月とされているが、期間内に終えられない場合は1カ月の延長ができ、最長4カ月とされている。しかし、重大または複雑な事件の場合で延の期間内に取調が終わらないとき、立件機関の承認を経て再延長することができると規定されている。実際の運用においては、「双規」の期間は担当の調査組およびその主管機関が臨機応変に決めることであり、厳しい制限は設けられていない。かつ、「双規」はほとんど秘密裏に行なわれているので、被調査人にとっては最も厳しい強制手段となっている。

　被調査人に対し「双規」は腐敗に対する極めて大きな抑止効果を有している。その理由として下記の内容があげられる。

　①被調査人の党紀・政紀違反の事実の部分的な把握による心理的な圧力。
　②被調査人の権力行使の一時停止による脅威。
　③情報の非対称による脅威。

　「双規」（両指）が導入されて以来、数多くの者がそれによる調査を受けた。表3は1992年から2012年にかけて紀検・検察機関により取調、処分が行なわれた汚職の党政役人または党員の人数と件数の統計である。

　この表によると、上記20年間での立件件数は291万4618件、党紀・政紀の処分を受けた人数は270万2363人である。また、李永忠によれば、1990年から2003年までに処分を受けた県（課長）級の役人は6万人以上、局長級役人は5000人以上、大臣級役人は200人近くに及んだという。

　「双規」（両指）は両刃の剣のようなもので、それを行使する手続に不透明な部分が存在することに加え、少なからぬ問題が指摘されている。すなわち、「双規」が悪用されて政敵のライバルまたは告発者を陥れたり、汚職の手段になったりすること、また党紀・行政処分を受けたことにより、腐敗権力者に対する刑事訴追が免れる場合もあるのではないかといわれている。

第 8 章　腐敗の深刻化とそれを撲滅するメカニズム

表3　「双規」措置導入後紀検・監察機関による汚職幹部公務員の取調・処分件数と人数の統計

| 党全国大会の期数 | 期間 | 立件数 | 終結件数 | 党紀政紀処分人数 | 内訳:党籍はく奪人数 | 党籍はく奪の上刑事処罰人数 | 処分を受けた党員出身の幹部人数 | | |
|---|---|---|---|---|---|---|---|---|---|
| | | | | | | | 県(課長)級 | 局長級 | 知事・大臣級 |
| 14期大会 | 1992-1997年 | 731,000 | 670,100 | 669,300 | 121,500 | 37,492 | 20,295 | 1,673 | 78 |
| 15期大会 | 1997-2002年 | 861,917 | 842,760 | 846,150 | 137,711 | 37,790 | 28,996 | 2,422 | 98 |
| 16期大会 | 2002-2007年 | 677,942 | 679,846 | 518,484 | 不明 | 不明 | 不明 | 不明 | 不明 |
| 17期大会 | 2007-2012年 | 643,759 | 639,068 | 668,429 | 不明 | 24,584 | 不明 | 不明 | 不明 |
| 合計 | | 2,914,618 | 2,831,774 | 2,702,363 | | | | | |

出所：中共中央紀律検査委員会による15期から18期全国大会への歴年業務報告をもとに筆者作成。

### （3）汚職・腐敗撲滅に対する「挙報」の動員

巡視、「双規」（両指）を政権党および行政機関内の汚職・腐敗者に対する取締策だというならば、「挙報」（告発）は、権力者の汚職・腐敗に対する国民の憤懣と反発の心理を利用した汚職・腐敗に対する国民からの監督だといえよう。

挙報は政府系（監察部）、政権党（中紀委）、司法系（検察院）によって行なわれている。

政府系では1991年にすでに「監察機関の挙報業務の方法」（1991年12月24日監察部令第3号）が制定され、「公民、法人その他組織、国家行政機関や職員および国家行政機関により任命されたその他の職員が法律、法規、政策および決定、命令と規律違反行為があると判断したとき、監察機関に対し告発を行なうことができる」とし、県級以上の監察機関に告発機関が設置され、その告発を受理することとなっていた。

また、文化大革命の後遺症を処理するために、1982年に「党政機関陳情業務の暫定条例（草案）」が公表され、県級以上の官房に陳情局を設け、民衆から手紙や訪問などの形式による陳情を受け付け、その問題の解決に取り組むようになった。2005年、国家陳情局はさらに「陳情条例」（2005年1月

5日、国務院令第431号）を制定し、民衆が手紙、メール、ファックス、電報、訪問などの方式をもって苦情を陳情し、役人や党政機関の不正、汚職・腐敗を告発するシステムをより制度化した。

政権党としては、1993年に「中国共産党紀律検査機関控告申立業務条例」を定め、紀律検査機関が共産党員や民衆からの党役人の汚職・腐敗または党組織の不正などについての告発、申立の範囲、基本原則、告発・控告・申立を処理する手続および方法、受理機関の職責と取扱の要求、当事者の権利と義務に関する規範が設けられた。

このようにして、各級の紀律・監察機関内に陳情や告発の受理機構が設けられ、12388番の告発電話も開通し、告発用のウェブサイトが設置され、民衆からの告発と告訴を受理している。2013年、全国の紀律・監察機関は195万件（回）の陳情と告発を受理し、中紀委・監察部のウェブサイトへのアクセス回数は開設から最初の1カ月だけで累計3000万回に達し、ネットによる告発は2.48万件に及び、平均して1日に800件を上回ったという。

1996年7月、最高人民検察院も「人民検察院挙報（告発）業務規定」（2009年4月に修正）を公表し、挙報（告発）を「直接に民衆を頼りに、汚職、収賄、瀆職、権利侵害などの職務犯罪と闘う業務であり、専門業務と大衆路線とを結び付ける有効な形式である」とし、法に基づき、官僚や政治家による汚職・賄賂の犯罪、瀆職犯罪、職権を利用した不法な拘禁、拷問による自白の強要、報復、家宅の不法捜査など、公民の人身の自由と民主的権利に対する犯罪に関する告発を受理すると定められた。

また、同規定は民衆の告発を奨励するために、告発人への報奨について規定を設けた。その規定によれば、告発人の告発に基づいて犯罪にかかわる金銭が取り戻された場合、その金額の10％以内で報奨金（10万元限度）を支給し、重要な貢献がある場合は最大20万元、特別に大きな貢献をした場合では最高人民検察院の承認により20万元以上支給することもできると定められている。

【参考文献】

王雲海『中国社会と腐敗——「腐敗」との向き合い方』日本評論社、2003 年
熊達雲『法制度からみる現代中国の統治機構——その支配の実態と課題』明石書店、2014 年
武藤博己、申龍徹編著『東アジアの公務員制度』〈法政大学現代法研究所叢書 36〉法政大学出版局、2013 年
毛里和子・松戸庸子編著『陳情——中国社会の底辺から』東方書店、2012 年
新華網（中国語　http://www.xinhuanet.com）
人民網（中国語　http://www.people.com.cn）
新浪網（中国語　http://news.sina.com.cn）
捜狐網（中国語　http://news.sohu.com）
中紀委監察部網站（中国語　http://www.ccdi.gov.cn/）
鳳凰網（中国語　http://news.ifeng.com）

# 第9章

# 中国版文民統制の形成と課題
——党軍関係をめぐって

張剣波

## 1. 文民統制の意味

### (1) 文民統制とは何か

「文民統制」は文民支配ともいわれ、英語の civilian control of military に由来し、シビリアン・コントロールともいう。「文民統制」とは文字通り、「文」が「武」(軍その他武装勢力)を、「文人」「民間人」が「武人」「軍人」を統制することであり、政治が軍事に優越するという政軍関係の基本原則である。そのため、文民統制を執行する国家では、防衛関係の責任者である国防長官 (国防部長、国防大臣、防衛大臣) は「文民」、すなわち非軍人、民間人である政治家が務める。

文民統制は基本的に近代欧州で形成された基本理念、基本原則で、文民支配ともいう。その理由とは、人民 (people) は選挙によって代表を選び、選ばれた代表が人民に代わって立法、司法、行政などとともに、軍に対する統制もその役割の1つとして行なうということである。もともと、人類史の流れとしては、その主な支配は、神秘的 (超人的) 力による支配、軍事力による支配、政治力による支配、経済力による支配、知力による支配という歴史的な変化、発展がある。そうした意味で、政治が軍事力、神秘的な力に優先するのは、人類の歴史的進歩のプロセスである。文民統制の原則の下では、人民の代表は総合的に判断し、安全保障に関する決定を行ない、職業軍人・軍事組織は、人民の代表に軍事アドバイスを行ない、その決定を実施する。

また、軍事組織および軍事組織の構成員は、政治的中立性、非党派性を保たなければならず、政治的意思表明や政治的活動への参加をしてはならない。

軍に対する文民統制は近代主義の重要な原則の１つであるが、常に行なわれているとは限らず、またその実際の運営においてもさまざまな問題が存在する。アメリカをはじめ、多くの先進国においても、文民統制を実際に行なう政府機関およびそれに関連する教育、研究などの機関が退役軍人によって運営されている現象が普遍的に存在するのはその一例である。朝鮮戦争で大敗を喫したマッカーサーが、中国、朝鮮に対する核戦争を主張してトルーマン米大統領と対立したことは、軍の暴走、文民統制の危機の一例であるといえる。それに対し、トルーマン大統領はマッカーサーを罷免した。また、ベトナム戦争時に米第７空軍司令官は米政府の指令を３０回も破ったといわれている。日本では、近代においては「二二六事件」などの軍によるクーデターがあり、戦後は旧日本軍の暴走の教訓から、自衛隊に対する文民統制が制度化された。軍をいかにコントロールするか、文民統制をいかに有効に行なうかは、時代、地域、イデオロギーを問わず常に大きな課題である。

### （２）伝統中国における軍の問題

軍事力は常に国家、文明を動かす最も重要な力の１つであり、また、その役割は変化を遂げてきた。原始的時代では神秘的・宗教的な力が部族、国家を支配する最も重要な力であった。ヨーロッパでは、そのような神秘的・宗教的な力は近代になるまで支配的であったが、中国においては、数千年前に、軍事力が神秘的な力に取って代わり、文明を動かす最も重要な力となった。およそ春秋戦国の数百年の変遷を経て、「武」である軍事力、軍人とともに、「文」である文官、文民政治家の力も国家、文明を動かす最も重要な要因になり、「文」による政治は絶えず重要性を増した。漢以降、文明を動かす最も重要な力である「文武」の中で「武」がさらに次第に後退し、「文」が次第に重みを増してきた。特に宋以降になると、大臣の中で、文官の地位が武官を著しく上回り、「文」と「武」が厳格に分けられる「分業体制」が形成され、平和の時代では「文」が支配の中心を担った。

しかし、「武」は力の中心的な源の１つであり続けた。そればかりでなく、乱世では最も重要な力であった。漢末から三国時代、五代十国時代、唐末、五胡十六国時代、宋末、元末、明末はいずれも、武力を持つ者が大勢現れ、

互いに殺し合い、混戦の中で民間人が大量に犠牲になった記録が多数残されている。「武」の重要性と弊害を物語っている。近代になっても、「武」すなわち軍事力、軍人は常に重要であった。1912年1月1日に成立した中華民国は共和制をとり、選挙によって大統領、議会などを誕生させる体制になり、世界で3番目の共和制という極めて「進んだ」国となった。しかし、共和制の中華民国は誕生して間もなく、軍事力を持つ軍閥に乗っ取られた。圧倒的な軍事力を持つ袁世凱が大統領になり、民主選挙の手順を踏みにじり、議会を脇に置いて独裁体制を敷いた。袁世凱死後も軍事力を持つ軍閥が形の上では次々と選挙を経て大統領になったが、事実上は軍事力で決められた。そして、大統領ポストをめぐって軍閥混戦が繰り返され、国民が苦難を強いられた。共和制、民主的選挙、議会制などはあっけなく失敗した。蔣介石が国民党内で台頭したのも武力を背景としたものであったが、蔣介石自身も常に全国各地の軍閥に悩まされた一方、蔣介石の軍閥的な統治手法は古参の国民党員をはじめ、多方面からの反発を受けた。すなわち、国民革命、中華民国建国の後も、軍による政治支配の問題は常に存在し、軍人は最大の発言力を誇っていた。

### （3）社会主義国における文民統制

一方、中華人民共和国は中国共産党が武装闘争を通して樹立した国家である。共産党の政軍関係、文民統制の原則は、軍が共産党の指導に服従するというものである。ソ連も中国も、軍の最高司令官は共産党の最高指導者が兼務する。ソ連は、軍の中で政治将校制度を設け、政治将校が軍組織の各レベルの政治委員として、軍に対する党の指導を実施する。旧社会主義国、世界中の共産党指導下の武装組織は概ね、ソ連式の政治将校制度を参考にし導入した。中国の国民党もこのソ連式政治将校制度を模倣したが、蔣介石自身も認めたように、有名無実であった。

中国人民解放軍における文民統制は、近代欧州に起源を持つ文民統制の思想、ソ連に由来する文民統制と制度の影響を受け、毛沢東を代表とする中国共産党自身の模索を経て、長い時間をかけ、大きな代償を払って形成されたものである。

## 2．中国人民解放軍の誕生と文民統制

### (1)「国共合作」から「武装闘争」へ

　1921年7月に成立した中国共産党は、当初メンバーが50数人しかいないインテリ集団で、第三インターナショナル（コミンテルン）の一支部（中国支部）として出発した。中国共産党は当初、自前の武装力を持つ発想も政策もなく、同じ北洋政府に対する反対党たる国民党と提携して、「国共合作」を通して党の目標を実現しようとした。そして、第三インターナショナルの指示を受け、共産党は党員個人の名義で国民党に参加し、北洋政府打倒の統一戦線を結んだほどであった。しかし、北伐が勝利に近づくにしたがい、国民党は共産党を警戒し、両党の対立が次第に尖鋭化した。1927年4月12日に、蒋介石をはじめとする国民党の実力派は共産党に対する粛清を開始し、短期間で夥しい数の共産党員とその支持者を逮捕し、虐殺した。そのため、中国共産党は壊滅的な打撃を受けた。

　大半の党員が殺されたという「血の教訓」にもかかわらず、大学教授などインテリ集団からなる共産党指導部は依然として第三インターナショナルの指示に従って「政治闘争」を主張し、国民党の中のリベラル派との連携を考えていた。しかし、自らの武装力を持たなければ生存すら困難であると痛感した党員が増え、毛沢東は反省から「枪杆子里面出政権（政権は銃から生まれる）」と主張するようになり、それに共鳴する党員が増え、その結果、中国共産党は正式に「武装闘争」の決定を下した。

　1927年8月1日、南昌で共産党による最初の武装蜂起「南昌起義（南昌暴動）」が勃発した。同年9月9日に毛沢東は湖南省の南東部と江西省の西部で「秋収起義（秋収穫暴動）」を敢行し、それ以外にも、「広州起義」「平江起義」「百色起義」など共産党による武装暴動が行なわれた。これらの暴動により中国共産党は初めて自前の武装力を持つようになった。いわゆる「工農革命軍」である。しかし、構成員は旧来のさまざまな軍隊の経験者や農民、労働者、知識人などであったため、伝統的な軍事力の色彩が強く、旧軍隊の悪習が引き継がれていた。

### (2)「三湾改編」

　ソ連の真似をして都市で起こした共産党の暴動はすべて失敗に終わった。

「秋収起義」も失敗したが、毛沢東は、大都市を攻撃する主張を排し、生き残りの将兵を農村へ向わせた。その途中、脱走者が続出し、士気も低く、失望、動揺が広がった。また、将校が兵士に体罰を行なったり、兵士が民間人をいじめたり、民衆の食糧などを勝手に奪ったりするなど、旧軍隊のさまざまな悪習が存在していた。一方、逃走者が一人もいなかった「排（小隊）」「連（中隊）」もあった。調査の結果、逃走者なしの排では共産党員が中核的な役割を果たし、連では数人の共産党員が連帯して組織をまとめていたことがわかった。毛沢東はそこから重大なヒントを得た。

　1927年9月29日から10月3日にかけて、江西省永新県三湾村で、毛沢東は部隊の再編を行なった。有名な「三湾改編」である。毛沢東はまず、部隊から離れたい者に対し、わずかな軍資金を彼らの帰郷の交通費として支給し、離脱希望者を離脱させた。それから、「党指揮槍（党が軍隊を指揮する）」「支部建在連上（連に共産党支部を設ける）」「官兵平等（将校と兵士が平等である軍事民主主義）」などの原則を打ち出した。これらの原則の下で、残った数百人は1つの「団（連隊）」に再編され、「工農革命軍第一軍第一師第一団」と名付けられた。これは、軍に対する中国版文民統制の最初の模索であったといえよう。

### （3）「古田会議」

　毛沢東率いる部隊は1927年10月3日に三湾を離れ、同月に井岡山に辿り着き、ここを「根拠地」とし、現地の農民を動員し、ゲリラ戦を展開するとともに、部隊に対する改造を行ない、「三湾改編」の精神と原則を具体化、組織化した。優秀な兵士を共産党員として党に吸収し、部隊のランクである班、排（小隊）、連（中隊）、営（大隊）、団（連隊）、師（師団）のそれぞれについて、あらゆる班（1つの班に兵士10人程度）に共産党員を置き、すべての排に共産党小組を設け、すべての連に共産党の支部を設け、営以上は共産党の委員会を設けるようにした。また、連に政治責任者の党代表、営以上は政治委員を設けた。政治委員は同じランクの軍事首長と同格の地位で、厳格に役割を分け、軍事首長は作戦を担当し、政治委員は政治、生活、規律など作戦以外の責任を負う。人事、装備、財務、作戦など重大な問題はすべて、政治委員、軍事首長、参謀などからなる共産党組織（委員会・支部）で議決する。また、将兵平等の原則の下で、兵士に対する暴言、暴力を厳禁し、将校と兵

士の報酬を平等にし、排以上の軍組織に「士兵委員会」を設け、軍の管理に参加し、新しい軍隊の建設に努めた。一連の努力を経て、旧軍隊の悪習が一掃され、部隊は活気を取り戻し、根拠地の建設も成功裏に進んだ。

　一方、1928年4月に朱徳が率いる「南昌起義」の残部約800人も井岡山に着き、「秋収起義」の部隊と合流した。「秋収起義」の参加者は農民が多かったのに対し、「南昌起義」の参加者は正規の軍事教育を受けた軍事エリートや戦闘経験豊富な軍人が多く、戦闘力がより高く、外国留学経験者も少なくなかった。このような人びとは、早速、毛沢東のやり方に反発するようになった。軍に共産党組織を設け、軍事問題も含め重大な問題はすべて党委員会で議決するやり方に対して、軍事のプロたちは猛反発したのである。山奥に立てこもって農民に働きかけ、ゲリラ戦をとる方針も批判され、海外留学の党エリートたちは、農村、農民ではなく、ロシア革命のように大都市を占領して労働者に働きかけるべきだと主張し、軍事エリートたちはゲリラ戦ではなく正規戦を主張した。対立の結果、朱徳は部隊を率いて井岡山から下り、正規戦で大都市を目指した。しかし、圧倒的優勢な敵に包囲されていたため、朱徳の部隊は山を下りるや否や敗走を重ね、部隊の大半を損失し、壊滅の危機に立たされた。毛沢東は井岡山の部隊を率いて下山し朱徳の部隊を救出し、朱徳らは井岡山に戻らざるをえなかった。

　井岡山に戻っても論争は続いた。井岡山の指導部の中で毛沢東は孤立し、上海にいる中国共産党中央指導部はさらに毛沢東に不満であった。そのため、毛沢東は二度にわたって失脚した。1928年5月4日に毛沢東と朱徳の部隊は紅軍第四軍として編成されたが、1929年6月、毛沢東はこの第四軍の共産党代表会議で過半数の支持を得られず落選し、部隊から離れ、朱徳と陳毅がそれぞれ軍と党の最高指導者になった。以降、紅軍内部で「すべてを士兵委員会の決定に従う」などの極端な民主主義が氾濫し、統率できなくなってしまった。また、根拠地の建設を軽視し、軍閥的風潮も再び台頭した。それらが大きな原因で、その後は敗走を繰り返し、紅軍は壊滅の危機に瀕した。

　一方、党のトップに選ばれた陳毅は上海に赴き、2カ月にわたって滞在し、中国共産党中央に、紅軍第四軍の内部で起きた論争を忠実に詳しく報告した。周恩来など中央の指導者が陳毅の報告を聞き、毛沢東の主張を支持した。陳毅は中国共産党中央の指示を携えて紅軍第四軍に戻り、朱徳と陳毅らは毛沢東を呼び戻し、1929年12月28～29日に福建上杭県古田で紅軍第四軍中国

共産党第9回代表大会を開いた。これが一里塚の意味を有する「古田会議」である。この会議で、党の軍隊に対する絶対的な指導が再確認され、紅軍の性格、任務、政治工作、将兵関係などについて体系的に規定された。いわば、「三湾改編」の思想、原則、方針を再確認し、さらに体系化したものであった。この会議で、毛沢東モデルの中国版文民統制は、毛沢東影響下の中国共産党の武装力の範囲でひとまず実行されるようになった。

### （4）「遵義会議」

「古田会議」で、軍隊建設の思想、原則、路線、方針、規則が定められたが、これは、井岡山根拠地にルーツを持つ部隊に限るものであった。「古田会議」以降、井岡山根拠地にルーツを持つ部隊の中で毛沢東の指導的地位が確立され、以降、蒋介石軍による度重なる包囲撲滅作戦を破り、紅軍は30万人規模に大きく発展し、根拠地も大きく拡大した。一方、上海に本部を置く中国共産党中央指導部は、蒋介石政府の厳しい取り締まりで最高指導者が逮捕され、主要幹部らが裏切るなど深刻な事態に直面し、壊滅の危機に立たされたため、やむを得ず、1933年1月に中国共産党臨時中央は上海から井岡山根拠地に移り、井岡山根拠地を正式に中央根拠地とした。また、ソ連に留学していた留学生グループは、第三インターナショナルによる派遣で指導者として中国に戻り、彼らも中央根拠地に集まった。そのために、中央根拠地の状況は一変した。

もともと、中国共産党は武装闘争に転換してから、中国各地に十数カ所の「武装割拠」の根拠地をつくっていた。その中で、毛沢東の井岡山根拠地は最も成功し、最も大きい根拠地に成長していたが、あくまでも中国共産党の根拠地の1つにすぎず、他の根拠地と同様、中国共産党中央の指導の下にあった。中国共産党臨時中央とその指導部である第三インターナショナルにより派遣されてきた指導者たちは井岡山根拠地に集まり、当然のように毛沢東など現地指導者たちにさまざまな指示を出した。臨時中央の指導者たちやソ連留学帰国組は、毛沢東とその軍隊建設モデルを厳しく批判し、紅軍に設けていた党委員会制度を取り消し、ソ連軍や国民党軍のように、政治委員の「一長制」を採用し党の集団指導をなくした。また、毛沢東のゲリラ戦、運動戦の軍事作戦方策を否定し、ドイツ人顧問の軍事指導の下で陣地戦に固執した。このような体制が形成されたなかで、蒋介石は中央根拠地に対して、

100万人以上の大軍をもって最大規模の包囲撲滅作戦を行なった。30万の兵力と国民党軍よりはるかに劣る装備しか持たなかった紅軍は正規戦、陣地戦で対戦を強いられたためたちまち劣勢に立たされ、敗北を喫した。そのため、兵力は30万人から8万人に激減した。

壊滅の危機に立たされた紅軍は中央根拠地からの撤退を余儀なくされた。1934年10月に撤退を開始したときには8.6万人であったが、12月1日に湘江を渡ったときには3万人余りしか残らなかった。このような悲痛な経験を経て、中国共産党中央とソ連帰国組の大半のメンバーも、毛沢東の軍事思想の重要性を認識するようになり、1935年1月15～17日に貴州省の遵義で中国共産党中央は政治局拡大会議を開き、毛沢東を軍事の要職に復帰させた。これはすなわち、中国共産党の歴史において極めて重要な「遵義会議」である。「遵義会議」は事実上毛沢東の指導的地位を確立した。このようにして、紅軍は毛沢東のリーダーシップの下で、次第に受け身的な局面を転換させ、「二万五千里長征（1万2500kmの遠征）」を経て、1936年10月に延安に辿り着き（中央根拠地から出発した紅軍は1935年10月に延安到着）、1936年12月12日の「西安事件」を経て、中国共産党はようやく延安で比較的に安定した根拠地を獲得するようになった。

### （5）「延安整風」

「西安事件」とその平和的解決により第二次「国共合作」が実現され、国民党の共産党に対する大がかりな撲滅作戦がひとまず終結した。1937年7月7日に「盧溝橋事件」が起こり、全国的に抗日の機運が高まり、「国共合作」による抗日の段階に入った。一方、この時点で毛沢東の軍事思想が中国共産党とその指導下の部隊に最終的に確立されたわけではなく、その影響が確実に及ぶのはまだ基本的に中央紅軍系にとどまっていた。そのうえ、上述したように、中国共産党は第三インターナショナルの一支部であり、第三インターナショナルとそれが派遣したリーダーの影響力は依然非常に強かった。日本軍との全面戦争に入ると、残りわずかとなっていた共産党軍（国民政府軍の「八路軍」と「新四軍」として再編された）は日本軍の占領地域に派遣されゲリラ戦を展開した。抗日戦争が「相持段階（膠着状態の段階）」になり、毛沢東は、1941年5月にまず延安に滞在する共産党上層部の指導者を対象に「整風運動（事実上中国共産党成立以来の路線、方針、政策に対する総清算）」を開

始した。1941年6月22日にドイツのソ連に対する侵略が始まると、ソ連は対ドイツ戦争に専念せざるを得ず、直接または第三インターナショナルを通して中国共産党に指示を出す余裕がなくなった。それを背景に、「整風運動」は1942年2月から本格的に始まり、次第に中国共産党全党と中国共産党指導の全武装力に拡大し、毛沢東軍事思想の教育と普及が行なわれた。この「整風運動」は1945年4月まで続き、延安に滞在する幹部だけでなく、全国各地に分散していた幹部たちも、時期を分けて延安に集まり、「整風運動」に参加した。

「延安整風」は中国共産党の歴史上、極めて重要な出来事であった。「延安整風」を経て、中国共産党はソ連およびコミンテルンから自立した政党として生まれ変わり、思想、組織において中国共産党自身も1つにまとまるようになった。軍に対する文民統制の観点からいえば、毛沢東が提唱した中国共産党版文民統制が中国共産党指導の全武装勢力に確立されたのは、この「延安整風」を通してであったといってもよかろう。「三湾改編」に始まり、「古田会議」で体系化され、「遵義会議」で復活し、「延安整風」で確立された中国共産党版文民統制の核心と最高原則は、党が軍を指揮し、軍は党の指導に絶対に服従することである。その具体化、組織化にはおもに以下のいくつかが含まれる。

1、優秀な兵士、将校を共産党員として党に吸収すること。
2、軍に政治組織すなわち共産党組織をつくること。班に党員または党小組、排に党小組、連に党支部、営とそれ以上の軍組織に党委員会を設けること。また、連に党の指導員、営とそれ以上の軍組織に党の政治委員を設け、党の指導員、政治委員は同ランクの軍事首長と同格の地位であること。
3、政治組織と軍事組織は厳格に役割分担を行なうこと。
4、集団指導体制を実行すること。重大な問題はすべて、党の委員会（支部）において集団で議決し、いかなる個人の独断も許されない。
5、軍は軍事作戦のみならず、政治工作、宣伝工作、民衆との交流、民衆動員・組織、生産労働などにも携わること。

この中国版文民統制システムの確立により、旧軍の悪習を一掃し、新たな形態の軍をつくることができた。まず、軍閥が生まれる余地をなくした。共産党軍は地域的にさまざまなルーツを持つが、軍の実力者はみな支配下の部

隊を私兵化することが不可能となった。そして、軍内部に平等な将兵関係を築き、兵士の士気、忠誠心を高めた。第3に、民衆に害を与える旧軍の悪習を避けることができたばかりでなく、民衆と高度な信頼関係を築いた。

## 3．中国人民解放軍の近代化と文民統制

### （1）中華人民共和国建国と中国人民解放軍に対する文民統制

抗日戦争が終わった後、中国は短期間の平和を経て第二次「国共内戦」に突入した。内戦が勃発した当初は、国民党政府側は約430万の正規軍と優れた装備を持ち、対する共産党軍は100万足らずの兵力とはるかに劣った装備しか持っていなかった。しかし、国民党政府軍は腐敗でまとまりがなかったのに対し、「延安整風」を経た共産党軍は高度に1つにまとまり、名称も全中国の人民を国民党の支配から解放するという意味の「中国人民解放軍」に改名され、次第に優勢に転じ、わずか3年で国民党軍を撃破し、蒋介石の中華民国は台湾に「撤退」せざるをえなかった。

1949年10月1日に中華人民共和国が樹立した。その後、中国人民解放軍に対する文民統制は、その原則と中身に実質的な変化はないものの、国家の軍隊として国家の法律によって規定されるようになった。いわば、中国共産党が政権を掌握するにつれ、毛沢東モデルの文民統制は全国範囲に拡大したのである。

中国軍は今日に至っても中国人民解放軍の名称を維持している。一方、国家を樹立したことで、中国人民解放軍は国防軍になった。中国共産党指導の軍隊と国家の軍隊という二重の性格を持つため、中国共産党中央軍事委員会と中華人民共和国軍事委員会を設け、2つの委員会の委員はまったく同じメンバーで、最高指導者はいずれも中国共産党の最高指導者（主席または総書記）が担当する。軍事委員会の下に、総参謀部、総政治部、総後勤部、総装備部（1998年設立）を設け、作戦、兵站、兵器と並んで、政治担当の部署（総政治部）を設置している（表1）。

また、「中華人民共和国憲法」「中国共産党規約」「中国人民解放軍政治活動条例」など国家、共産党、軍の法律または規定で、中国人民解放軍に対する中国共産党の絶対的指導、軍における政治活動の地位などが定められ、軍に対する文民統制を法規で規定している。

表1　中華人民共和国歴代中央軍事委員会主席、歴代総政治部主任

| 軍事委員会主席 | 任期 | 総政治部主任 | 任期 |
|---|---|---|---|
| 毛沢東（中国共産党中央委員会主席） | 1949.10.-1976.9. | 劉少奇 | 1949.10.-1950.4. |
| | | 羅栄桓（元帥） | 1950.4.-1956.12. |
| | | 譚政（大将） | 1956.12.-1961.1. |
| | | 羅栄桓（元帥） | 1961.1.-1963.12. |
| | | 肖華（上将） | 1964.9.-1967.7. |
| | | 李徳生（上将） | 1969.12.-1973.12. |
| | | 張春橋 | 1975.1.-1976.10. |
| 華国鋒（中国共産党中央委員会主席） | 1976.10.-1981.6. | 韋国清（上将） | 1977.8.-1982.9. |
| 鄧小平 | 1981.6.-1989.11. | 余秋里（中将） | 1982.9.-1987.11. |
| | | 楊白氷（上将） | 1987.11.-1992.10. |
| 江沢民（中国共産党中央委員会総書記） | 1989.11.-2004.9. | 余永波（上将） | 1992.10.-2002.11. |
| | | 徐才厚（上将） | 2002.11.-2004.9. |
| 胡錦濤（中国共産党中央委員会総書記） | 2004.9.-2012.11. | 李継耐（上将） | 2004.9.-2012.10. |
| 習近平（中国共産党中央委員会総書記） | 2012.11.- | 張陽（上将） | 2012.10.- |

## （2）「改革・開放」と軍の変化

　1978年より中国は「改革・開放」の時代に入った。鄧小平の復権と「改革・開放」「国防近代化」によって、中国人民解放軍は極めて大きく変化した。第1に、「国防近代化」の名の下で大幅な「軍縮」が行なわれ、1980年代初頭に200万人以上、1980年代半ばにさらに100万人の軍人が整理された。第2に、経済建設を中心とする近代化建設を推し進めるために、経済建設に国家の財政支出を優先させ、防衛費を大幅に削減した。その結果、兵士の最低限の生活を保障できず、正規軍が豚や鶏を飼ったり、野菜を栽培したりして、自ら生活をまかなわざるをえない状況が生まれた。そうした中で、一部の部隊の規律が著しく緩み、飢えに耐えきれない兵士が農民から鶏、犬、野菜などを盗んだりする始末で、国民の反感を買った。装備の更新や新しい武器の開発の経費も大幅に削減され、軍の近代化が大幅に後れを取ってしまい、士気も低下する一途であった。もともと軍全体が毛沢東路線に比較的に忠実であったために、防衛費の急激な削減は、軍に対する「制裁」の側面もあっ

たと思われる。第3に、防衛費の大幅削減で軍から強い不満が出ると、軍に商売を行なわせ、その結果、軍紀が著しく乱れた。一部の軍人が軍艦や戦闘機などを使って、外国から工業製品を国内へ、中国からは武器を国外へ密輸したりするような違法行為が横行した。警察は軍を取り締まる権限を持たず、さらに一部の上層指導者の子女や親族が密輸に加わったため、軍のこのような違法行為を阻止することが不可能であり、国民の強い反感を買った。江沢民が軍のトップになった後、ようやく禁止令が出され、軍による経済活動が全面的に禁止された。しかし、このような歩みから、軍内に腐敗が横行するようになり、側近しか重用せず支配下の部隊を「私兵化」する軍の実力者も現れた。第4、1990年代半ば頃から本格的に軍の近代化を推し進めた。「改革・開放」の最初の15年ほどは、軍の近代化は非常に緩慢であったが、1990年代半ばになると、国際情勢の変化などによって、国防の近代化に力を入れるようになり、それ以降、国防費が毎年前年比で2桁台増の状況が続いた（図1）。中国の経済力の拡大もあって、2000年代後半になると、国防近代化の成果がようやく現れるようになった。

### （3）軍の「専門化」と文民統制の新たな課題

戦争の時代や毛沢東時代では、軍は政治に密接にかかわってきたが、鄧小平時代になると、軍人の数は半分以上減少し、軍と政治のかかわりが次第に薄くなった。また、国防の近代化により、軍の機械化、ハイテク化、情報化などが進められたが、機械化、ハイテク化、情報化は高度な専門性を要するものである。そのような国防の近代化を背景に生まれた軍人は、専門性を持つプロの集団であり、政治への関心は次第に薄まるようになった。

上述したように、中華民国成立後の共和制の挫折、軍閥混戦と蒋介石政権時代を含め、軍に対するコントロールの問題は常に課題であった。それを有効に解決したのは、毛沢東モデルである中国共産党版文民統制で、その中核にあるのは、軍に対する政治の優位、絶対的な政治支配である。軍の「専門化」によって、政治との関連が薄くなることは、政治闘争の影響の軽減というプラスの面があると同時に、軍に対する文民統制が揺らぐという深刻な問題を引き起こす恐れも潜んでいる。軍の近代化、専門化という新しい状況の下で、軍に対する文民統制をいかに改革し、強化するかはまさに大きな課題である。

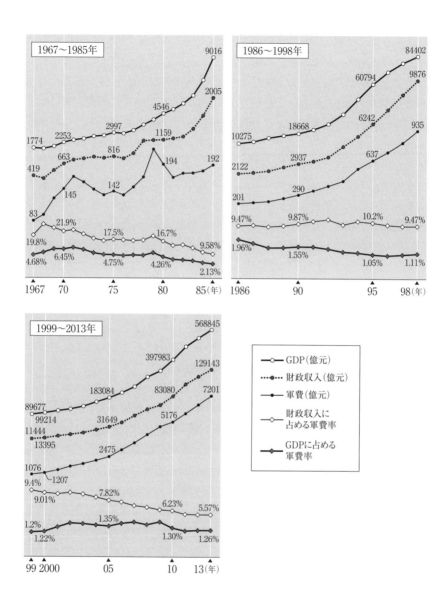

図1　1967〜2013年の防衛費支出状況
出所：http://news.163.com/special/junfei

## （4）「超大国」化と文民統制

中国の経済、技術の発展、「超大国」化によって、軍の近代化も進み、中国の軍事力は日増しに増強されてきている。そのため、新しい課題が多く生まれた。

中国は2012年に世界一の製造業大国になり、2013年に世界一の貿易大国になり、PPP（Purchasing Power Parity, 購買力平価）計算では2014年に世界一の経済大国になったといわれている。このような経済発展に伴い、中国の経済活動はグローバルに展開するようになり、国益は以前と比較してはるかに多様化、多元化、複雑化し、グローバルな課題が急激に増加した。これは安全保障面にも新たな課題を提起している。ここ十数年、軍による外交すなわち外国の軍との交流、国連の平和維持活動への参加、海賊対策、外国軍との合同演習など、国境を越える軍の活動が増えてきたが、今後もますます拡大していくと予想される。

一方、軍の近代化の進展に伴い、軍事力が著しく増強し、現在では国境を越える力を備えるようになってきた。このような傾向はこれからますます強まり、グローバルに活動できるようになると予想される。そのため、力の行使の原則の明確化、信頼醸成、危機管理などがますます重要になっている。また、より強力な力を手にした軍は、新たな課題に対応するにあたって、自己主張を強め、政治のコントロールから逸脱する可能性を増した。新たな課題に対する政治の対応も模索中であるため、軍の逸脱を有効にコントロールできない可能性もはらんでいる。そのため、軍に対する文民統制を行なう政治の力が今まで以上に問われている。

2012年習近平政権になってから、軍の規律を正し、軍における腐敗を厳しく糾弾している。前軍事委員会副主席で制服組の上層部の一人であった徐才厚上将、総後勤部副部長谷俊山中将をはじめ、これまでに失脚した軍レベル以上の階級の軍高官は19人にのぼり、その多くはすでに逮捕された。また、習近平は、古田会議の会場などを訪れ、古田会議、遵義会議の記念行事などを大々的に行ない、軍の立て直しを図っているが、綱紀粛正にはなお時間がかかりそうである。

【参考文献】

稲垣清『図解 中国のしくみ』中経出版、2000年
王幸生『軍隊政治工作学』(中国語)軍事科学出版社、2010年
韓懐智主編『当代中国軍隊的軍事工作』(中国語)中国社会科学出版社、1989年
蒋介石『蒋介石日記』(中国語)スタンフォード大学フーバー研究所図書館
中央文献研究室編、『毛沢東軍事文集』〈全6巻〉(中国語)中央文献出版社、1997年
張愛萍主編『中国人民解放軍』〈上〉(中国語)当代中国出版社、1994年
毛沢東『毛沢東選集』〈全4巻〉(中国語)人民出版社

# 第10章

# 中国の外交政策
―― 歴史・現状・展望

張剣波

## 1．毛沢東時代の中国外交

### （1） 中国外交の時期区分と特徴

　外交は、中国語も日本語と同様「外交」と書く。英語は、diplomacy である。「外交」は、「外」と「交」の二文字からなり、外部との交流、交渉、交際などを指す。たとえば、会社や商店などが外に出て勧誘などを行なう場合、外交販売、保険外交員などの言い方がある。

　本章が扱う外交は、国家にかかわる場合の外交である。国家の外交とは、外国などその国の外部との交流、交渉、交際などであり、そのためのさまざまな思想、原則、政策、戦略、テクニックおよび活動である。言い換えれば、国家と国家の相互関係である。また、従来の外交は、政府間で行なわれるものであったが、現在では、政党外交、議員外交、民間外交、企業外交なども加え、アクターが多様化されているとみなされている。

　外交を制約する条件は、国内政治、思想、力、内外環境、戦略などさまざまである。中国も例外ではない。外交は政治の一部であり、内政の延長であるとよくいわれる。そのため、対外関係であるはずの外交は常に国内政治の影響を受ける。中華人民共和国建国直後の中国は反帝国主義、反植民地主義のイデオロギーであったため、ソ連などの東側諸国、第三世界との関係を重視したが、「改革・開放」後に経済建設中心の時代に入ると、アメリカをはじめとする西側諸国との関係を最重要視するように変わった。毛沢東時代の

中国外交は、毛沢東など革命世代の価値観の影響を受け、革命外交の色彩が強かった。鄧小平時代になると、「白猫であれ黒猫であれ、鼠を捕るのが良い猫である」という鄧小平の実用主義の下で、革命外交が一掃され、経済中心の実利外交に転じた。しかし、国内政治や思想も、その実行は国力に左右される。近代中国は軍事力が弱かったために列強に侵略され、さまざまな不平等条約の締結を強いられた。自己の意志で外交を行なうことができず、「弱国に外交なし」といわれた。建国後の半世紀ほども、中国は経済的、技術的に遅れていたため、外交を実行する力が限られていた。ここ10年ほど、中国は経済大国になるにつれ、外交も次第にグローバルに展開するようになってきている。外部環境も同じく重要である。中国は1950年代半ば頃からアメリカなどとの関係改善を求めたが、アメリカが中国封じ込めの政策に固執したため、米中関係は改善できなかった。1960年代末にアメリカの対中国政策が変わり、1972年にニクソン米大統領が中国を訪問したため、米中和解が実現された。

本章は、外交に影響を与える諸要因を念頭に置きながら、中華人民共和国の外交について、時期区分をしながら紹介し、最後に「発展途上の超大国」になった今日の中国外交の特徴と課題を考察する。

### (2) 中華人民共和国樹立後の対ソ一辺倒外交の展開

中華人民共和国成立直後の中国外交は、毛沢東の言葉を借りると、「打掃房子再請客(部屋を掃除してから客を迎える)」というものであった。「部屋を掃除する」というのは、それまでの歴代政府が外国と結んだ不平等条約を一切認めず、列強の中国におけるすべての特権を廃止するなど、「半植民地」的なものを綺麗に除去することを意味する。アメリカは、過去の条約(アメリカと中華民国政府とが結んだ諸条約)の継承を中華人民共和国との外交樹立の条件としたため、建国当初から中国とアメリカの間で原則的な対立が生じた。

それに加え、中華人民共和国が成立したときには冷戦がすでに始まっていた。アメリカもソ連も、世界各国に対して、己の側に立つか相手側に立つかの選択を迫った。社会主義国家の建設という理想に燃えていた新中国の指導者たちは、アメリカによる政治経済的および外交上の制裁と封鎖を受け、新生中国を維持するためには、ソ連の援助を頼りにしなければならなかった。

したがって、1949年建国後の中華人民共和国は、「連ソ反米」の「ソ連一

辺倒」外交方針を樹立することとなった。毛沢東は1949年12月16日から翌50年2月17日にかけてソ連を訪問し、「中ソ友好同盟相互援助条約」を結び、ソ連の同盟国となった。1950年代にソ連は中国に対して全面的な経済、技術、軍事援助を行なった。100年以上の戦乱の時代を経て、国家が極度に疲弊し、近代的産業、技術がほとんどなかった中国は、ソ連の援助の下で、短期間で全面的に近代産業の基盤を築くことができた。

アメリカは当初、中華人民共和国を認めたくなかったが、中国が完全にソ連側につくことも避けたかった。しかし、朝鮮戦争で事態が一変した。1950年6月25日に朝鮮戦争が勃発し、当初は朝鮮民主主義人民共和国（北朝鮮）側が圧倒的優勢で、韓国のほぼ全域を占領したが、9月15日に米軍が参戦すると、北朝鮮側は壊滅的な打撃を受け、中朝国境まで敗走し、ソ連と中国に支援を求めた。朝鮮戦争の開戦決定は金日成とスターリンで行なったにもかかわらず、スターリンはアメリカとの直接的な軍事衝突を恐れ、金日成に対する支援の約束を反故にした。北朝鮮の陥落が中国の安全保障にとって極めて大きな脅威になると考え、中国は、ソ連の空中支援がなくても出兵することを決め、中国人民志願軍（抗米援朝義勇軍）は10月19日に参戦し、アメリカ軍を38度線より南へ追い返し、北朝鮮を取り戻した。

朝鮮戦争により、中国とアメリカとの関係は決定的に対立関係になった。アメリカは、中華人民共和国を国家として認めず、台湾に敗走した中華民国を引き続き中国として承認し、アメリカ国民の中国訪問、アメリカ企業の投資・貿易を含む中国との商取引、文化交流などを全面的に禁止したばかりでなく、日本などの同盟国に対しても、中国への敵対的外交政策をとるよう強制した。

アメリカの敵視政策に対して、中国はさまざまな対抗政策をとった。1950年代半ばになると、中国は「部屋の掃除」が基本的に済んだと考え、西側諸国との外交樹立政策に転換し、1954年の朝鮮とインドシナ半島の平和に関する「ジュネーブ会議」や1955年の「バンドン会議」で平和攻勢をかけ、第三世界との関係を発展させ、一部の西側諸国との関係にも進展があったが、アメリカの極めて強硬な中国封じ込め政策により、西側陣営国との外交樹立には至らなかった。1954年のジュネーブ会議で、アメリカの国務長官ダレスが周恩来と握手しないと明言したことは有名な話である（握手を求める周恩来を拒絶したと誤って伝わっているが）。

### （3）反ソ反米の「二正面作戦」外交

　1950年代半ばの西側に対する平和外交が挫折すると、1950年代末頃から、中国は、アメリカに対抗する外交攻勢を強めた。中国は、ベトナム戦争で北ベトナムを全面支援し、アジア、アフリカ、ラテンアメリカなどの反帝国主義、反植民地主義、独立運動を広く支援し、そのため、アメリカをはじめとする西側陣営と激しく対立した。

　一方、1950代末に至ると、中ソ関係も対立関係へと転換した。中ソ対立の原因はいくつかあった。第1、フルシチョフによるスターリン全面否定に中国は賛成しなかった。第2、ソ連は1950年代後半に対米平和共存路線に転換したが、アメリカは中国の存在すら認めていなかったため、中国はアメリカと「共存」する前提さえも持てず、ソ連の対米外交の転換に不満であった。第3、社会主義建設をめぐる路線対立があった。毛沢東はソ連共産党の腐敗と特権化を憂い、フルシチョフ路線がいずれソ連を破滅に導くと判断し、次第に対ソ連批判を強めた。第4、安全保障の面でソ連が中国に「長波電台（ラジオ局）」「共同艦隊」建設を提案したが、中国はそれを中国の主権に対する侵害として拒否し、激しく批判した。第5、1958年8月に中国は金門を砲撃して米ソの外交対立を引き起こし、ソ連は中国の行為を激しく非難した。そのため、1958年と59年に行なわれた中ソ首脳会談は激しい非難合戦になり、中ソ関係が対立に向かった。1960年代にかけて、中ソ対立はイデオロギーや両国関係をめぐって内部論争から激しい公開論争に発展し、ソ連による中国援助の停止や専門家の引き上げなどを経て、1969年に中ソ国境衝突が起こり、中ソ関係はいよいよ全面戦争の危機に直面し、ソ連はアメリカに代わり中国の「最大の敵」となった。

　アメリカとの対立が続くなかでソ連とも対立関係に変化したため、1959年頃から、中国は次第に、米ソ両国を敵とみなす「二正面作戦」外交に転じた。中国は、アメリカ、ソ連と対決する外交を進める一方、「中間地帯論」を打ち出し、アメリカ、ソ連以外の国を「中間地帯」とし、第三世界の民族独立、反植民地主義、反帝国主義を支援し、またヨーロッパ、日本などとの関係を重視した。

### （4）連米反ソ外交への転換

　中ソ国境衝突以降、ソ連は中ソ、中・モンゴル国境に100万の大軍と大量

の核兵器を配備し、中国に対して全面戦争、核戦争の恫喝を繰り返した。それに対して、軍事力でソ連よりはるかに劣っていた中国は、1000万近くの軍と億単位の民兵を維持し、全国総動員でソ連の侵攻に備え、いつでも奇襲攻撃に対応できるような体制をとらざるを得ず、緊張状態が長く続いた。中ソ関係がますます悪化するなかで、ベトナム戦争や国内混乱に苦しむアメリカは、行き詰った対中国政策を1960年代末から本格的に見直すようになった。1971年7月のアメリカ大統領補佐官キッシンジャーの秘密訪中と翌年2月のアメリカ大統領ニクソン訪中を境に、米中和解が実現され、両国は、敵対関係から共同でソ連に対抗する戦略的協力関係、ある程度の「事実上の同盟」関係を結んだ。さらに、同年9月に日本の田中角栄総理大臣が中国を訪問し、日中国交正常化が実現され、日中関係は敵対関係から友好の時代に入った。この前後、中国と他の多くの西側諸国との関係も改善された。一方、中ソ関係の緊張状態が続き、この時期は一貫して、ソ連は依然として中国の主要な敵とみなされた。ソ連の軍事的圧力、アジアで中国包囲網をつくる動きに対して、中国は、アメリカ、日本、パキスタンなどと連携してソ連に対抗するいわゆる「一条線」外交を試みたが、アメリカの対ソ緩和政策、日本の全方位外交政策などによって、あまり成功しなかった。

## 2．鄧小平時代の中国外交

### （1）「全方位外交」への取り組み

1976年に毛沢東が死去し、1977年に鄧小平が復権すると、中国は鄧小平時代に入り、1978年から「改革・開放」政策をとり始め、国内政策は大きく転換されたが、対外政策の転換は幾分後れを取ったようである。その原因は対外関係にあったと思われる。対外関係は外部要因が存在するもので、内政の転換と外部との調整に時間がかかる。中ソ関係がそうであった。1978年末にソ連の同盟国であるベトナムがカンボジアを侵攻・占領し、それに対して中国は1979年2月に中越国境地域でベトナムを攻撃したことで、中ソ関係はさらに険悪化した。また、1979年12月にソ連が中国の隣国であるアフガニスタンに侵攻し、中国は猛反発した。しかし、中国は経済建設中心の政策に転換したため、安定した対外関係を求めた。レーガン政権の誕生で1981年から米ソ関係がデタントから再び激しい対立関係に転換し、アメ

リカは中国に対してより強い連携と共同反ソを求めたが、中国はそれを拒否し、敵も味方も設定しない独立自主、是々非々の外交路線をとり、ソ連との緊張緩和を模索した。中ソ関係は、ベトナムのカンボジア侵略と占領、ソ連のアフガニスタン侵攻などのため正常化こそ困難であったが、次第に緩和し、1988年にソ連がアフガニスタンから撤退した後、1989年5月にソ連のゴルバチョフ大統領が中国を訪問し、中ソ関係が正常化した。アメリカなど西側諸国と良好な関係を保ちつつソ連などとの緊張緩和、関係正常化を進めたなどの意味で、この時期は「全方位外交」期であったといえよう。

### (2)「韜光養晦」外交

1991年にソ連が解体し、冷戦が終わると、中国の置かれる国際環境が急激に変化した。そうしたなかで、鄧小平は、「冷静観察、站穏脚跟、沈着応付、韜光養晦、善於守拙、絶不当頭、有所作為」の方針を打ち立てた。なかでも「韜光養晦（目立たず、自らの不足を改善する）」は、この時期の中国外交の中心的特徴であった。というのも、中国は国力がまだ弱く、国際的に孤立し、政治体制への風当たりも非常に強かったためであった。「韜光養晦」という低姿勢で「全方位外交」を行ない、「与国際接軌」（国際システムに適応する）でグローバリゼーションの波に積極的に乗り、唯一の社会主義大国であるにもかかわらず社会主義国・勢力からのリーダーシップ要請を固く拒否し経済建設に専念した中国は、次第に孤立的な状態から脱し、経済大国の地位を築いた。この時期は、江沢民政権期とほぼ重なる。この時期の1997年にアジア金融危機が起こり、中国は人民元の切り下げを行なわないことでアジア諸国を助け、それを通して、特に東南アジア諸国との関係が飛躍的に強化された。

### (3)「韜光養晦、有所作為」外交への漸進的変化

江沢民政権期は、国力、内外情勢の制限で「韜光養晦」外交が中心であったが、国力の発展、国際関係の変化などによって、胡錦濤政権期に入ってから、「韜光養晦」とともに、「有所作為（ある程度の積極外交）」的な外交政策、外交行為も見られるようになった。すなわち、この時期は、基本的には依然として低い外交姿勢で、「与国際接軌」でグローバリゼーションを推し進めたが、一方で、積極的な外交も一部見られ、徐々に活発になっていた。たと

えば、中国・アフリカフォーラム、中国・中央アジアの上海協力機構の活動の活発化、中国・東南アジア諸国連合（ASEAN）間の自由貿易協定（FTA）の推進、国連平和維持活動への参加などがあげられよう。この時期の2008年にチベット騒乱が起こり、北京オリンピックをめぐって西側からの嫌がらせも一部あったが、中国外交全体への影響はそれほど深刻なものにならなかったようである。

　このように、「改革・開放」後の中国は、30年以上にわたって、低姿勢の外交を貫き、国内の経済建設に専念したため、中国経済は年10％前後の高度成長を保ち続け、今世紀に入ってからイタリア、カナダ、フランス、イギリス、ドイツを次々と追い越して経済大国に成長し、2010年には日本を追い越して世界第2位の経済大国になり、PPP（Purchasing Power Parity, 購買力平価）で計算すると、2014年にはすでにアメリカを追い越して世界第1位の経済大国になった。それに伴い、中国の内外環境も次第に変わり、中国の外交も徐々に変化が生じてきた。

## 3．「発展途上の超大国」と中国外交

### （1）「発展途上の超大国」

　国力という意味で、中国は現在どういった国になっているといえるだろうか。経済力がすでにアメリカを超えて世界一の経済大国になっているのであれば、中国は、アメリカや旧ソ連のように「超大国」になったといえるだろうか。もしそうであるならば、中国はもはや発展途上国ではなくなり、先進国になったのであろうか。実は、これらに対する答えは、そう単純ではない。

　まず、中国は「超大国」になったといえる。その理由として以下のことがあげられる。第1、国際通貨基金（IMF）や世界銀行、それに世界の多くの研究機関などの研究、統計によれば、中国はすでに世界一の経済大国になっている。PPPによるIMFの統計によれば、2014年の中国の国内総生産（GDP）は17.6万億ドルで、アメリカの17.4万億ドルを超え、世界一になった。また、一国の経済力を図る最も重要な指標は近代的産業の総生産であるが、中国はすでに2012年に世界一の工業大国になっており、また、世界の500種類の主な工業製品のうち、中国は世界一の生産量を誇る製品が220種類を超えている。中国は世界一の貿易国でもあり、科学技術に従事し

表1　主要国と地域の一人当たりGDPと順位　　　　　　　　　　（単位：ドル）

| 順位 | 国家 | 2011年 | 2012年 | 2013年 |
|---|---|---|---|---|
| 1 | ルクセンブルク | 114,186 | 107,206 | 112,135 |
| 2 | ノルウェー | 98,664 | 99,462 | 105,478 |
| 3 | カタール | 98,031 | 99,731 | 98,737 |
| 11 | アメリカ | 48,328 | 49,922 | 51,248 |
| 19 | ドイツ | 44,111 | 41,513 | 44,010 |
| 20 | フランス | 44,034 | 41,141 | 43,000 |
| 23 | 日本 | 46,108 | 46,736 | 40,442 |
| 25 | イギリス | 38,759 | 38,589 | 38,002 |
| 46 | ロシア | 13,335 | 14,247 | 15,650 |
| 58 | ブラジル | 12,667 | 12,079 | 12,291 |
| 86 | 中国 | 5,434 | 6,076 | 6,629 |
| 141 | インド | 1,523 | 1,492 | 1,592 |

出所：http://www.imf.org/external/pubs/ft/weo/2014/02/weodata/weoselgr.aspx

ている人口も世界一である。以上のような意味で、中国は世界一の経済大国、近代産業国であるといえる。第2、中国の基礎国力はそもそも超大国規模である。中国の人口は、中国大陸だけで2013年末に13.6億人で、世界一である。香港、マカオ、台湾と世界各地の華僑・華人の人口を計算に入れれば、「グレーター・チャイナ」の人口は約14.5億人になる。アメリカの人口は3.15億人である。また、中国の国土面積は963.4万km²で、ロシア、カナダに次ぐ世界第3位であり、アメリカよりやや広い。第3、中国は世界で唯一文明が中断されていない歴史を持ち、強い文明、文化の生命力を持つ。このような意味においては、中国は超大国であるといえよう。

しかし、一方では、中国は依然として、発展途上国である。その理由もいくつかあげられる。まず、中国のGDPは国家としては世界一であるが、人口が多いため、一人当たりのGDPは決して高くない。2013年の一人当たりGDPは6629ドルで、世界の主要国家と地域の中で86番目に位置し、一人当たりGDPが最も高いルクセンブルクの約17分の1、アメリカの約8分の1、日本の約6分の1に相当する（表1）。そして、中国の産業構造も先進国との差が大きい。先進国の第一次産業のGDPに占める率は1～3％で、第二次産業は一般的に30％以下であるが、中国の第一次産業のGDPに

占める率は10％、第二次産業は44％である。さらに、先進国の都市化率は一般的に75％を超えるが、中国の都市化率は2013年末の時点で53.7％であり、先進国に大きく後れを取っている。第4、中国の科学技術従事者の数は世界一であるが、水準はまだ高くなく、ハイテク分野の特許の大半は他国によるものである。第5、中国の教育、医療、社会保障も先進国よりかなり遅れており、中国の貧困人口総数は世界第2位で、ジニ係数はインドよりも高い。したがって、上記の理由からは中国はまだ発展途上国といえる。

このように、現在の中国は、超大国であると同時に発展途上国であるため、「発展途上の超大国」であるといえよう。すでに「超大国」になったが依然「発展途上国」であるという「発展途上の超大国」こそ、まさに現在の中国の最大の特徴である。そのため、中国の外交も転換期を迎えているが、準備が十分にできているとはいえない。

### （2）積極外交への転換

2012年末に発足した習近平政権は、「発展途上国」として引き続き経済建設を中心とする側面は以前と連続性を持つが、「超大国」的な側面は新たな側面となる。この「超大国」的な側面は外交にも反映されている。その変化は漸進的なものであり、その外交の特徴は、「大国外交」「周辺外交」「中心が1つ、基本点が2つの外交」といわれたように、さまざまである。ただし、『瞭望中国』に掲載された文章で唱えられた「進取外交」または「積極外交」はその特徴に近いのではないかと思われる。アメリカとの間に「新型大国関係」を樹立することの提唱、ロシアとの全面的な戦略協力関係の強化、新興国との連携の強化などはみなその表れといえよう。

最近の動きで最も注目されるものは、「両行」「一路一帯」と高速鉄道建設であろう。「両行」とは、新興国開発銀行（New Development Bank, NDB）とアジアインフラ投資銀行である。新興国開発銀行は、中国、ロシア、インド、ブラジル、南アフリカの新興5カ国が運営する国際開発金融機構である。「BRICS開発銀行」とも呼ばれる。2014年7月15日に発足し、本部は上海に置かれている。当面は資本金1000億ドル、外貨準備基金1000億ドルとしている。資本金はインフラ整備などへの融資であり、外貨準備基金は国際金融市場の不安定に備えるものである。他国の新規参加を認めるが、BRICS 5カ国の出資比率は55％以上に定められている。アジアインフラ投

資銀行 (Asian Infrastructure Investment Bank, AIIB) は、2014年10月24日に設立された銀行で、総資本金は1000億ドル、本部を北京に置き、アジア加盟国のインフラ整備を支援する目的の銀行である。2014年現在の加盟国は、ASEAN諸国（インドネシアを除く）、中国、インド、パキスタンなど21カ国で、さらに多くの国が加盟の意向を示している。

「一路一帯」とは、「21世紀海上糸綢之路（21世紀海上シルクロード）」と「21世紀糸綢之路経済帯（21世紀シルクロード経済ライン）」のことである。「21世紀海上シルクロード」とは、海上を通して、南シナ海、太平洋とインド洋に向かって、中国とASEAN、南アジア、西アジア、北アフリカ、ヨーロッパをつなぐマーケットを形成することであり、それに応じて、人材、技術、資金、インフラなどの育成、整備を推し進める。「21世紀シルクロード経済ライン」とは、おもに中央アジアと南アジア諸国との経済協力、共通市場の形成で、中国の資金や技術援助の下で鉄道、道路、航空、電信、電網、港湾、エネルギーおよび金融などの整備、建設を通して、歴史上栄えたシルクロードとほぼ重なる若干拡大した地域の経済発展を促進するものである。中国はすでに2009年11月に中国出資（500億ドル）の上海協力機構銀行を創設し、2012年には、中央アジア諸国に100億ドルのインフラ整備資金を提供すると約束し、2014年10月24日のアジア太平洋経済協力（APEC）会議で400億ドルのシルクロード基金を設立すると提案している。さらに、中国、ロシア、カザフスタン三国の間では国境貿易は自国通貨で直接決済する協定を結んでおり、実際、中央アジアを含め、中国の周辺国と中国との貿易では人民元で取引する割合が日増しに増えている。

さらに、「両行」「一路一帯」とも関連するが、中国は国内で高速鉄道網を建設した後、世界に向けてグローバルな高速鉄道網の建設を推し進めている。東南アジア、南アジア、中央アジア、中東との協議がかなり進んでおり、ロシア、アフリカ、ラテンアメリカとも協議中で、欧米とも議題に上り、ロシアのシベリアから北米に伸ばすユーラシア大陸・アメリカ大陸高速鉄道も検討されているという。高速鉄道で世界の主要大陸をつなぐ非常に野心的な計画である。高速鉄道の整備はインフラ整備の一環で関係国の経済社会発展に寄与するのみならず、世界規模での建設は、世界を1つにする役割を果たす。

このような外交的展開は、冷戦終結後の「韜光養晦」外交と明らかに異なり、かなり積極的な外交になっており、今後さらに積極的になるとも予想さ

れる。

### （3）「超大国」としての中国外交の行方

　中国は、第二次世界大戦の戦勝国として国連の創設にかかわり、国連安全保障理事会常任理事国の一国となり、IMF、国際貿易機関（WTO）、世界銀行、APEC、G20に参加する一方、1990年代半ば頃から、上海協力機構、ASEAN＋3、アジア相互協力信頼醸成措置会議、中国・南ア（スリランカ、バングラデシュ、ミャンマー、インド、中国）経済ライン、中国・アフリカ会議、中国・ラテンアメリカ協力フォーラム、アジア・欧州会議など地域的・グローバルな外交を展開してきた。これらに上記「両行」「一路一帯」、グローバル高速鉄道整備などを加え、経済を中心とする中国の「超大国」外交が現れつつあるといえるかもしれない。このような動きは今後一層活発になると予想されよう。

　しかし、「超大国」としては、経済面だけでは不十分である。世界秩序についての考えを明確かつ具体的にし、グローバルに公共財を提供する必要がある。

　アメリカのオバマ大統領は2009年11月の中国訪問で、「米中（G2）協力で21世紀を形づくっていこう」と提案した。米中二大大国で世界を仕切るという、いわゆる米中「G2」論の提案である。しかし中国は、アメリカと肩を並べる「G2」の一翼になる準備はまだなかった。世界的な経済大国になるにつれ、中国は世界から、世界秩序、人類の将来に対する考えまたは行動を求められてくる。しかし中国は、特に心理的な面で転換できていない。

　「超大国」になったものの、中国は、これからも「内向」的な傾向を見せる可能性がある。その理由として、第1に、上述したように、中国は依然発展途上国であり、「発展途上の超大国」であるため、国内の経済建設、国民福祉に専念する必要がある。第2に、中国は、13億以上の人口を持つため、従来の超大国と比較して国内課題が圧倒的に多く、国内問題により多くの時間とエネルギーを費やさざるをえない。第3に、農耕民族が圧倒的多数の成熟した文明を持つものの特性である。

　にもかかわらず、世界的な大国、「超大国」に成長した以上、世界秩序に対して一定の責任を持つことは避けられない。ここ数年、中国はいくつかの努力をしてきたように思われる。2005年12月22日、中国国務院新聞弁公

室は、「中国的平和発展道路（中国の平和発展の道）」白書を発表し、国家意思として、中国は平和的発展の道を歩むと宣言した。2011年9月6日、中国国務院新聞弁公室は再度、「中国的和平発展（中国の平和的発展）」白書を発表し、より詳細に中国の平和発展の目標、方法、特徴について述べ、覇権と勢力範囲を求めないこと、いかなる国をも排除しないこと、防衛的国防政策を堅持し、いかなる国とも軍備競争を行なわないこと、平和的に国際紛争を解決することなどを強調した。中国は、このような努力をさらに総合的に進め、世界のあり方、中国外交の発想、行動原則、行動規範などを体系的に示す必要がある。それと同時に、「平和的発展」の具体化も重要である。たとえば、「平和的発展」の精神と原則に沿って周辺国と「平和的発展善隣条約」を結ぶのも1つの方法であろう。

一方、外部環境も中国の対外政策、外交行動に影響を与える。中国およびその他の新興国の発展は、既存の国際政治、国際秩序に大きな影響を与えることは避けられない。既存の秩序が新興国の台頭に柔軟に対応し、新しい現実に応じて絶えず調整するか、それとも新興勢力の台頭を阻止しようと動くかによって、中国など新興国の外交政策と外交行動も大きく異なってくると予想される。

【参考文献】

入江昭『米中関係』サイマル双書、1971年

逢先知・金沖及主編『毛沢東伝（1949-1976）』〈上下〉（中国語）中央文献出版社、2003年

王泰平主編『中華人民共和国外交史』〈全三巻〉（中国語）世界知識出版社

外交部外交史編輯室編『新中国外交風雲』〈第二輯〉（中国語）世界知識出版社、1991年

中央文献研究室編『毛沢東外交文選』（中国語）中央文献出版社・世界知識出版社、1994年

中華人民共和国外交部・中央文献研究室編『周恩来外交文選』（中国語）中央文献出版社、2000年

沈志華・中国社会科学院編『蘇連歴史档案選編（1917〜1989）』（中国語）中央文献出版社、2002年

毛里和子『中国とソ連』岩波新書、1989年

Goh, Evelyn, *Constructing the U.S. Rapprochement with China, 1961-1974,* Cambridge:

Cambridge University Press, 2004.
National Archives and Records Administration., *NIXON PRESIDENTIAL MATERIALS STAFF.*
U. S. Government Printing, Office.*Foreign Relations of the United States.*

# 第11章

# 現代中国の中央と地方関係

劉 迪

## 1．中央と地方の関係に関する基本制度

### （1）中央と地方の権力構造

「中央と地方の関係」とは、国家権力の縦方向の配置の原則、方法にかかわる問題である。具体的には中央政府と地方政府の立法権、行政権、司法権の区分方法、各級政府責任者の選出方法、中央政府の地方政府への監督の方法、地方政府の自治程度、などが含まれる。

現代中国の「中央」は「6＋1＋2」体系といわれている。「6」とは中国共産党中央委員会（政治局、政治局常務委員会、中央書記処を含む）、中国共産党中央紀律検査委員会、全国人民代表大会（以下、全人代）およびその常務委員会、国務院、中央軍事委員会、中国人民政治協商会議全国委員会を指す。「1」は国家主席、「2」は最高人民法院と最高人民検察院である。一方、現代中国の「地方」とは省、地区、省轄市、県、郷（鎮）などの人民代表大会、人民政府、政治協商機構を指す。

地方人民政府は「一般地域型地方政府」「都市型地方政府」「民族区域自治型地方政府」「特殊型地方政府」に分けられる。

「一般地域型地方政府」は省政府、行政公署、県政府、郷政府の4種類がある。ただし行政公署は省政府の派出機関であり、法律制度上の政府ではない。現在は中国に23の省があり、各省は平均して90余りの県を管轄している。2009年現在、全国に4万828の郷・鎮がある。

「都市型地方政府」は直轄市政府、副省級市政府、省首府所在地市政府、比較的大きな市政府、経済特区の市、地級市、県級市・市轄区などに分けられる。直轄市は4、副省級市は15、省首府所在地市は27、比較的大きな市は18、経済特区は4、地級市は282ある。

「民族区域型地方政府」は自治区政府、自治州、自治県に分けられる。2015年現在、自治区政府は5、自治州は30、自治県は120ある。

「特殊型地方政府」は2つあり、香港特別行政区政府とマカオ特別行政区政府である。

地方政府は中央政府が法に基づいて設置したもので、国家の権力の一部を行使する。中国各地方の政治権力の構造は、中央政治中枢の各部分を地方へそのまま延長したものにすぎない。全体からみれば地方政府の組織構成は次の2つの法則に従う。1つは「上下対応」である。すなわち下級政府の機構名は上級政府のそれに従って設けられ、名づけられている。もう1つは「漸次縮小」である。すなわち機構の数、規模は上級政府から下級政府になるにしたがって次第に縮小していく（表1）。

現代中国の地方政府は憲法に従えば省、県、郷という3つの行政階層に区分されているが、中国政府の実際の行政区分は憲法の規定より複雑である。行政階層は省、自治区、市によって異なっている。3つの階層の場合は、「直轄市－区－街道弁事処」または「直轄市－県－郷」であるが、4つの階層の場合は「省－地区（行政公署）－県－郷」または「省－地級市－県－郷」である。

## （2）中央政府の地方政府へのコントロール

単一制国家のなかで地方政府は中央政府によって設立されたものである。中央政府は地方政府を立法、行政、財政、人事などの手段を通じてコントロールする。

①立法によるコントロール

中央政府は地方政府の成立・組織・権限・活動の原則関係の法律、法規の制定を通じて地方政府をコントロールできる。

全人代常務委員会は省級政府により制定された地方的法規・決定の中で憲法、法律に違反したものを撤廃することができる。省・自治区・直轄市・比

表1　中央と地方の政治権力構造

| 次元 | 構造 | 党 | 政府 | 軍 | 司法 |
|---|---|---|---|---|---|
| 中央 | 6＋1＋2 | 中央委員会<br>中紀委 | 国家主席<br>全人代<br>国務院<br>全国政治協商委 | 中央軍委 | 最高裁判所<br>最高検察院 |
| 省級 | 5＋2 | 省委<br>省紀委 | 省人代<br>省政府<br>省政治協商委 | | 高級裁判所<br>高級検察院 |
| 地区 | 3＋2 | 地委<br>地区紀委 | 人代工委※<br>行署＊<br>政協工委※ | | 中級裁判所<br>中級検察院 |
| 省轄市 | 5＋2 | 市委<br>市紀委 | 市人代<br>市政府<br>市政治協商委 | | 中級裁判所<br>中級検察院 |
| 県 | 5＋2 | 県委<br>県紀委 | 県人代<br>県政府<br>県政治協商委 | | 基層裁判所<br>基層検察院 |
| 郷（鎮） | 3 | 郷党委 | 郷人代主席団<br>郷政府<br>政治協商参事組※ | | 人民法廷 |

※は調整機構。＊は出先機構。
出所：朱光磊『当代中国政府過程』天津人民出版社、2008年、43頁から部分引用。

較的大きな市の人民代表大会およびその常務委員会が制定した地方的法規は全人代常務委員会に報告される。省・自治区人民政府所在地の市、経済特区所在地の市、大きな市人民代表大会およびその常務委員会が制定した地方法規は、省・自治区人民代表大会からの許可を得て実施される。ただし、それを全人代常務委員会・国務院に届け出なければならない。

　香港特別行政区・マカオ特別行政区の立法機関が制定した法律は全人代常務委員会に届け出なければならない。全人代常務委員会はその所属する特別行政区基本法委員会に諮問し、特別行政区立法機関より制定した法律が基本法関係の規定に違反したと認めた場合、それを特別行政区立法機関に差し戻す。ただし、この場合、全人代常務委員会は改正はしない。いったん全人代常務委員会から戻された法律は直ちに失効する。

②行政によるコントロール

中央政府は地方政府およびその行動に対して行政コントロールできる。中国憲法は、「地方各級人民政府は、1級上の国家行政機関に対して責任を負い、活動を報告する。全国の地方各級人民政府は、いずれも国務院の統一的指導の下にある国家行政機関であり、すべて国務院に服従する」と規定している。「地方組織法」によれば中央人民政府各部門は地方政府の関係部門との間に、法的指導関係を有する。

③財政によるコントロール

1994年に中国は分税制を導入した。中央政府から地方への財政移転は中央政府が地方に影響を与える重要な手段となっている。また中央政府は地方に対する監察権を有する。

④人事によるコントロール

中国では「党管幹部」という言葉がある。これは中国共産党が中国各級政府の人事権を掌握するという意味である。中国共産党各級の組織部門には下級政府の人事に対して「下管一級」という規定がある。つまり中共中央は1級下の省・部級の幹部人事を管理する。省・自治区・直轄市の党委委員会は1級下の庁級・局級および地区・市・州・盟の幹部人事を管轄する。

## （3）地方人民代表大会の権限

「中華人民共和国各級人民代表大会と地方各級人民政府組織法」（以下、組織法）によれば中国の地方各級人民代表大会は3種類の権限を有している。

第1、施行権。省市県人民代表大会は国家計画と国家法律の執行を確保するためにそれぞれ各自の行政区域で憲法、法律、行政法規、政策および上級の議決を遵守かつ施行する。

第2、意思決定権。省市県人民代表大会は各自の行政区域の国民経済計画や予算を審査・批准し、重要政策を決定する。また、省長、副省長、市長、副市長、県長、副県長の人選を決める。

第3、指導権。省市県人民代表大会は当該各級人民政府、裁判所、検察院の業務報告を審査承認し、不適当な決定を改め、またはこれを取り消す権限を有する。

## 2．中央と地方との関係における政治過程

### （1）中央地方関係における中国共産党による指導

　中国の政治権力の縦構造からみれば中国共産党は国家の中央および地方のすべての権限を掌握している。中国共産党中央委員会は中央政府の権限を掌握している。各級の中国共産党委員会は各級政府の権限を掌握している。このため、中央と地方との関係は中国共産党中央組織と地方組織の間の関係と化している。これは、中国共産党中央委員会と党の各省委員会との関係からみればわかる。双方の関係は上下関係であり、「全党は中央に服従する」「下級は上級に服従する」の組織原則に従って結ばれた一体関係である。共産党の各省委員会は必ず中央の指導に服従しなければならない。

　中国共産党は各級政府の責任者の管理・推薦に責任を負う。上級の党の指導機関は下級の党の幹部の管轄権を有する。各級党委員会は1級下の党幹部に対する任命権・監督権を有する。

　中国共産党省委員会（以下、省委）は、省の政治権力構造の中心に位置する。省委の主要責任者、たとえば省委書記や省委副書記を兼任している省長は中国共産党中央委員会の委員である。省委員会委員の一部は党全国代表大会の代表でもある。党中央委員会は「中央工作会議」「省（自治区・直轄市）委書記会議」などを通じて、省委に中共中央の政策貫徹や、中央・省の間の情報交換の強化を強く推し進めることができる。

　法律の規定では省級国家機関の責任者は選挙によって選出される。省長・副省長（同格者を含む）、省級人民法院・人民検察院院長・副院長の候補者は、省級人民代表大会主席団または代表連名で指名され、予選を通じて正式な候補者が決められる。さらに正式な「差額選挙」を通じて選出される。しかし実際の政治過程からみれば、省長・副省長候補者は中国共産党中央組織部と省委が協議したうえで共産党中央委員会に報告される。さらに中国共産党中央の同意を得て初めて省級人民代表大会の法的プロセスに入る。省の庁・局級幹部の候補者は各省級党委員会が決めた後、省級人民代表大会に許可をもらう。

　具体的にいえば中央の地方への人事コントロールは以下の方法を通じて施行される。①中央が直接省・自治区・直轄市の責任者を管理する。査察、考察、養成、教育、抜擢、任免、審査を含めてすべて管理する。②緊急時中央

は省・自治区・直轄市の主要指導者の代理人を直接選定する。③地方は中央に省級人代主任、副主任、省長（主席・市長）、副省長（副主席、副市長）の任免を提案する前に、該当分野の指導を担当する中共中央指導者または国務院副総理の意見を伺う必要がある。さらに中央に提出する報告書に記入しなければならない。④地方党委が中央に任免報告を提出する際、反対の意見を報告書に記し、中央の決断を仰がなければならない。⑤各省・自治区・直轄市の庁級責任者、地区級・市級の主要責任者の抜擢名簿につき、共産党省級委員会は定期的に中央に報告し中央組織部に提出して記録をとどめる。⑥省級人代によって選出された責任者候補は、選挙する前に中央に提出して審査・批准を仰ぐ。さらに各地方共産党委員会は中国共産党中央委員会に「幹部任免呈報表」を提出し、中央委員会に選挙結果の記録をとどめる。

### （2）中央と地方との関係における省の位置づけ

ある角度から観察すれば中国の地方政府は相当の権限を有している。たとえば「中華人民共和国人民代表大会と地方各級人民代表大会選挙法」（以下、選挙法）第9条5項には「省長・副省長、自治区主席・副主席、市長・副市長はすべて省級人民代表大会によって選出される」とある。この規定からみれば地方政府の権力は地方代議機関から付与されるものである。

ただしその一方では、「中華人民共和国地方各級人民代表大会と地方各級人民代表大会組織法」第55条で「全国地方各級人民政府はすべて国務院指導下の国家行政機関であり、国務院に服従すべきである」と規定している。この規定は省級人民政府の職権を上級政府（国務院）からの授権であるとしている。

法律の規定からみれば、省の権力は政治分権型と行政権委託型の2つの特徴を併せて備えている。

このようにみていくと中央政府と地方政府の間に緊張があることがわかる。これは省制度の設計と関係がある。省は中央と基層の中間に位置づけられており、重要な役割を有している。省の管轄地域が大きければ地方の力は独立勢力になる恐れがある。逆に省の数を増やせば地方の力を弱められるが、中央政府にとって数多くの中レベルの行政区を管轄することは負担となる。

現在、中国の多くの省級地方首長の行政ランクは中央政府各部門の行政首長よりはるかに高い。これは中国の現在の地方制度の特徴を表している。

J. R. タウンゼント（J. R. Townsend）は「中間政府」としての省の役割についてその「重要な任務は中央政府政策を貫徹すると同時に下級政府を管理することである。中国は広大な国土を持っているために中間政府の管理が必要とされる」と指摘している。

　中央と地方の関係は長期間、中央集権と地方分権の間を行き来しているので、その政策の揺れは国家のマクロ政策に影響を与えると指摘されている。現代中国の中央政府と地方政府の構造には非常に大きな弾力性があるはずである。

　中国政治過程のなかで省の地位はとても重要であり、その自主権は大きい。中央政府の意思決定は多くの場合、省の責任者の賛同を得なければならない。逆にいえば中央政府の政策は地方の賛同を得なければ行き詰まる場合もある。したがって、中央政府は意思決定やリソースの配分を行なう際、地方の利益、態度を考慮し、なんとか地方からの支持を得ようとするという側面もある。

　中央指導者が地方政府の支持が得られないことは、その指導者の失脚が近いことを意味している。華国鋒の失脚は地方政府と中央指導者の関係を物語っている。文化大革命終息後、華国鋒党主席は依然文化大革命に対して肯定的な態度を示していた。一方、文革否定派は「真理基準」をめぐって全国的な討論を起こし、肯定派の論点を強く批判した。1978年5月「真理基準討論」をめぐって中国共産党中央委員会主席華国鋒は宣伝部門に対して「態度表明せず」「介入せず」と指示した。しかし華国鋒の指示に反して同年6月から全国大多数の省・自治区・直轄市および各大軍区の責任者が相次いで談話や文書を発表し、『光明日報』に掲載された文革否定派の論説「実践は真理検証の唯一の基準である」という特約評論員の評論を支持するという態度を表明した。この論争は文革肯定派の華国鋒の失脚で終息を告げた。この論争のなかで地方からの支持を失ったことが中国共産党中央委員会主席の失脚へとつながったのである。

　制度上中国は単一制国家である。しかし、中国は単一制国家ではなく「行動連邦制国家」であるという指摘もある。たとえば、シンガポールの政治学者鄭永年は中国の国家権力は実際には連邦制の原則に基づいて運営されていると指摘している。彼の学説によれば次の3つの基準さえ満たされれば「行動連邦制」と定義できるという。1つ目は政府が中央、省、県、郷のようなヒエラルキーを有するということ。2つ目は各級政府の分権が制度化され、

中央政府は地方政府に対する一方的な強制力を行使できないということ。3つ目は省級政府が自分の管轄区域内で経済社会に対する主要責任を負い、相当の自主権を有するということである。鄭永年は中国はこの3点を満たしていると指摘している。

### (3) 圧力型体制

　中国における中央と地方の関係は「圧力型体制」と呼ばれる。上級政府からの指示・ノルマを達成するために、地方党委員会、政府は指示・ノルマを数量化し、さらにこれらの数量化目標を各下級組織および個人に分配し、定められた時間内に達成させる。その達成状況・結果に従って政治・経済面での賞罰を与える。

　圧力型体制のもとで、下級組織および個人に対する上級の評価は「一票否決」制を採用する。つまり与えられた指示・ノルマのなかで、たとえわずか1項目だけ達成できなかった場合でも、その組織または担当責任者の1年の成績はすべてゼロとされ、否定される。そのため、各級政府、組織は強いプレッシャーの下で運営されている。

　上級政府は特定の重要任務を完遂させるとき、それを「政治任務」として、下級政府および執行部門に全力を挙げさせて完遂させる。この方法を使用する際は、政治・経済面のインセンティブや賞罰が伴われる。中央政府および各級党委は特によくこの方法を使用する。このような体制のもとで、ノルマを達成させるために関係政府および職能部門は人的または物的リソースを動員し配置する。

　圧力型体制の運営は一部の重要問題・難題を効果的に解決してきた。しかし各級政府部門において上から下へ圧力をかけることによって各級政府の運営を動かすということは国家がその責務を果たす常態にはならない。長い視点からみれば政治手段をもって経済成長させることは、市場経済システムを健全化させるという目標に合致しないといわなければならない。

　圧力型体制にはさまざまな弊害が見られる。たとえば上級政府から要求されたノルマを下級政府に分配する際、各地方政府はそのノルマを膨らませてからまた下級政府に分配する。このように中央政府から末端へ次々とノルマは上乗せされて下級政府に課せられていく。

　このような圧力型体制の下では、政府の行動は常に暴力化の傾向にある。

たとえば上級から課せられたノルマが執行者の能力を上回る場合、下級政府が強制力をもってそのノルマを無理に完遂させる。このようにして執行部門が自分の執行権限を濫用することになってしまう。またしばしば一部の人が自己利益のために公的権力の権威を利用して個人の私利を図ろうとすることが見られる。たとえば上級政府からの抜擢を受けるために、地方指導者が「政績プロジェクト」をつくるというようなことである。

## 3．中央と地方との関係における問題

### （1）分税制の問題

中国の財政モデルは「統収統支」（収入と支出はすべて中央政府によりコントロールされる）「財政請負制」（中央政府は定められた枠内で地方の財政支出を負担し、不足分は地方政府が自主的に調達する制度）「利改税」（国有企業が利潤上納方式から納税方式に改める）などを経て1994年に「分税制」が導入された。分税制とは、税を国税と地方税に分けてそれを各地方に設置された国税税務署または地方税税務署が徴収し中央財政、地方財政を確立する制度を指す。この制度のもとで、国税には関税、消費税、中央企業所得税、地方銀行・外資系銀行・ノンバンク機関の所得税などが含まれ、地方税には営業税、地方企業所得税、個人所得税、城鎮土地使用税などが含まれる。中央地方共有税は付加価値税、資源税、証券取引税などである。さらに中央財政は地方に対して税収返還（還付）制度、転移支払制度（日本の地方交付税制度に相当）を設け、これを通じて地域間の財政不均衡を是正する。

分税制実施前の1992年、中国の国税・地方税収入はそれぞれ28.1％、71.9％であった。分税制の成立により中央・地方税収入の不均衡は解決され、中央権限が強化されるようになった。しかし現在、分税制は中央・地方の責務分担、財政権（税収権、財政支出権）の不均衡の原因の1つとなっている。さらに時間の推移とともに、この制度の問題はますます顕著になり、露呈した。その主要な問題は中央政府が財政集権を強化していながら、財政支出の義務を負っていないことである。税収はほぼ中央政府に集めるが、各種の支出は依然地方の責任となっている。それだけではなく、財政支出の義務は中央から次第に地方へ下方移行したため、地方政府財政権と責務の非均衡状態が生じている。地方政府の責務はますます増加しているがそれに伴うはずの

財政収入が増えていない。

　ここ20年間、地方の財政権は次第に上級政府へ移行する一方、中央の責務は下級政府へ移行してきた。地方政府は財政収入が欠乏しているため十分な公共サービスを提供することが次第に困難になってきた。今日、地方政府が「土地財政」に熱中しているのは中央地方の責務・財政管轄権の不均衡によってもたらされた地方財政基盤の脆弱さと関係がある。

## （2）垂直管理方法の再導入の問題

　現代中国は中央集権と地方分権の間を行き来している。

　1949年以降、中国は中央と地方との関係において高度集権のモデルをつくり上げた。この中央高度集権モデルは、計画経済を執行した結果でもある。しかしあまりに中央集権を強調しすぎたため、各地域の自然条件、経済発展水準が無視され、地方の意欲は抑えられた。改革後、中央政府は経済成長を促進させるために地方分権を大いに進めて多くの権力を地方に下放した。しかしその後、中国では地方保護主義の蔓延、住宅価格の暴騰、環境破壊、統計データのねつ造などさまざまな問題が噴出している。このため中央政府の再集権を求める声が強くなってきた。この声の狙いは中央政府の垂直管理（条）を強化することと地方政府「塊」の権力を取り除くことである。

　ここでいう「条」とは、中央から省－市－県といった縦方向に貫かれている党・行政・立法機関・司法の指令・管理系統である。「塊」とは、地方の内部で横に広がる「面」の行政系統である。

　その後、中央政府は地方政府が上級政府を欺くという問題を解決するために、垂直指導方式を導入し、中央機関は各地方に中央機関直轄の独立機関を設けるようになった。すでに税収、銀行、商工、技術監督、薬品監督、統計、土地監督管理、環境保護、計画などの分野で中央垂直管理システムが設立されている。たとえば2006年、国家環境総局は環境保護の執行が困難だという問題に即して、11の地方派出法律執行機関を設立した。国家環境部門はそれを直接管理し垂直管理を行なっている。

　垂直管理は以下の利点を有している。①地方政府の干渉から抜け、中央政府と地方政府間の「上意下達、下意上達」を保障できる。②より広汎な範囲内でまとめて資源配置、人的リソースの調達、資金の調達、施設の強化ができる。

しかし垂直管理には次のような欠陥もある。①垂直管理は地方政府からの行政執行への干渉を根絶できない。たとえ垂直管理を行なう部門の職員、財産は、地方から独立できたとしても地方にある派出機関は依然地方当局とさまざまな利害関係を有しているためである。②地方政府の執行部門は中央に垂直管理された後、地方の他の機関はその執行部門を監督することができなくなるので、腐敗が発生しやすい。ゆえに上級執行部門の垂直監督・管理にはこのような盲点や瑕疵が数多く見られる。③同時に垂直管理部門は地方の他の部門より経費が潤沢であり福祉厚生はその他の部門よりはるかに厚い。この問題は相当深刻である。④垂直管理部門の増大とともに地方政府の権力は次第に圧縮され、その職能は弱められたため、地方政府の勤務意欲、行政職能の発揮にダメージを与えた。

垂直管理を強化させようとする要求は実際「人治」の考え方であり上級の行政権力・権威をもって下級に圧力を加える手段に依存するものである。上級から下級の高圧・コントロールをもって政府命令の伝達・貫徹および地方政府の権力濫用を防止しようとする垂直管理強化を求める考えは、法治精神の欠如そのものである。

「垂直管理」をもって地方政府の権力濫用を制限しようとすることは、より高いレベルの「濫用された権力」を用いて地方政府の「濫用された権力」を是正するにすぎないとの指摘もある。実際に、垂直管理の問題は中央政府の再集権につながっている。

### (3) 中央と地方との関係改革の模索

長い間、中国政府は中央政策の硬直化と地方暴走の防止との均衡を模索してきた。中国の指導者は基本意思決定権とその地方への普及貫徹を効果的に結び付ける方法を探っている。中央と地方の関係をいかに扱うべきかは、中国にとって喫緊の課題である。

中国は中央集権型の国家であり、中央政府は至上の権力を有し、地方政府は中央政府の管轄にすべて従うと思われるが、実際には中央政府と地方政府の問題を処理する場合、往々にして多くの争いがあり、決まった処理モデルはない。中央政府と地方政府の間に権益の衝突が起こるとき、問題の処理は制度の健全化、行政部門間の協議を除き、司法解決が紛争解決の最終的かつ有効な方法であると考えられる。これに対し中央と地方との関係の法治化を

求める声が強くなっている。

　権力監督の視点からみて地方自治が必要である。現在中国政治に腐敗が横行している理由は、各地方の住民が監督権を持たないことである。実際、住民は遠い中央政府より自分の地域に在住している官僚のほうが監督しやすい。中国の現状は、地方の責任者は地方在住の国民ではなく中央政府に責任を負うのみである。仮に地方責任者が地方の住民に監督を受ければ結果は異なるはずである。

## 4．今後の見通し

　人口規模、国土面積、監督の効率からみれば中国がある程度の分権システムを構築することは必要であろう。1970 年に毛沢東は天安門の上でアメリカのジャーナリストであるエドガー・スノーに、「中国は広すぎる、アメリカの連邦制の経験に学ぶべきである」と話している。今後中国はどのような中央と地方との関係を構築すべきであるのか。諸外国の地方自治制度、連邦制の経験が中国の政治改革、行政改革に参考になるのではないかと指摘されている。

### 【参考文献】

浦祖興『當代中国政治制度』（中国語）上海人民出版社、1990 年
許崇徳他監修『憲法学（第 2 版）』（中国語）北京大学出版社、1994 年
金太軍他『中央與地方政府関係建構與協調』（中国語）広東人民出版社、2005 年
熊文釗『大国地方──中国中央與地方関係憲政研究』（中国語）北京大学、2005 年
胡偉『政府過程』（中国語）浙江人民出版社、1998 年
謝慶奎『中国地方政府体制概論』（中国語）中国廣播電視出版社、1998 年
朱光磊『当代中国政府過程（第三版）』（中国語）天津人民出版社、2008 年
朱国斌『中国憲法與政治制度』（中国語）法律出版社、1997 年
詹姆斯・汤森『中国政治』（中国語）江苏人民出版社、1994 年
張緊跟『當代中国政府間関係導論』（中国語）社会科学文献出版社、2009 年
張文禮『當代中国地方政府』（中国語）南開大学出版社、2009 年
楊小雲『新中国国家結構形式研究』（中国語）中国社会科学出版社、2004 年

# 第12章

# 民族問題と対応策

王 元

## 1．中国民族地図の形成

### (1) γ（型）構造

中国における人口の地理的不均衡を表すため、1931年に胡煥庸は「黒河－騰衝線」を提唱した。筆者は、2007年に「γ（型）構造」を提唱し「黒河－騰衝線」に補足した。「γ構造」は、中国の山や川の地形や気候などの特徴から、青海・チベット（青蔵）高原の北部と東部の縁および燕山、太行山と大興安嶺の山や川を境に、地理的に中国を東部、北部と西部の3つの地域に分けるものである。3つの地域はそれぞれ中国の国土面積の約45％、30％、25％を占める。しかし、これらの各地域における人口密度は大きく異なる。9割以上の人口はγ構造の東部に集中し、西部の主要部分である青海とチベットの人口は合わせても800万人しかなく、総人口の0.63％を占めるにすぎない。

中国の歴史と文化はγ構造の影響を強く受けており、民族地図の形成も同様である（図1）。

「γ構造」の東部は、東アジアの中心に位置し、国土面積の約4割強を占め、地理的には、北部部分との間は、万里の長城および600mm降水量ラインとほぼ一致する。この東部地域は、海抜が低く平坦で、山や川などの地理的な障害が少なく、交通が発達しており、交流に有利であった。一方、民族性からみると、儒教化された後、民族の活力が部分的に失われた。

図 1　中国の「γ 構造」
出所：筆者作成。

　γ 構造の北部地域は、民族の変遷が比較的激しい地域であり、新たな民族の誕生と消失または再構築が繰り返された。γ 構造の北部地域は、人口は比較的少ないが、その民族性は剽悍、尚武であり、活力に満ちている。温暖期に人口が増加すると、この地域の民族は突然勃興し、東部に対して多大な脅威をなし、場合によっては中原に侵入し、東部を一挙に征服して支配者になった。

　γ 構造の西部地域は「世界の屋根」と呼ばれる青海・チベット高原で、物産が豊かではなく、人口密度は低く、1 年の半分が冬であるため、そこに住む人びとは活動的ではない。地域の主要民族であるチベット族は少数民族の中で血縁と言語が漢民族と比較的近い民族であるが、3 つの地域の主要民族の中では中原に対するかかわりの度合いが最も低い民族である。この地域の物質・世俗文化は全体的に進化のスピードが比較的遅いが、宗教的な領域は比較的発達していて、歴史上東部との文化上の交流も大半が宗教と関連するものであった。

　青海・チベット高原は現在でも土地が広大で人口が少ない。総人口は

1000万人前後である。その内訳は、2つの一級行政区(チベット自治区と青海省)の人口が約863万人(青海563万人、チベット300万人)、それに四川省と甘粛省に属する部分を加え、合計約1000万人で、そのうち、チベット族は630万人近くである。

地理的な境以外に、3つの地域は民族的な境をもなした。3つの地域の辺境地域は往々にして民族性が最も豊かな地域でもある。実際、中国の56の民族の大半はそのような辺境地域に位置する。特に、γ構造の東部と西部の間に位置する四川盆地および雲南・貴州高原は、「γ構造の根」といえる。「根部」地域は3つの地域の特徴の集積地としての特徴を持ち、「諸民族の溜まり場」といえる。

中国の民族構造を形成する要因はさまざまであるが、γ構造はその根本的な原因の1つであり、長期にわたって中国の民族地図の形成に大きな影響を与えた。

民族とは、文字、言語、文化、生産様式と生活様式などに基づく共同体である。民族の融合と分化は、どの地域にも見られる現象である。分化のテンポが融合の速度を超えると、新たな分化が生じ、新しい民族が誕生する可能性がある。融合のスピードが分化の速度を超えると、民族は統合に向かい、融合に向かう。γ構造の東部地域は融合のテンポが比較的に速く、地域の一体化の程度も高い。特に、共通の文字と言語、生産と生活様式は中核的な役割を果たし、長い時間をかけて、1つの民族を形成した。γ構造の他の2つの地域の状況はこの東部地域とは対照的であるといえる。この2つの地域は、分化と融合の均衡状態を保ち、民族構成が安定するときもあれば、分化の速度が速まり、新たな民族が生まれるときもある。漢民族地域の内部、山岳地帯にもこのような現象が存在するが、この2つの地域ほど顕著ではない。

(2) 漢民族の形成

多くの民族の形成とは異なり、中国における最大の民族である漢民族は、血縁を基礎に形成されたのではなく、多くのエスニックグループの融合によって形成されたものである。現代中国の人口の9割以上は、秦の始皇帝が中国を統一したときに樹立した秦王朝の領土に居住している。中国の人口の9割以上を占める漢民族は基本的に、この土地で生活する多くの民族の長い交流と融合を経て形成されたものである。この2つの「9割以上」は高度に

重なり合い、ともに「γ構造」の東部に属する。
　漢民族の形成は大まかに、漢字、漢語、漢人の３つの段階を経た。
　最初の漢字は、甲骨の上に刻まれた甲骨文字であり、殷人（すなわち商人。東夷の一部）によって創られたものである。その後、周囲の国々によって条約の締結に用いられ、さらに一般社会に広がり、法律やさまざまな契約に用いられた。西周の時代に至ると、漢字が普及した。このプロセスの中で、各国は絶えず新しい漢字を創った。戦国時代になると、書体が複雑で使用が不便との問題が生じた。秦の始皇帝が中国を統一した後、小篆に漢字を統一した。篆書体は、現在でも使われている漢字の中で最も古い書体である。
　甲骨文字時代に至る前、中国大陸の東西南北にそれぞれ大きなエスニックグループが存在していた。すなわち、東の東夷（低地人）、中西部の諸夏、南の百越、北のツングースである。この４つのエスニックグループのうち、まず、諸夏と東夷の間の交流は、黄河の中下流地域で原始漢民族の礎を築いた。諸夏を中心に原始的な国家が形成され、その後の歴代王朝に継承された。東夷は大量の人口と文化を提供した。以後、諸夏と東夷が交替し、時には共同で早期の国家をつくった。地理的条件に恵まれていたため、東夷と百越は人口が多く、原始漢民族の形成に大量の人口を提供した。
　漢字が統一されると、漢語の統一が加速された。漢王朝では、各地の漢語は基本的に統一された。三国時代に至ると、戦争が頻発し、民衆は統一のメリットを痛感した。魏、蜀、呉三国の人びとはそれぞれ「漢朝人」のアイデンティティを強めた。およそこの頃、「漢人」は民族的概念として昇華し、漢民族として基本的に形成された。前・後漢の500年にわたる統一と平和は、γ構造の東部地域の各民族の融合のプロセスを加速させ、漢民族の形成に決定的な役割を果たした。
　元王朝はさらに強制的に他の多くの民族を「漢人」にした。元は民族の四分法を実行し、元に帰属する前後の順序によって中国人を４ランクに分け、自分のことを「モンゴル人」、西域の各民族を「色目人」、北方の各民族を「漢人」、南方の漢民族を「南人」とした。その結果、長江の北側の漢民族以外の多くの民族も強制的に「漢人」にされた。元の時代、中国を支配するため、モンゴル人は、モンゴル族を全国各地に派遣して軍事、政治と行政を行なわざるをえなかった。元末の反元の嵐の中で、モンゴル人は集結して各地の蜂起を抑えようとしたが失敗した。その後は大半が北方の砂漠に撤退

し、各地に取り残されたのは少数であった。他方、清末の状況はこれと完全に異なった。アヘン戦争後、満州族と漢民族などの中国の各民族はまず力を合わせて列強に対抗し、そして協力して太平天国、捻軍および陝西・甘粛の回民蜂起に対応した。辛亥革命で清王朝が崩壊したときには、満州族と漢民族の両民族は大きな民族的対立に発展することなく清の皇帝の退位を実現した。そのため、満州族はそのまま全国各地にとどまることができた。

　文化を中心に形成された漢民族は民族性が比較的薄く、中国が歴史上「文化ありて民族なし」といわれるのもこのためである。また、これも漢民族が時として少数民族の長期支配を容認する根本的な原因である。元末など一部の特殊な時期においてのみ、漢民族のナショナリズムが「普通」の水準にまで高まった。

## 2．中国の民族事情

### （1）中国の民族事情の特徴

　中国は多民族国家であるが、漢民族が絶対的多数（約92％）を占め、多くの単一民族国家の民族構成と似ている。異なるのは、一部の人口の多い少数民族、たとえばチワン（壮）族は世界の他の地域であれば小さくない国家をなすことができる規模であることである（表1）。また一部の少数民族、たとえばチベット族は、人口は多くないが、広大な地域に分散している。

　漢民族は血縁を基礎に形成されたものではなく、多くのエスニックグループの融合で形成されたものである。一般的に、民族は人口と居住範囲の拡大のプロセスをたどるが、漢民族のこのプロセスは顕著ではない。現代中国人口の9割以上は、秦の始皇帝が中国を統一して樹立した秦朝の領土に居住している。この状況は2000年以上も続いた。

　民族の境界ははっきりしているわけではない。たとえば、客家人は少数民族であると見られる向きもあるが、しかし、客家人こそ、歴史上王朝の崩壊で戦乱を避けるために中原地域から南の各地に逃げた「老舗の漢民族」とされている。回族の多くは漢民族と混合して居住しているため、外見上は漢民族と大差がなく、イスラム教を信奉する漢民族と見られることもある。多くは明確に区分けすることができず、一部は他の比較的近い民族に区分けされた。最大の少数民族であるチワン族も漢民族との差は大きくない。

表1　中国人口十大民族

|  | 　 | 全国 | 1,339,760,869 人 | 100% | 人口順 |
|---|---|---|---|---|---|
| 1000万級 | | 漢民族 | 1,220,844,520 人 | 91.51% | 1 |
| | | チワン（壮）族 | 16,926,381 人 | 1.26% | 2 |
| | | 回族 | 10,586,087 人 | 0.79% | 3 |
| | | 満州族 | 10,387,958 人 | 0.78% | 4 − |
| | | ウイグル族 | 10,069,346 人 | 0.75% | 5 + |
| 800万級 | | ミャオ（苗）族 | 9,426,007 人 | 0.70% | 6 |
| | | イ（彝）族 | 8,714,393 人 | 0.65% | 7 |
| | | トゥチャ（土家）族 | 8,353,912 人 | 0.62% | 8 |
| 500万級 | | チベット族 | 6,282,187 人 | 0.47% | 9 + |
| | | モンゴル族 | 5,981,840 人 | 0.45% | 10 |
| 参考 | | 朝鮮族 | 1,830,929 人 | 0.14% | 14 − |

備考：「＋」は人口が大幅に増加し順位が上がった民族；「−」は人口が減少に転じ順位が下がった民族。
出所：第6回国勢調査の結果により筆者作成。

融合と分化は同時進行で、融合が主流であるが、新しい民族の出現も排除できない。中国は国土が広く、人口が多いため、民族の境界線上（単純に地理的境界とは限らない）では分化が激しい。たとえば、トゥチャ（土家）族は周辺が漢民族に囲まれた環境に居住している。

### （2）民族識別の作業

民族政策の制定と実施に科学的根拠を提供するため、中国国家民族事務委員会の指導と組織の下で民族識別が行なわれた。この作業は全国の人口調査と同時に行なわれ、これまでに4つの段階をたどってきた（表2）。

第1段階の民族識別では、多くの少数民族が自分の民族属性を公表し、1953年まで、400以上の民族名が登録された。そのうちの200以上に対して研究分析した結果、モンゴル族、回族、チベット族、満州族、ウイグル族、ミャオ（苗）族、イ（彝）族、チワン族、朝鮮族などの38の少数民族が政府によって認定された。これで98％以上の人口の民族性が確定された。その後の作業はおもに精査で、パーセンテージに対する影響は大きくない。

第2段階の民族識別では、残りの183民族名を1つひとつ研究分析した結果、新たに15の少数民族が認定された。民族の数が54まで増加した。さら

表2　中国民族識別作業の4つの段階

| 段階 | 期間 | 主要な内容 | 結果 |
|---|---|---|---|
| 第1段階 | 1949～1954年（第1回全国国勢調査） | 多くの民族名を登録した。そのうちの200以上に対して研究分析した結果、38の少数民族が認定された。 | 98%以上の人口の民族性を初めて確定した。 |
| 第2段階 | 1954～1964年（第2回全国国勢調査） | 新たに15の少数民族が認定された。さらに74のエスニックグループを53の少数民族に画した。 | 民族の数が54まで増加した。民族間の曖昧だった境界線が初めて明確になった。 |
| 第3段階 | 1965～1982年（第3回全国国勢調査） | 1965年にローバ族が認定された。1979年にジーヌオ族が認定された。 | 民族の数が現在の56まで増加した。民族識別作業の大部分が完成した。 |
| 第4段階 | 1982年～（第4回全国国勢調査） | 民族属性の回復、改訂と一部のエスニックグループの現存民族への統合・画定作業が中心。 | 1200万人以上の民族属性の回復、改訂が行なわれた。 |

出所：筆者作成。

に74の自称エスニックグループを53の少数民族に画した。これで民族間の曖昧だった境界線が初めて明確になった。

　第3段階の民族識別では、1965年にローバ族（チベット）が認定され、1979年にジーヌオ族（雲南）が認定された。

　第4段階の民族識別は、民族属性の回復、改訂と一部のエスニックグループの現存民族への統合・画定作業が中心であった。細分作業が進められ、1200万人以上の民族属性の回復・改訂が行なわれた。民族間の境界線がさらに明確になった。

　これまで民族識別の作業は大きな成果をあげたが、中国の民族事情の複雑性から、現在に至っても少数の人口が民族未識別となっている。第5回人口調査のときには民族未識別人口は72万人であったが、第6回人口調査のときは64万人に減少した。これらは、民族学上のさらなる研究と精査を待つことになる。

## 3．主な少数民族が現在直面する問題

　現在中国の少数民族問題にはおもに「両大両小」（2つの大きな問題と2つ

の比較的小さい問題）があるといわれる。すなわち、チベット族とウイグル族という2つの比較的大きくて困難な問題と、モンゴル族と回族という2つの比較的小さくて基本的に穏やかな問題である。それ以外には、最近、満州族の文化保存問題も比較的注目されている。

### （1）チベット族

　**民族構成**：チベット高原の原住民と古代の羌人（チャン族）、吐谷渾（タングート）などの氏族、部族との融合で形成された民族である。人口は、チベット自治区とそれ以外の地域に住むチベット族を合わせて、合計628万2187人（2010年）で、中国の諸民族の中で9番目に位置する。現在、チベット自治区および2つのチベット族自治州、2つのチベット族自治県を持つ。おもにチベット自治区と青海省に生活し、言語は、漢語・チベット語族チベット・ビルマ語派のチベット語を用いる。信仰はチベット仏教（ラマ教）である（一部は土着のボン教を信仰している）。チベット族は中国の唐、元、明、清各王朝といずれも関係を持った。1950年代にようやく封建農奴制が廃止された。現在、630万人のチベット族は、246万人がチベット自治区、230万人が青海省、150万人が四川省、甘粛省と雲南省などの地域で生活している。なお、この630万人のチベット族のうち24万人ほどは、実際は異なるが民族識別のためチベット族に分類されたものが含まれている。

　**近年の出来事**：2008年3月14日、チベット区域に「三・一四騒乱」が発生した。暴徒は市民や店、車などを襲撃し、18人の市民が死亡した。また、2008年北京オリンピックの前、亡命組織チベット青年会は亡命したチベット人を組織して多数の国で「聖火リレー」に対して妨害工作を行なった。

　チベットの特殊な宗教事情は民族問題をさらに複雑化させた。ダライラマは1959年にインドに亡命し、インドのダラムサラでダライラマをはじめとする亡命政府をつくった。ダライラマは長年亡命しているが、チベットの宗教的リーダーの地位を保っている。

　中国政府は基本的に、ダライラマ14世が生きている間にはチベット問題を解決することは困難だと認識し、ポストダライラマ14世での解決を目指している。近年、インド、ネパールなどの国もチベット問題では中国政府に協力的である。ダライラマ側も比較的抑制的で、中国政府との対話を模索している。生活が困窮しているため、ダラムサラへのチベット人の人口移動は

急激に減少している。

　ダライラマ側によれば、チベット族が求めているのは「高度な自治」である。しかし、中国政府は、ダライラマ側のいう「高度な自治」は今後事実上の独立に向かう危険があると認識している。また、青海・チベット高原とその周辺を含む「グレート・チベット」の人口はチベット族の人口の3倍にのぼり、その大半は、ダライラマ側のいう「高度な自治」に関心を示さない。

　近年、チベット自治区の観光業と商業の発展のスピードは速く、ラサは中国の一大国際観光都市となっている。今後、チベット鉄道の開通がこの地域の経済と文化の発展に大きな役割を発揮するであろう。

（2）ウイグル族

　民族構成：起源は古代中国北方の「回紇」であり、「安史の乱」の際に唐を助けた後、「回鶻」と改称した。後に地域の他の北方民族との戦争で敗れて、新疆に移住した。その後、現地のさまざまな民族と融合して現在のウイグル族を形成した。言語は、アルタイ語系突厥語種のウイグル語である。多くはイスラム教を信仰している。主な居住地域の天山南部は清代には「回疆」「回部」と称された。ウイグル族は現在おもに新疆ウイグル自治区に居住している。人口は合計1006万9346人（2010年）で、中国の諸民族の中で5番目に位置する。

　近年の出来事：現在の中国における民族問題では、ウイグル族問題の解決が最も困難で複雑である。2009年には大規模な衝突が起きている。すなわち、ウルムチで発生した「七・五騒乱」である。騒乱のきっかけは、広東省韶関市に起きた市民同士の衝突で2人のウイグル族が死亡した事件である。事件後、ウイグル族はウルムチ市街に出てデモを行ない、デモが次第に漢民族を主な標的とする暴力事件に発展し、さらに数百人の漢民族が警察およびウイグル族との衝突を引き起こした。この騒乱で少なくとも197人が犠牲になり、大量の車両、建物が破壊された。チベットとウイグル地域の騒乱の余波は現在も続いている。2014年3月1日、雲南省昆明駅で8人の男女が凶器を持って通行人を襲った事件は、ウイグル族のイスラム教徒がかかわっていたと報じられている。

　ウイグル族問題は大変複雑で、この地域の文化と歴史的問題にかかわっている。ウイグル族の中には、新疆ウイグル自治区内における漢民族人口の増

加に不満を持つ人がいる。また、漢民族が勤勉に働き、経営に長け、新疆経済の命脈を掌握したのも１つの原因である。ウイグル族と漢民族は、言語、仕事、経済利益などの面で不一致が存在するのみならず、宗教、倫理、道徳など価値観における相違も著しい。

　一部のウイグル族が分離主義的傾向を持つ根本的な原因は、新疆の宗教が中央アジア各国と密接な関係を持つことにある。歴史上、東トルキスタン建国の試みがあった。最近は国際テロ組織と関係を持つようになり、勢力を盛り返す兆を見せている。中国政府は新疆独立に対し強硬な姿勢をとっている。

　新疆は、中国が中央アジアに通じる要所であり、近年中国経済の発展が最も著しい地域の１つであり、その生活水準は周辺地域よりも高い。チベットと異なり、新疆の交通は比較的便利であるため、北京、上海、広州をはじめ大都市におけるウイグル族の人は非常に多く、漢民族との間の人的、物質的交流が非常に活発である。

### （３）回族

　**民族構成**：回族は歴史上「回回」「回民」と呼ばれていた。回族の主体部分は、長期にわたって中央アジアや西アジアの各地から貿易のために中国に移住し、他の民族を吸収して形成されたものである。現在の人口は合計1058万6087人（2010年）で、中国の諸民族の中で３番目に位置する。寧夏回族自治区および２つの回族自治州、６つの回族自治県を持つ。

　回族はおもに漢民族と混合して居住し、漢語を話し、多くがイスラム教を信仰する。回族の民族的属性は長期にわたって不明確で、イスラム教を信仰する漢民族も「回民」と呼ばれることがある。中国の全国各地に清真飯店（イスラム系のレストラン）があり、主な大学にも専門の清真食堂（イスラム食堂）がある。

　回族は、清末の混乱に乗じて、イスラム国家をつくろうと試みた。「陝甘（陝西省・甘粛省）回乱」（1862～1873年）の際、回民はイスラム教の宗教指導者に率いられ、中国でイスラム国家を樹立しようとした。混乱の中で、回族と漢民族は、陝西省、甘粛省で互いに殺し合い、この地域の人口の激減をもたらした。暴動の後、極端な宗教勢力が異教徒を粛清して国家を分裂させるような事態を避けるため、清王朝は降伏した陝西省・甘粛省の回民を西部各地に分散して移住させた。そのため、回族の居住地がさらに分散することに

なった。

　中華人民共和国建国後、甘粛省と内モンゴルの一部から構成される寧夏回族自治区が成立した。建国後、回族と漢民族や他の民族との間の衝突が大幅に減少した。近年生じた問題は、おもに宗教に起因する生活習慣における摩擦である。

　現在、寧夏回族自治区の情勢は総じて安定しているが、寧夏回族自治区の経済は貴州省とともに中国における最貧困の一級行政区に属する。

### （4）モンゴル族

　**民族構成**：モンゴル族は、元王朝を樹立したことがあり、多民族国家中国の境域の基礎を形作った。モンゴル族の多くは、チベット仏教を信仰する。アルタイ語系突厥語種のモンゴル語を使用する。内モンゴル自治区、および2つのモンゴル自治州、7つの自治県を持つ。

　モンゴル族は元来遊牧民族で、固定された住居を持たなかったが、現在は定住するのが一般的である。モンゴル国（外モンゴル）ではロシア化が進められ、言語・文字を含め民族文化の一部が失われたのに対し、内モンゴル自治区ではモンゴル族の民族文化が概ね保持されている。台湾（中華民国）は一貫してモンゴル国（外モンゴル）の独立を認めていない。台湾の中国地図は外モンゴルを中国の一部として描いている。

　改革開放後、内モンゴルの経済は急速に発展し、最近、オルドスの「鬼城」（ゴーストタウン）が中国のバブル経済の象徴として報道された。内モンゴル自治区の生活水準もモンゴル国より高い。一方、過度な経済開発は、砂嵐などの環境問題を激化させたといわれている。

　現在、内モンゴル地域の情勢は総じて安定している。

### （5）満州族

　**民族構成**：東北地方に起源を持ち、「女真」を主体に他の各民族を吸収して形成された民族である。清王朝を樹立し、国を支配するため、満州族は河北や中国の各大・中都市に分散した。言語は、アルタイ語系満－ツングース語種の満語であるが、現在は基本的に使用せず、漢語を使用する。自治区を持たず、東北を中心に10の自治県を持つ。元と比較して、清の民族政策は成功を収めた。中国を支配する清の政治文化、知恵と知識はよく歴史家から

の賞賛を得ている。清の皇帝は漢民族の皇帝より勤勉に政治を行ない、清は、中国歴史上のどの王朝にも劣らない。これは、アヘン戦争や太平天国、捻軍の際に漢民族のエリートが清を支持した根本的な原因である。すなわち、中国文化を守ることが漢民族を守ることに勝ったのである。曾国藩と李鴻章は同じ漢民族の太平天国と捻軍を鎮圧した。日清戦争後、このような見方に180度の変化が生じた。国民革命では、革命党は満州族排除を提唱し、「駆逐韃虜」のスローガンを掲げた。ここでいう「韃虜」はすなわち満州族である。

清が滅亡したときの反満排満の時代の流れのなかで、多くの満州族は名前、民族を隠した。中華民国初期にも反満の勢いがあったが、それはおもに、一部の満州族の皇族が日本に協力して傀儡国の満州国をつくったことに対する不満である。中華人民共和国の時代になると、排満の風潮はなくなったが、満州族の人びとは一貫して比較的慎重であり、組織的な活動も少なかった。1980年代末頃から、満州族は組織的な活動を開始し、21世紀に入ってから次第に活動が活発になった。しかし、活発な活動は依然としておもに文化芸術領域に限られている。

中原に入ったばかりの時期に、清は再三にわたって、満州族に対し自らの民族の特徴を保つよう命令を下した（たとえば、纏足してはならないなど）が、長期にわたる共同生活のなかで、満州族はすでに漢民族との違いをほとんど失くしていた。現在の満州族と漢民族の民族間の違いは極めて小さく、満州族の民族文化は消滅の危機に瀕している。

1990年代以降、中国政府の号令で、満語保護運動が起こり、現在は満語学校、大学の満語学科があり、ネット上には満州族の民族文化に関する記録、資料が多く存在する。ただし、このような努力にもかかわらず、満州族の人口が過度に全国各地に分散し、基本的に漢民族に融合されたため、文化の保存が民族の保存につながるかどうかは未知数である。満州族は267年にわたって中国を支配する過程で、基本的に漢民族化した。これも中国民族事情を代表する事例の1つであろう。なお、教育水準が高いため、朝鮮族などとともに大学入学試験における優遇政策を受けていない。

## 4．中国の民族政策

### (1) 中国の民族問題の困難さ

　国土が広いが、人口が多いため、一人当たりの資源が少なく、あらゆる地域と民族に対して一様に配慮することは困難であろう。そのため、各民族間にはさまざまな利益の面で競合的な関係性が生じる。国家全体の発展水準が低く、優遇政策の施策も制限を受けざるをえない。

　民族の居住の集中度が高いことも不利な要因である。民族間のコミュニケーションを困難にしている。中国の各民族人口の居住の特徴はいわゆる「小聚居大雑居」といわれる。すなわち、欧米と異なり、中国の各民族は大半が集中居住の形式をとっている（小聚居）。ただし、これら各集中居住地の間に他の民族の集中居住点がある。したがって、さらに大きな範囲で見れば、各民族は混合して居住（大雑居）しているということがいえる。同様に、漢民族地域にも多くの少数民族が混合して居住している。この20年ほど、混合・分散居住している少数民族人口が急速に増加し、各民族が混合・分散居住している県や市がますます増えている。

　国家の規模が巨大なため、ここでいう「小聚居」は相対的な表現である。いくつかの少数民族の聚居の度合いは高い。たとえば、チベット自治区ではチベット族の人口は9割以上を占め、自治区内は基本的に単一民族である。ただし、青海・チベット高原は極端に面積が広く人口が少ないため、狭義の「聚居」の程度は高くない。天山南部のウイグル族の集中居住の度合いも高い。そして新疆ウイグル自治区の漢民族人口も4割強を占め、内モンゴル自治区、広西チワン族自治区、寧夏回族自治区の漢民族人口が少数民族の総人口よりも多い。

　一部の少数民族地域の人口は過疎の現象が深刻である。日本にもいわゆる過疎地域があるが、その度合いは中国のそれとは比べものにならない。たとえば、チベット族の居住地域の平均海抜は4500ｍ（富士山より高い）の青海・チベット高原であり、面積が広く人口が少なく、わずかな谷間や平地に辛うじて居住、生活できるのみである。広大な土地にわずかな人口しか居住していないため、教育を発展させることも大変困難である。一般的に村落は小さく、村落間の距離も大変遠いため、小学校を設けるのも困難である。村落に小学校がなければ、その上の中学校、高校、さらに大学への進学は考えられ

ない。

　宗教問題にも手を焼いている。中国の伝統文化は世俗を重視し、宗教的な色彩が薄い。ただし、中国は歴史上、仏教、イスラム教とキリスト教を含む世界の主要な宗教を受け入れてきた。一方、中国は数千年にわたる専制主義的な伝統を持ち、宗教の過激な部分に対する警戒感が強い。中国の一部の少数民族は、その民族のほとんどが特定の宗教を信仰する。ウイグル族のイスラム教は、長期にわたる発展を経て比較的穏健になったが、ウイグル地域は過激な宗教勢力が浸透している中央アジアと地理的に隣接するため、その影響を受けて近年過激になる勢力も生まれている。イスラム過激派勢力は中央アジア諸国政府の頭痛の種となっているが、中国に対する影響も次第に顕著になってきている。

　現代中国社会の流動性が大幅に加速し、社会的圧力が増大し、さまざまな格差が拡大し、種々の社会矛盾と利益衝突が生じやすい。このような時期は、民族問題が誘発されやすい時期でもある。

　最後は、発展方向の問題である。近代化に対する各民族の見解に異なるところがある。特に、環境問題を伴う開発、文化遺産の保存、長期的利益と短期的利益との調整などの問題に関しては、模索しながら協議を通して解決していくしかない。

### （2）民族自治

　過去の一世紀にわたって、中国の民族自治は困難な道をたどってきた。中国の知識人は、当初、連邦制と民族自決の原則に従って新しい国家を樹立する考えを持ち、共産党の指導者である毛沢東もそのための論文を書いたことがあった。しかし、後に長征によって徒歩で多くの少数民族地域を歩き、中国の少数民族問題に対して異なる思考を持つようになり、当初の考えを基本的に放棄した。その後、地域によって民族自治を行なう思想が次第に形成された。しかし、文化大革命の期間にこの考えと政策は大きな影響を受け、民族自治制度がままならなくなったが、1978年の改革開放以降ようやく徐々に回復された。

　民族自治区の設立は一般的に、現地の民族関係、経済発展状況などに基づき、歴史的な事情を参考にしたものである。ここでいう民族関係とは、おもに民族構成、民族人口と民族の分布を指す。一般的に、ある地域に居住する

少数民族の人口が当該地域の総人口の30%に達すれば、自治区域設立の申請を提出することができる。この原則に従って、現在、内モンゴル、新疆、チベット、広西、寧夏という5つの少数民族自治区（一級行政区）、30の少数民族自治州と120の少数民族自治県（旗）が設けられている。

民族自治地方の自治機関は、当該地方の各民族が自らの言語と文字を使用し発展させる自由を保障する。民族自治地方の自治機関は職務を執行するとき、当該民族自治地方の自治条例の定めに従い、当該地域で通用する一種類または数種類の言語と文字を使用する。同時に複数種類の言語・文字を使用して職務を遂行する場合、区域自治を実施する民族の言語・文字を中心とすることができる。

少数民族の学生が多数を占める学校（クラス）やその他の教育機構は、条件があれば少数民族文字のテキストを使用し、かつ少数民族の言語で授業を行なう。

信仰の自由も中国民族自治の重要な内容の1つである。中国の少数民族は大半が宗教的信仰を持つ。一部の民族は特定の宗教を信仰する。たとえば、チベット族の民衆はチベット仏教を信仰している。複数の少数民族が同じ宗教を信仰するケースもある。たとえば、10ほどの少数民族がイスラム教を信仰している。現在、中国各地にイスラム系の寺院は3万カ所ある。チベットでは、チベット仏教の宗教活動場所は1700カ所以上ある。

少数民族の文化習慣は尊重されている。少数民族は服飾、飲食、儀式、居住、婚姻、葬式など多くの面で自らの習慣を持つ。国家は少数民族の習慣を尊重し、少数民族が自民族の習慣を保ちまたは改革する権利を保護する。たとえば、少数民族の飲食習慣を尊重している。上述のように、中国各地にイスラム系のレストランがあり、イスラム教徒の学生がいる大学には必ずイスラム食堂が設けられている。

文化大革命の時期には、少数民族の婚姻習慣を尊重しないことがあった。たとえば、一夫一妻制ではない民族地域で一夫一妻制を強制することもあったが、現在は基本的にその慣習に任せている。中国政府は、マスメディアにおいて少数民族の習慣を侵害するような記事（用語）がないように特に配慮している。台湾や香港で今でも使用されている少数民族に対する差別的な用語は、中国大陸では早い時期から禁止されている。ただし、近年インターネットの普及に伴い一部の差別用語が復活の兆しを見せている。

## （3）少数民族優遇政策

中国の少数民族優遇政策は、国家が音頭をとって民族間の事実上の不平等を調整するための重要な国策である。政治、経済、文化と教育等の領域に多岐にわたり、民族平等と民族団結において大きな役割を果たしている。

民族自治区域内の人民代表の選出について、中国の選挙法は、少数民族に対する優遇措置を規定している。たとえば、「居住地域内の同一の少数民族の総人口が15％未満の場合、一人の代表が代表する人口は、当該地域の一人の人民代表が代表する人口数よりいくらか少なくてもよいが、2分の1より少なくなってはならない」「居住地域内の同一の少数民族の総人口が15％以上30％未満の場合、一人の代表が代表する人口は、当該地域の一人の人民代表が代表する人口数よりいくらか少なくてもよいが、この少数民族に割り当てる代表の数は代表総数の30％を超えてはならない」などの規定がある。

中国政府は積極的に少数民族の教育事業を支援している。少数民族自治地域が自主的に民族教育を発展させる権利を尊重し、民族言語による教育と双語（当該民族の言語と漢語）教育を重視し、少数民族の教師育成を強化し、経費の面で特別な配慮を与え、内地省市による少数民族地域の教育に対する支援を積極的に行なう。そのほかには、民族大学の設立を行なったり、一部の教育後進の民族地域で一般大学への合格ラインを下げたり、別枠を設けたりするなどして少数民族の学生をできる限り多く進学させている。

少数民族の文化を繁栄させる政策に関しては、国家は少数民族の文化発展を手伝い、助成し、民族文化芸術団体をつくり、少数民族の文化芸術者を育成し、民族文化芸術作品の創作を促す。中国の第一級の芸術家の中で、少数民族出身者の比率は漢民族出身者よりはるかに高い。

## （4）民族登録

中国の民族は長い歴史の中で形成されたもので、民族と民族の間の境界線は明確ではなく、民族識別に困難をもたらす。そのため、識別困難なグループを「未識別民族」に分類している。民族未識別者の居民身分証の「民族」項目には「未識別民族」と記入されている。

中国は民族の中の集団の要求を尊重し、一般的な登録方法に異議があれば、通常、注釈をつける方法をとる。すなわち、政府が認定する民族の名称に対して、本人が異なる意見を持ち自らの称号を用いたい場合に、本人の要求に

応じて民族名の後ろに注を付け加える方法である。たとえば、「チベット族（白馬人）」や、「苗族（革家）」という方法である。すでに省、自治区と直轄市から少数民族として認定されているものの、単一の少数民族かある少数民族の一部かまだ定かではない場合は、「〇〇人」（たとえば僜人）と記入することができる。現在、穿青人は漢民族と認定されているが、本人に異議があれば、身分証に「穿青」あるいは「穿青人」との注釈をつけることができる。

一方、後戻りするケースもある。開封のユダヤ人に対する対応はその一例である。開封には古代ユダヤ人の末裔（かつての共産党の指導者である劉少奇はその一人であるといわれる）が存在するが、彼らはすでに長らくユダヤ人の習慣や宗教儀式に従わず、かつ多くの世代の通婚を通して、彼らの外見も完全に漢民族化され、その民族的系譜を確認することは極めて困難である。開封のユダヤ人は最近代表を北京に送り中国の少数民族の1つとして申請をしたが、認可されなかったばかりでなく、以前の注釈も取り消された。その原因は、開封のユダヤ人は中国内外の民族学の専門家の認可を得ることができなかったからだといわれている。

民族登録は少数民族優遇政策の施策における根拠になるため、一部の漢民族がそれを悪用し少数民族として登録する例がしばしば指摘される。これは少数民族人口の不自然な増加の1つの原因であると思われる。

### （5）少数民族人口の増加

漢民族と比較して、少数民族の人口は大幅な増加を見せた。人口比のこのような変化には、いくつかの要因がある。その1つは、人口抑制政策はおもに漢民族に対して実施され、少数民族の習慣を尊重するために少数民族地域での実施は厳しくなかった。実際、いわゆる一人っ子政策の実施においても、いくつかのレベルがあった。大都会は最も厳しく、中小都市はその次で、農村はさらに緩く、少数民族地域では基本的に実施されなかった。

1950年代から1980年代までにおける人口の増加はおもに自然増加である。1959～1961年の飢饉はおもに漢民族地域（特に人口大省の河南、安徽など）で発生し、少数民族地域に対する影響は漢民族地域ほど大きくなかった。しかし、1964年第2回国勢調査の統計から見れば、1953年比で漢民族の増加率は19.6％であるのに対し、少数民族の増加率は13.31％で、総人口に占める率は6％以下（5.76％）となっている。これはおそらく、1920年代から戦争

表3 中国民族人口の増加（漢民族と少数民族の比較）

| 国勢調査 | 全国 | | 漢民族 | | | 少数民族 | | |
|---|---|---|---|---|---|---|---|---|
| | 総人口 | 増加率(%) | 人口 | 増加率(%) | 総人口比(%) | 人口 | 増加率(%) | 総人口比(%) |
| 第1回(1953) | 582,603,417 | | 547,283,057 | | 93.94 | 35,320,360 | | 6.06 |
| 第2回(1964) | 694,580,000 | 19.22 | 654,560,000 | 19.60 | 94.24 | 40,020,000 | 13.31 | 5.76 |
| 第3回(1982) | 1,003,913,927 | 44.54 | 936,674,944 | 43.10 | 93.30 | 67,245,090 | 68.03 | 6.70 |
| 第4回(1990) | 1,130,510,638 | 12.61 | 1,039,187,548 | 10.94 | 91.59 | 91,323,090 | 35.81 | 8.41 / 6.91 |
| 第5回(2000) | 1,245,110,826 | 10.13 | 1,159,400,000 | 11.22 | 91.54 | 105,337,818 | 16.70 | 8.46 / 7.18 |
| 第6回(2010) | 1,339,724,852 | 7.59 | 1,225,932,641 | 5.70 | 91.51 | 113,792,211 | 8.03 | 8.49 / 7.85 |

（注）少数民族の総人口比欄の右側の数値（6.91, 7.18, 7.85）は「増加率を16.7%で固定した場合の推算値」。

出所：中国の第1回～第6回国勢調査の結果により筆者作成。最新の報道では、2013年末の人口は13億6072万となっている。

が長く続き、漢民族地域が激戦地であったため、人口の増加が抑えられたことへの反動であると思われる。この時期の人口増加のもう1つの原因は民族識別に由来する。たとえば、当初283.7万のトゥチャ族人口はこの時期に認定されたものである。それにもかかわらず、1960年代から1970年代前半までのベビーブームにより、漢民族地域は少数民族地域より人口増加率が高い。また、教育水準が高い地域の少数民族の増加率は、相対的には低い現象が見られる。現に朝鮮族の人口増加率はマイナスとなっている。

1970年代末からおもに漢民族地域で人口抑制政策が厳しく実施された結果、少数民族地域の人口増加が漢民族地域より多い傾向が見られる（表3）。少数民族優遇政策と少数民族居住地域の生活環境の改善も少なからず影響したと思われる。

しかし、自然増加の速度で考えればこの比率は不自然である。一部の少数民族の人口が短期間で倍増している。たとえば、満州族の人口は1982年から1990年までの8年の間に倍増した。これは明らかに正常ではない。満州族人口の急激な増加は、1980年代以降の満州族の生活環境の大幅な改善と関連するもので、それまでに自分の民族を隠してきた満州族出身者がその

民族の身分を回復したのである。また、登録と統計的な要因も無視できない。特に少数民族優遇政策を受けるため漢民族が少数民族として登録する例が多く見られる。

　筆者の推測では、2010年現在の時点で少数民族の実際の人口の全国人口に占める率は依然8％以下である。これは、中国の人口統計からも推計できる。1953～1964年の11年間、少数民族人口の増加率は13.31％であり、1990～2000年は16.7％である。この16.7％のうち、上述した非正常な増加も含まれているため、10年間の少数民族人口の増加率は16.7％以下であると推測できる。仮に10年間の自然増加率が16.7％であるとすれば、現在少数民族の人口は1億687万4267人になり、2010年の全国人口に占める率は7.85％前後になる。このように、少数民族の実際の人口が全国人口に占める率は8％以下であるといえるだろう。

　それにもかかわらず、登録と統計は副次的な要因であり、少数民族人口の大幅な増加は確かである。これは少数民族優遇政策および生活状況が大幅に改善した結果であるというべきである。

【参考文献】
浦興祖編『中华人民共和国政治制度』（中国語）上海人民出版社、2005年
王元編著『現代中国の軌跡』白帝社、2007年
熊達雲『法制度からみる現代中国の統治機構——その支配の実態と課題』明石書店、2014年
毛里和子『現代中国政治〔第3版〕——グローバル・パワーの肖像』名古屋大学出版会、2012年
中华人民共和国国家统计局（中国語　http://www.stats.gov.cn/tjsj/tjgb/rkpcgb/qgrkpcgb/）

# 第13章

# 中国の環境問題と対策

周建中

## はじめに

　環境問題とは、大気・水・土地・森林や草原など、人間とその他の生き物が生存する環境が、人間の自然資源に対する非合理的な利用と廃棄物の排出によって汚染され、あるいは劣化、破壊されて、人間自身と生物の生存が脅かされる問題である。

　具体的にいうと、現在の世界的に深刻な大気汚染問題と酸性雨問題、農薬や重金属などによる農地土壌汚染問題と地下水・河川・海の汚染問題、人口・土地・水不足問題と農地・森林や草原の砂漠化問題、地球温暖化によるとされる干ばつや洪水などが頻発する気候変動・異常気象問題など、さまざまな問題がある。

　本章では中国の環境保全担当政府部署、組織機構、関連法令と、大気汚染問題が発生する地理・気候環境の特徴を概説したうえ、中国における諸環境問題のなかで最も深刻な大気汚染問題および、その対策についてまとめた。

## 1. 中国の環境保全担当政府部署、組織機構、関連法令

### （1）中国政府環境保護部（省）と地方組織、機構

　中国の環境保全関係業務を総合的に担当している政府部署は、中央政府である中華人民共和国国務院に所属する各部（省）・委員会の1つである環境

表1　直属事業機関リスト

環境保護部環境応急および事故調査センター
環境保護部機関サービスセンター
中国環境科学研究院
中国環境観測総站
中日友好環境保全センター
中国環境報社
中国環境出版社
環境保護部原子力および放射安全センター
環境保護部南京環境科学研究所
環境保護部華南環境科学研究所
環境保護部環境計画院
環境保護部環境工程評価センター
環境保護部北京会議および研修基地
環境保護部興城環境管理研究センター
環境保護部北戴河環境技術交流センター

表2　出先機関リスト

環境保護部華北環境保護督査センター
環境保護部東北環境保護督査センター
環境保護部西南環境保護督査センター
環境保護部華東環境保護督査センター
環境保護部華南環境保護督査センター
環境保護部西北環境保護督査センター
環境保護部四川原子力および輻射安全監督センター
環境保護部北方原子力および輻射安全監督センター
環境保護部広東原子力および輻射安全監督センター
環境保護部上海原子力および輻射安全監督センター
環境保護部西北原子力および輻射安全監督センター
環境保護部東北原子力および輻射安全監督センター

保護部（省）である。

　環境問題は幅広く、さまざまな分野がかかわっているため、関係する国務院の他の部（省）との連携を取って対策が行なわれる。なお、全国各大地域に監督査察センターなどの出先機関も設置されている（表1・2）。

　地方では、一級行政区である直轄市・省・自治区政府から、二級行政区の地区・市・自治州政府（地区級）、三級行政区の県・市・区政府に至るまで各級地方政府に所属する環境保護局および、これに属する環境保護監察隊などが設置されている。環境保護部、その出先機関と上級環境保護局の業務指導を受けて、企業などに対する指導監督・査察と、環境関連違法行為の取締り

表3　中国環境保護事業と組織の沿革

| 年 | 沿革 |
|---|---|
| 1972年 | ストックホルム「第一期国連人類環境会議」に中国も参加 |
| 1972年 | 北京官庁ダム保護弁公室設立、全国DDT生産使用禁止法律公布 |
| 1973年 | 国家城郷環境建設部所属環境保護弁公室設立 |
| 1982年 | 国家城郷環境建設部所属環境保護局に昇格 |
| 1988年 | 国務院直属副部級国家環境保護局に昇格 |
| 1998年 | 国務院直属正部級国家環境保護総局に昇格 |
| 2008年 | 国家環境保護部に昇格 |

を行ない、環境汚染犯罪案件を検察司法機関に引き渡す業務を担当する。

しかし、各級地方環境保護局の人事・財政は各級地方政府の管轄のため、地方政府の影響力が大きい。

#### (2) 中国環境保護部（省）の組織と業務

1978年からのここ30数年来、中国において、急速な経済発展が遂げられてきたが、これに伴う環境問題も深刻化しつつあった。表3を見ると、環境問題に対処するために、国の環境保全担当部署が比較的早い段階で（先進国である日本の環境庁は1971年に設置され、2001年環境省に改組された）設立され、そして次第に強化されてきたことがわかる。

現在の国家環境保護部部長は陳吉寧氏、その他副部長は5人である。環境保護部は15の司（局）および直轄部門、出先機関（表1・2）から構成されている。これら司（局）の中に、さらにそれぞれの細分化された業務を担当する処（課）・研究室の部門が設置されている（表4・5）。また、研究、広報、宣伝教育などを担当する所属事業団体・機構がある（表6・7）。

#### (3) 主な環境保護関連法令

環境保護関連法令は中国全国人民代表大会（日本の国会に相当）、あるいはその常務委員会が制定、採択する。主な法律には循環型経済促進法、省エネルギー法、環境保護法、大気汚染防止法、水汚染防止法、防砂治砂法、環境騒音汚染防止法、石炭法、環境影響評価法、水法、草原法、クリーン生産促進法、固体廃棄物環境汚染防止法がある。

表4　中国環境保護部の主な職責・業務（要約）

1. 環境保全関連政策・計画、法律・法規、各種基準・技術規範の策定・制定、実施の監督。
2. 重大環境汚染・破壊事件と紛争の調査・処理の調整、地方政府への応急処理・予報警報業務の指導、重点流域・地域・海域汚染防止業務と海洋環境保全業務の調整指導監督。
3. 汚染排出総量規制制度・許可証制度・規制指標の制定と実施の監督、各地削減指標の達成状況の査察監督、環境保全指標責任制度と排出総量削減考課の実施と結果の公表。
4. 固定資産の投資規模・方向性、国の財政資金の使途にかかる意見の提出、事業の審査・認可、循環型経済と環境保全産業の発展の指導促進、気候変動対応業務の参加など。
5. 経済技術政策・発展計画・経済発展の大規模で重要な計画に対する環境影響評価の実施、重要な開発地域・プロジェクトに関する環境影響評価文書の審査・認可など。
6. 水域、大気、土壌、騒音、光害、悪臭、固形廃棄物、化学品、自動車などの汚染防止管理制度の制定・計画・実施、飲料水水源地環境保全業務の監督・管理など。
7. 生態保全計画の制定と業務の指導・調整・監督。天然資源の開発・利用などの監督、自然保護区・野生動植物・湿地の保護と環境保全、砂漠化防止業務の調整・監督など。
8. 原子力安全と放射安全の監督管理。政策・企画・標準の制定、原子力事故応急処理への参加、放射環境事故応急処理の担当。施設の安全、技術の応用、汚染予防の監督管理。
9. 環境モニタリング制度と規範の制定、状況調査・評価・予測・警告の実施、国家環境モニタリング・ネットワークと全国環境情報ネットワークの建設・管理、情報公表など。
10. 環境保護科技活動を行ない、科学研究と環境技術システム建設の促進。
11. 環境保護における国際協力・交流の参加など。
12. 環境保護宣伝教育活動の組織・指導など。
13. その他の国務院による事項の実施。

第13章　中国の環境問題と対策

表5　環境保護部（省）内各業務担当部門である司（局）リスト

| 司（局）名称 | 主な担当業務、職責 |
|---|---|
| 環境保護部弁公庁 | 部機関の政務に対する総合調整および監督・検査 |
| 環境保護部規劃財務司 | 環境保全分野における区画・計画の編成、インフラの整備 |
| 環境保護部政策法規司 | 環境保全に関する法律・行政法規・経済政策基本制度整備 |
| 環境保護部行政体制与人事司 | 幹部・人材のキャパシティビルディングおよび行政体制改革など |
| 環境保護部科技標準司 | 環境保全科学技術の発展・技術進歩の推進 |
| 環境保護部汚染物排出総量控制司 | 国の排出削減目標の達成 |
| 環境保護部環境影響評価司 | 環境汚染および生態破壊を発生源から予防・抑制する |
| 環境保護部環境監測司 | 環境モニタリング管理および環境質・生態状況に関する情報公開 |
| 環境保護部汚染防治司 | 環境汚染防止に対する監督・管理および環境情勢の分析研究 |
| 環境保護部自然生態保護司 | 生態保全業務の指導・調整・監督 |
| 環境保護部原子力安全管理司 | 原子力安全および放射線安全の監督・管理 |
| 環境保護部環境監察局 | 重大な環境問題に対する統一調整および法律執行の監督・検査 |
| 環境保護部国際合作司 | 環境保全分野国際協力交流、対外連絡、国の環境権益の守護 |
| 環境保護部宣伝教育司 | 環境保全広報・啓発の組織・指導・調整、エゴ文明の構築促進 |
| 環境保護部直属機関党委 | 部機関の党の業務、北京駐在出先・直属機関の党の業務の指導 |

表6　社会団体リスト

中国環境科学学会
中国環境保護産業協会
中華環境保護基金会
中国環境文化促進会
中国環境ジャーナリスト協会
中華環保連合会

表7　情報出版とwebサイト

中国環境年鑑
中国環境統計年報
中国環境状況広報
全国環境統計広報
中国環境報
webサイト「中国環保網」など多数

その他国務院が制定する行政法規・条例、国務院に所属する国家発展改革委員会・環境保護部・国家林業総局・気象局・国土資源部など関係省庁が制定する通知・意見・規則などが多数ある。

地方一級行政地区の人民代表大会あるいはその常務委員会が地方条例を制定する。

## 2．中国地理環境の特徴

### （1）地理、地形、河川分布の特徴

中国はアジア大陸の東部に位置し、その国土は面積が約960万km²で、日本の25倍以上、世界三位の広さであり、東西5200km、南北5500kmにわたる。図1は、濃い色の平均標高4000m以上の世界で最も海抜高度が高い青海・チベット（青蔵）高原から太平洋側東シナ海沿海へ3段階の高度の地形分布特徴を示したものである。北西内陸に山脈・高原・砂漠・ステップ・盆地などが広く分布し、標高の低い南東部沿岸地域に平野が多く分布する。主な河川は南部を流れる長さ6300kmの長江（揚子江ともいう）と、北部5430kmの黄河である。

### （2）気候分布の特徴、日本との違い

気候は、夏季は太平洋から大陸に向かって湿った暖かい風が吹き、冬季は逆に大陸から太平洋へ乾いた寒冷な空気が流れるという季節風が顕著な大陸性気候である。雨がおもに4～9月の暖かい時期に降り、平均年間降水量は南東部沿岸地域では1500mm以上、国土の約半分を占める北西内陸は500mm以下、50mm以下のところもある。冬季を中心に乾燥寒冷で、春先は風が強く、空中に埃が舞い上がりやすい。一方、日本は暖かい黒潮などが流れる海に囲まれており、年間降水量は豊富で、自然環境に恵まれている。

### （3）人口と都市分布の特徴

2014年末現在の中国の人口は14億近くで、日本の10倍以上、世界の約5分の1である。図2に見られるように、人口の9割は図1で示される標高の低い、比較的温暖で降水量が多い南東部、沿岸地域に住み、大都市と産業の多くもこの地域に分布する。特に北方の華北平原の渤海湾に臨む海および

第13章 中国の環境問題と対策

**図1 中国地形略図**
出所：baiduをもとに作成。

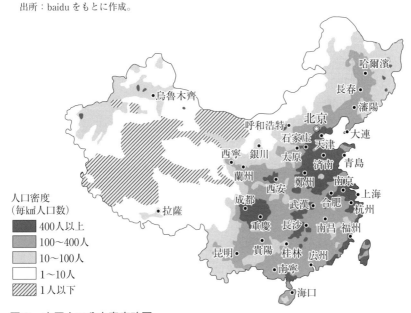

**図2 中国人口分布密度略図**
出所：baiduをもとに作成。

河川の沿岸に北京・天津、長江デルタ付近に上海・蘇州・杭州、南部の珠江デルタ付近に広州・深圳・香港など著名な大都市が分布して、中国主要の三大人口・都市と産業密集地域を形成している。

## 3．中国における大気汚染問題の現状と対策

### （1）PM2.5について

近年、話題となっている「PM2.5」のPMとは、英語 particulate matter の略で、「微粒子状物質」の意味である。2.5は大きさ2.5μm（2.5マイクロメートル、2.5ミクロンとも、記号μは100万分の1なので、2.5mmの1000分の1、0.0025mm、髪の毛の太さの40分の1ぐらいだといわれる）の略である。現在よくいわれる「PM2.5」とは、大気中に浮遊している粒径2.5μm以下のすべてのエアロゾル（固体または液体の微粒子）のことである。

その中身は黄砂や火山灰、花粉など太古からあった自然由来のものもあれば、人間の経済活動によって発生する大気汚染物質もある。PM2.5には元素周期表のほぼすべての元素、1万種以上の有機物、100種以上の無機化合物、あるいは単体（硫酸塩、硝酸塩、アンモニア塩、黒色炭素、重金属など）が含まれるといわれている。

大気中のPMは、発生機構からさらに一次粒子と二次生成粒子に分類される。

一次生成粒子は自然界から飛散する黄砂・砂嵐・火山灰・土壌、工事現場の粉じん・タイヤ粉じん・花粉など、または発電所・工場や暖房などによる石炭や石油の燃焼などから発生する煙・粉じんなど直接大気中に放出されるもので、粗大粒子が多い。普通、滞空時間は数分から数時間で、数km～数十kmと移動する距離は短く、水溶性・吸湿性が低い。

二次生成粒子は自動車とディーゼルエンジンの排気ガス、石炭や石油の燃焼および鉱物原材料の高温処理から出る気体物質が大気中へ放出された後、太陽光の中の紫外線を受けて化学変化が生じて生成されたオキシダントという酸化性の強いものであり、微小粒子が多い。滞空時間は数日から数週間で、数百～数千kmを移動するといわれる。水溶性、吸湿性、凝集性、潮解性が高いものが多い。人間活動により発生する微粒子はこの二次生成微粒子の方が多い。

微粒子状物質、特に二次生成微粒子が非常に高い濃度に達すると光化学スモッグが発生する。スモッグにはPM2.5とPM10などのほかに、一酸化炭素（CO）、二酸化硫黄（$SO_2$）、窒素酸化物（NOX）、アンモニア（$NH_3$）、揮発性有機物（VOCS）などの気体も含まれている。スモッグが発生すると空はどんより暗くなり、交通網などに影響を及ぼす視程障害と健康への被害をもたらす。

また、大気中の硫黄酸化物、窒素酸化物などの汚染物質を取り込んだ雨が酸性雨になり、森林や湖沼、アルカリ性でない土地に降下して、水や土壌の酸性化と植生の生育阻害をもたらすため、生態系、農業および人間の健康にも影響を及ぼす。

大気中浮遊微粒子はほぼPM60以下だといわれるが、PM2.5は人間の肺胞にまで到達しやすいため、有害物質は呼吸器や循環器などへの悪影響が大きいと考えられている。PM2.5はアメリカで1990年代後半から用いられ始め、以後世界の多くの地域で大きさ$10\mu m$以下のPM10とともに大気汚染の指標とされている。特にPM2.5はPM10より小さな物質が多く、健康への懸念から、近年注目の的となってきた。

PM2.5の濃度は大気汚染の度合いを測る指標である。PM2.5濃度の単位である$\mu g/m^3$は$1m^3$（立方メートル）の空気に含まれるPM2.5の重さであり、$1\mu g/m^3$であれば$1m^3$の空気に1000分の1mgのPM2.5が含まれることを表す。

PM2.5は中国・インド・中近東・北アフリカなど、世界の広い地域において濃度が高い。

### （２）中国の環境空気基準

中国における国家環境空気質基準であるGB3095にはおもに次の表８・９の２通りがある（1982年に設定した全浮遊粒子状物質$100\mu m$以下というTSP基準もある）。2016年から新基準が施行されることになっている。

なお、長い間、中国政府の環境部署はおもに一酸化炭素（CO）、二酸化硫黄（$SO_2$）、二酸化窒素（$NO_2$）などと、PM10のモニタリングデータによるAQI（Air Quality Index）という大気質指数（Ⅰ級の緑色は優、Ⅱ級の黄色は良、Ⅲ級の橙色は軽度汚染、Ⅳ級の赤色は中度汚染、Ⅴ級の紫色は重度汚染、Ⅵの赤褐色は厳重汚染という6等級）を公表してきた。新たにPM2.5濃度（日平均）を加

表 8  PM 10 の場合（1996 年改定、主要 76 都市以外の地域で現行）

| 一級（都市部） | 二級（半農半牧畜地域） | 三級（農業や林業地域） |
|---|---|---|
| 24 時間平均 0.05 mg/㎥<br>(50 μg/㎥)<br>年平均 0.04 mg/㎥<br>(40 μg/㎥) | 24 時間平均 0.15 mg/㎥<br>(150 μg/㎥)<br>年平均 0.1 mg/㎥<br>(100 μg/㎥) | 24 時間平均 0.25 mg/㎥<br>(250 μg/㎥)<br>年平均 0.15 mg/㎥<br>(150 μg/㎥) |

2009 年政府発表の「中国環境状況公報」では全都市中で PM 10 の二級基準を達成した都市が 84.3％であった。

表 9  PM 10、PM 2.5 の場合（2012 年改定、主要 161 の都市で適用、2016 年 1 月 1 日全域で施行予定）

|  | 一級 | 二級 |
|---|---|---|
| PM 10 | 24 時間平均 50 μg/㎥<br>年平均 40 μg/㎥ | 24 時間平均 150 μg/㎥<br>年平均 70 μg/㎥ |
| PM 2.5 | 24 時間平均 35 μg/㎥<br>年平均 15 μg/㎥ | 24 時間平均 75 μg/㎥<br>年平均 35 μg/㎥ |

えて 2016 年度から全国施行することとなった。

PM 10 と PM 2.5 は国内全域対象と規定されている。なお、この基準は北京・上海など 76 の主要都市では 2012 年末から前倒しで適用されている。

現在、中国は 161 の都市で新しい空気質基準の PM 2.5 数値を測定しているが、この都市数は発展途上国の中では最多である。

日本における PM 2.5 の環境基準（2009 年環境省告示）は、1 年平均値が 15 μg/㎥以下であり、1 日平均値が 35 μg/㎥以下である。2016 年から、一級レベルでの PM 2.5 基準は日本と同様になる。

（3）大気汚染の現状

①近年の広範囲における高濃度 PM 2.5 などによるスモッグの頻発

ここ 30 数年来、中国は経済的な急成長を遂げてきたが、それとともに、大気環境への汚染も蓄積されてきた。特にここ 10 年来、北京・天津、上海、広州・深圳など中国主要人口と産業密集地域でスモッグの発生した日数が年間の 3 分の 1、半分を超える地区もあった。

2011 年 1 月、北京にある中国人民大学法学院と市民・環境研究センターが「2010 年国内外 30 都市の大気環境質評価結果」を発表して、中国は世界

第 13 章　中国の環境問題と対策

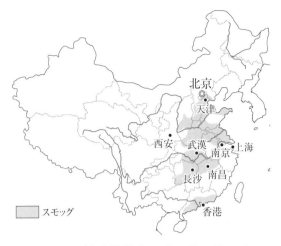

図3　スモッグ発生予想（2013年1月13日14時〜1月14日14時）
出所：中国中央気象台、2013年1月13日10時発表

的にPM2.5汚染の最も深刻な地域の1つだと指摘し、これまでにPM2.5関連データを公表していない、と国の大気環境質モニタリングを批判した。また、同年10月後半、在北京のアメリカ大使館が高い濃度のPM2.5実測データを公表した。人びとが大気汚染の深刻な状況と健康などへの影響を懸念し、ネットなどを通じて、世論から質疑・疑念などの不満が高まって、政府関係部署は苦しい立場に置かれた。その後ますます深刻な大気汚染が発生してきた。

2011年12月15日発表の環境保護部「国家環境保護第12次5カ年規画の印刷配布に関する通達」において、大気汚染について、二酸化炭素および酸性雨については横ばいであるものの、粒子状物質、二酸化硫黄濃度などについては2005〜2006年頃をピークにして、概ねわずかな改善傾向が見られるが、PM2.5については都市部を中心に深刻化しているとした。

特に2013年以降、スモッグの発生率の高さ、及ぶ範囲の広さ、汚染の深刻さはすべて、かつてないレベルに達した。図3は2013年1月7〜13日の期間に中国の人口・産業が密集する広い地域に深刻なスモッグが発生した日数を示すものである。

中国科学院大気物理研究所のモニタリングデータによると、北京・天津と

周辺の河北省あたりでは、2013年1月、最も深刻な大気汚染が5回にわたり発生し、北京市で晴天が見られたのはわずか4日間だけだった。北京市街地区PM2.5濃度は国の環境空気質基準の2級レベル（75μg/㎥／1日、2016年施行予定の新基準）を超えた日数は22日あった。汚染が最も深刻だったのは1月12日で、河北省石家荘市のPM2.5濃度が660μg/㎥に達し、PM10濃度は天気の影響で1100μg/㎥に達していた。天津市でもPM2.5濃度が500μg/㎥、PM10濃度が700μg/㎥に達するなど、各地で基準をはるかに超えていた。北京より周辺の都市がひどく、それは唐山市、石家庄市などに大型石炭発電所が集中しているためであり、近年全国ワースト10汚染都市に、これら河北省の7都市がランクインしている。

なお、2013年1月29日に発生した深刻なスモッグは国土面積の130万㎢を占め、8億以上の人口に影響を及ぼした。スモッグが発生すると視程が悪くなるため、多くの小・中学校が休校となり、フライトのキャンセルが相次ぎ、高速道路は閉鎖され、路線バスも運行を一時停止した。

10月後半の北方地域の都市部団地スチーム暖房供給の初日（地区によって異なるが、瀋陽市の供給期間は11月1日～翌年3月31日）、東北地区の瀋陽、長春、ハルビン市にひどいスモッグが出現し、一部地域では視界が10mにも満たないほどだった。ハルビンのPM2.5は1000μg/㎥に達し、空気の質は最悪のレベルに達し、都市全体が「霧の都」となった。東北3省の交通は深刻な影響を受け、一部の都市交通は麻痺し、高速道路が封鎖され、病院では呼吸器疾患の患者が2割以上増加し、数千の学校が休校となった。

12月、まれに見る広範囲のスモッグが中国半分以上の面積を覆った。華北から東南沿岸部と、南西地区に至るまでの25の省、100余りの大・中都市がさまざまな程度のスモッグに襲われた。2013年の全国平均のスモッグ日数は29.9日で、例年同時期より10.3日多く、ここ52年間で最高の値となったといわれる。

2013年、全国74都市の大気の質基準達成平均日数はわずか221日で、60.5％であった。PM2.5の濃度年間平均値は72μg/㎥で、2級レベルの2.1倍となっている（中国の2級レベルは年平均35μg/㎥）。チベット高原にあるラサと、海南島にある海口、舟山諸島にある舟山の3都市だけが完全に基準内に収まっていた。

2014年2月20～26日、中国の中・東部の多くの地域でまたひどいスモッ

グが発生し、15の省、181万km²に及び、国土面積の約19％を占めた。その中でも大気汚染が比較的深刻な地域は98万km²以上あり、おもに北方の北京、河北、山西、山東、河南、遼寧の各省・直轄市に集中していた。大気汚染の主な汚染物はPM2.5とPM10で、河北省の邢台市、石家荘市と、北京のPM2.5の1時間当たりの濃度は500μg/m²を超えていた。2014年前半、新しい空気質基準を実施している161の都市のうち、わずか9の都市しか基準値に達していなかった。

なお、世界的に発展途上国では大気汚染が深刻化している。WHO（世界保健機関）が世界91カ国、1600余りの都市の大気汚染について2014年5月にまとめた報告書によれば、PM2.5の濃度が年間平均で最も高かったのはインドの首都ニューデリーだった。また高かった20の都市のうち、13がインドの都市であり、その他はパキスタンなどの都市であった。

②大気汚染による健康への影響

スモッグの中のPM2.5の汚染物質は肺胞まで入って健康に被害をもたらすが、粒径が0.5μm以下の粒子状物質は人体により深刻な被害をもたらし、粒径が小さいほど被害が深刻になると考えられている。粒径0.25〜0.50μmの粒子状物質の濃度の健康被害、特に心血管疾患リスクとの関係が最も顕著で、0.50μm以下の粒子状物質の濃度と健康リスクの間の関連性が高いといわれる。

2013年12月中国の学者陳竺氏と王金南氏が2007年の世界銀行および2009年のWHOのレポートに基づいて、国際医学界の権威ある雑誌『ランセット』に発表した論文中で、中国の室外大気汚染による毎年の死亡者数は35万〜50万人とした。しかし、同じく『ランセット』に発表された別の論文の中では、中国では2010年だけでPM2.5により120万人が死亡しているとしている。いずれにせよ、健康に大きな危害を与えるのは確かである。

同中華医学会会長、中国科学院（アカデミー）院士の陳竺氏は、大気汚染はすでに「中国人の健康を脅かす心臓病、食品リスク、喫煙に次ぐ第4の脅威」となっており、肺ガンは現在、「中国の悪性腫瘍による死の一番の元凶」と指摘している。

スモッグはおもに喘息、慢性肺疾患があるなど呼吸器が弱い者に影響を及ぼし、長期間持続するスモッグは呼吸器健康被害、心血管疾患の発病率を高

める。また、暖房期間が長い東北地方の瀋陽市での観察データによれば、スモッグの濃度が高いほど喘息などの発病率が高くなるわけではない。スモッグによる人体への危害は、まだ世界的に究明されていない。原因究明に必要な長期にわたる系統的調査データがなく、中国疾病予防控制センターではその監視測定を始めており、2015年に結果が出ることになっている。

③中国における大気汚染、発生したスモッグの類型と要因
　スモッグは石炭、石油燃料の大量消費により大量の汚染物質を含む微粒子が一定の気象条件のもとで地表付近に高濃度に凝集してできるもので、視程が悪くなり、健康に悪い公害である。ロンドン型とロサンゼルス型という2つのタイプに大別される。
　ロンドン型はイギリスのロンドンで1952年12月約1週間にわたり発生した4000人余りが命を落とした大気汚染事件「ロンドンスモッグ」に由来する。発電用や暖房用に石炭燃料がおもに使用され、また事件当時は風が弱く、気温が地表より上空の方が高い逆転層が形成されて大気が上空に拡散しにくくなったため、煙霧が地上付近に滞留蓄積して視程が非常に悪くなる高濃度のスモッグが発生したわけである。
　ロサンゼルス型は、1940～50年代に米国ロサンゼルスで発生した400人以上を死亡させた光化学スモッグに由来する。自動車排気ガスなどに含まれる炭化水素、窒素酸化物などが空中で強い太陽光線を受けて光化学反応が起こる。そして、それによって生じたオキシダント（酸性の強い物質）などが高濃度になってスモッグが発生する。ロンドン型より視程が比較的よく、白いスモッグとも呼ばれる。
　急速な経済発展につれて、中国は特にここ10年来電気の使用量と自動車台数が急増した（表10）。特に「イエローマーク車」という環境保護部門がイエローマークを発行した排ガスが多量・高濃度・不安定な検査基準以下の車（2009年末現在1400万台、老朽車が多い）の走行に伴って、大都市など人口と産業が密集する広い地域において、以前より深刻な大気汚染がたびたび発生し、発生日数は年間の3分の1、半分を超えるところもあった。
　北方地域では例年10月後半頃から翌年の早春まではスモッグがよく発生する時期である。安くて品質がよくないガソリンを使う自動車などの排気ガスの大量排出もあるが、この時期に発電所や家庭などで石炭の使用が急増

表10　中国、米国、日本の新車販売年間推移

(単位：万台)

| 年 | 中 国 | 米 国 | 日 本 |
|---|---|---|---|
| 2001 | 250 | 1700 | 600 |
| 2004 | 500 | 1700 | 600 |
| 2013 | 2199 | 1560 | 538 |

出所：中国《光明網》webサイト

するためである。また気候が寒冷乾燥のため、寒波の勢力が弱まっている間、上述の気象条件ができて、汚染物質が地表付近に蓄積が続き高濃度になって発生する。

　2013年、2014年の冬季に中国で発生したスモッグには、ロンドン型と、ロサンゼルス型スモッグの原因となった汚染物質と同様の物質が含まれ、さらに中国特有の砂嵐などのエアロゾルも混じっていた。中国混合型といってよいと思われる。2014年2月の調査結果によれば、PM2.5の発生源として、石炭が34％、自動車排気ガスが16％を占め、両者を合わせると50％に達した。残りの50％は、工業、外部からの流入、粉じん、飲食産業などから来るものだった。なお、北京市のPM2.5発生源は、自動車が25％、石炭が19％を占め、外部からの流入が19％を占めていた。

　北京・天津・河北省、珠江デルタ地帯、長江デルタ3地区の全国面積に対する割合は8％だが、全国の石炭量の43％を消費し、なかでも北京・天津・河北省が最も多い。北京市の年間石炭消費量は約2300万tで、天津市は約7000万t、河北省は約2億7000万tにのぼる。

　2000～2010年、大気汚染によるデメリットはGDPの6.5％、水質汚染は2.1％、土壌汚染は1.1％だったとされ、過去10年間、中国における環境汚染によるデメリットは毎年GDPの10％であり、日本や韓国の数倍で、アメリカもはるかに上回ったとされる。

　急速な経済発展、人口増加による石炭・石油などの化石燃料利用量の急増、非合理的産業構造とエネルギー構造が原因となるだけでなく、監視・管理の不足、違法汚染物質排出行為への法令の不備と執行不足および、長い間人びとの環境保全意識が希薄だったことも深刻な大気汚染が頻発する要因である。

## 4．大気汚染問題への対策

### （1）関連法規の整備と予算編成

　中国政府は2012年12月、「重点地域大気汚染防止第12次5カ年規画」を公布した直後、2013年1月から広範囲で深刻な大気汚染がたびたび発生したため、中央や地方政府が急ピッチで追加措置や、対策の強化と実施時期の前倒しなどを進めた。

　2013年9月、国務院が史上最も厳しいと言われる「大気汚染防止・制御行動計画」を公表し、これに基づいて、環境保護部は31の省・自治区・直轄市とそれぞれ大気汚染防止・制御責任書を締結した。

　環境保護部によれば、第12次5カ年規画（2011～2015年）期間中、全国の環境保護への支出は5兆元（2014年末現在1元約＝20円で換算すれば、約100兆円）を上回り、なかでも「大気汚染防止・制御行動計画」の実施後、大気汚染改善策への支出は1兆7000億元以上になる。

　2014年2月21日北京市で初の大気重度汚染橙色警報が発令され、147の企業に対する停・減産の措置がとられ、建設工事などが中止され、爆竹も禁止された。同3月1日中国初の大気汚染対策地方法規である「北京市大気汚染防止・制御条例」の実施が開始され、違反した企業などへの厳しい罰金の実施が始められた。

　2014年4月24日には改正された新しい「環境保護法」が公布された。

　現行の「大気汚染防止・制御法」は実施されてからすでに15年が経っているが、責任の所在が曖昧、法律の執行が不足、地域協力による汚染の予防・抑制に関する法的根拠の不足、経済的インセンティブがなく企業の汚染に対応するモチベーションが低いなどの問題が浮き彫りになり、改正が急務となってきた。2014年度の全国人民代表大会（以下、全人代）で、改正の議案が出された。2014年12月22日全人代常務委員会での初回審議にかけられ、罰金額最大50万元（1000万円）の上限を撤廃し、重大大気汚染事件を起こした企業などに最大損失額の3倍以上5倍以下の罰金を科す見通しとなった。改定案はネットなどで公表され、2015年1月29日まで全国規模で意見を求めている。

　2014年9月23日、環境法令の執行を強化するために、環境保護部が「環境監査と取り調べに関する規則」を公表した。環境保全部門の監査権限増強

と同時に厳しい問責責任も規定された。

### (2) その他の計画と措置

過剰生産能力解消と汚染防止のために、中国政府は5年以内に鉄鋼生産能力を8000万t圧縮する予定で、うち6000万tは河北省で行なわれる。北京や周辺の河北省の都市の汚染企業の操業停止、移転、ナンバー末尾数による走行制限などの措置がとられている。

燃料品質基準について国務院が2013年12月18日、「国Ｖ」ガソリンの国家基準を公布し、2018年1月1日から全国一律で「国Ｖ」基準対応ガソリンを供給すると発表した。

自動車の使用を抑え、大気の汚染を減らすために、全国の大都市で地下鉄や電車の発展に力を入れている。北京では13本の全長208.3kmの地下鉄路線が建設中であり、うちの4本が2014年末開通され、北京の地下鉄は527.23kmになった。北京の地下鉄は現在毎年60kmのスピードで伸びていて、毎日の乗客輸送量は1000万人を超えている。将来的に北京・天津・周辺河北省地域の一体化を目指している。

北京市はさらに年内に新エネルギーとグリーンエネルギーによる路線バスを新たに3009台増やす。いまは全路線バスの3分の1に当たる6224台を保有しているが、2017年末までに第五環状道路内（市街地）の路線バスを全部これにする。

石炭燃料使用による大気汚染は石油・天然ガスなどより多く、アメリカの石炭燃料発電量は全発電量の40％を占めるのに対し、中国のそれはまだ79％を占め、発電と暖房用燃料種類構成の転換が急務である。

現在、北京・上海・広州など人口密集地域の大気汚染を減らすために、これら大都市周辺における大型石炭発電所を閉鎖し、天然ガスなどの利用のほかに、人口密度が低い内モンゴルなど内陸石炭埋蔵豊富地域からの石炭の輸送を改め、現地火力発電所から電気を北京などの地域に長距離送電する「西電東送」の国家プロジェクトが実施され、2014年末、内モンゴル中部において山東省省都済南市までの初の長距離超高圧送電線建設工事が始められた。内モンゴルでは2020年までに12本のこのような送電線が完成される予定である。

また、電力産業の脱硫装置、脱硝システム、大気モニタリング機器の製造

などの大気汚染防止対策に必要な数千億元規模の産業リンケージが生まれる。

中国における1978〜2011年のGDP成長率は平均年9.9％であったが、近年は減少して、2014年は7.4％であった。2015年早々、北京や上海、青海省にある黄河・長江の源流地域などでは、地方政府責任者の審査評定におけるGDPの成長率が外され、環境などとバランスの取れた業績全般が評定の対象になる動きが広まった。行き過ぎた経済成長率の増加を求める傾向を抑え、環境保全を優先する措置だといわれる。

### (3) グリーンエネルギー事業の発展

石炭など汚染物質放出の多い燃料の使用を抑えるために、グリーンエネルギー事業の発展に大いに力を入れている。

水力発電（世界一の発電量を持つ三峡ダム水力発電所がある）に力を入れる。長江上流部に発電量が三峡ダムに匹敵し、規模が中国第二、第三となるダムを建設中である。

内モンゴルや甘粛省、新疆など広大な内陸部に行けば、至るところに太陽光発電パネルや風力発電プロペラの森が目に入る。それぞれの発電量は世界トップであり、太陽光発電パネルの輸出で貿易摩擦を引き起こしている。

原子力発電事業は、建設中の27個の原子炉が世界のすべての建設中の数の40％を占めている。

2014年「中米気候変動に関する共同声明」において中国は二酸化炭素の排出量を2030年頃をピークとして削減し、同時に非化石エネルギーによる一次エネルギーの占める消費比重を20％前後に引き上げると宣言した。

中国の天然ガス開発事業も発展しているが、資源大国のロシアとの間で2018年度からロシアから30年間、最大年間輸入量は380億㎥、合計4000億ドル分の天然ガスを輸入する契約が結ばれた。

資源豊富なシェールガスの商業的生産が始まっている。

また、メタンハイドレートは30年後のグリーンエネルギー資源としての期待が高い。

### (4) 到達目標とその実現の可能性

2013年9月国務院公表の「大気汚染防止・制御行動計画」では、2017年までに、全国の地区クラス（三級行政区）以上の都市の粒子状物質濃度を

2012年比10％以上削減し、大気の質が「優良」な日数を年々増加させ、北京・天津・河北地区、長江デルタ地帯、珠江デルタ地帯などの地域のPM2.5濃度をそれぞれ25％、20％、15％程度削減し、なかでも北京市のPM2.5の年平均濃度を60μg/㎥程度にし、今後5年以内に全国の大気の質の全体的改善に努めるとしている。不可能との見方があるが、必ず実現してみせるとの意志表明もある。

2014年11月北京APEC（アジア太平洋経済協力会議）などの期間中、大気汚染対策として車の乗り入れ規制と一部工場の操業停止などの特別措置がとられ、北京に青空が広がった。しかし、会議の後、特別措置が解除され、再びスモッグが戻った。これはネット上で「APECブルー」と揶揄された。しかし、これによって難しいが強力な措置を取れば実現できることがわかった。

中国国家統計局のデータによれば、中国におけるエネルギー消費（発電、暖房用など）構成の中の石炭の占める割合は2006年の71.1％から2013年には66％にまで減り、同時に水力発電・原子力発電・風力発電の占める割合は6.7％から9.8％に増えた。中国におけるグリーンエネルギー事業発展の努力は初歩的な成果が得られた。

上述の2009年現在の1400万台の「イエローマーク車」がもし当時すべて廃止されていたら、自動車による一酸化炭素排出量の70％、揮発性炭化水素排出量の70％、窒素酸化物排出量の61％、微粒子排出量の76％を減らすことができたはずだといわれている。

自動車排ガスという急速に増えてきた大気汚染発生源、特に窒素酸化物の排出を抑えるために、中国はより厳格なEUの大気汚染基準を導入し、これの強制的執行が始められた。2012年現在の上記「イエローマーク車」の3分の1は2015年末までに廃止され、その後の2017年末までにこうした車のすべてが廃止されることになっている。これを施行するための政府補助金額は210億〜420億ドルになるといわれる。

中国においては、できるだけ速く使用量の多い住宅と商業暖房用石炭燃料を天然ガスに転換することが、都市など人口密集地域における、特に冬季暖房期間における大気の大幅な改善を短期間中に実現できる最も効果的急務であるといわれている。

中国政府の環境汚染対策の投資総額は2009年の5258.4億元から2013

年の9516.5億元にまで増えている。そのうち、都市部における燃料用ガスへの設備投資額は2009年の219.2億元から2013年の607.9億元にまで、177％増加した。

　石炭、鉄鋼、自動車、セメント、化学工業など産業とエネルギー構造の改善、法の執行への監査管理強化など、国を挙げて行なえばこれから5年間で効果が出るのではないかとの見方がある。

【参考文献】

大野木昇司・稲田健治・中根哲也・高橋智子「環境問題」一般社団法人中国研究所編『中国年鑑2014』毎日新聞社、2014年
王躍思・王莉莉「大気霾汚染来源影响与调控」（中国語）『新華文摘』18号、人民出版社、2014年
張春侠・高原・劉玉晨「スモッグを退治し、青空を取り戻そう」『人民中国』雑誌社、2014年5月号
光明網（www.gmw.cn/）
人民日報・海外版、2014年1月18日／9月4日／9月24日／11月29日、2015年1月26日
人民網・日本語版、2013年、2014年（people.com.cn）
新浪網（www.sina.com.cn/）
中国環保網（www.chinaenvironment.com/）
日中友好環境保護センターHP（http://www.zhb.gov.cn/japan）

第14章

# 少子高齢化社会の到来と
# 社会保障対策

沈 潔

　2013年末までに中国の60歳以上の高齢者人口は2億243万人に達し、総人口の14.9％を占めるまでになった（中国の高齢者の定義は60歳以上である）。80歳以上の高齢者も2300万人を超え、今後、年間100万人ずつのペースで増加すると予測されている。

　一方、16～59歳の労働力人口は減少し始めた。2011年には、9億4000万人という過去最高水準に到達したが、2012年から減少に転じ、9億3900万人になった。2013年にはさらに減少し、9億3600万人となり、今後も労働力人口が減少し続けるという予測がある。これらのことから、経済活動に対する人口ボーナスが消失していくであろうと予測できる。

　高齢者の増加と労働力人口の減少により、社会的な扶養圧力が高まっている。2012年の社会的扶養率は44.62％（低年齢者扶養率23.96％、高齢者扶養率20.66％）となり、2013年には1.32ポイント上昇し、45.94％になった。

　しかし、先進国では一人当たりのGDPが1万ドルを超えてから高齢化社会に入ったが、中国では高齢化社会に突入した2000年の時点での一人当たりのGDPは1000ドルの水準にすぎなかった。「未富先老」（豊かになる前に老いる）というのが中国の特徴といわれている。一方、中国のGDPは、2004年以降、年10％超の成長率を記録した。リーマンショックにより、近年の高成長は減速したが、2013年まで7.5％の成長率を維持してきた。つまり、急速な高齢化は、急速な経済成長とともに進んでいたといえる。中国では、「邊富邊老」（豊かになりながら老いていく）という特徴もある。

以上のような少子高齢化の現状を踏まえれば、高齢社会の到来に備えるため、社会保障制度の改革は喫緊の課題であるといえる。

## 1．少子高齢化対策としての年金改革

近年、少子高齢化対策としての年金改革が加速された。年金改革のトピックの中で最も注目されたのは、年金改革のグランドデザインに関する議論と企業年金税制度の規範化だと思われる。

### （1）年金改革のグランドデザイン

改革開放後の中国の年金改革は、「石を叩いて渡る」（模着石頭過河）という漸進的な方法で進められてきた。漸進的な年金改革は、社会安定を維持することに効果を発揮したが、政治情勢が変動する度に年金制度改革が行なわれたため、構造的な不備が30年後の今日において露呈されるようになった。近年、整合性が取れた社会保障制度のグランドデザインが求められるようになり、国内外でこれに関する提案が絶えず提起されてきた。以下では、特に提起したい2つの構想案についてみていきたい。

まず、2013年初頭に開発途上国の年金制度改革の支援を行なってきた世界銀行が発表した『中国年金制度ビジョン』（*China's Pension System: A Vision* 以下、「年金制度ビジョン」）を紹介する。この「年金制度ビジョン」の主な趣旨は、中国の現行の年金体制の運営を確認するとともに、中長期における年金改革の課題およびビジョンを提示し、改革の方向性を明示するものである。主な内容は、中国年金制度の概況に対する分析、中長期の年金改革プラン、年金改革に伴うリスクの分析から構成される。

「年金制度ビジョン」において提示された新しい構想は以下のとおりである。

第1は、現行の都市住民社会年金および新型農民社会年金を統廃合し、老齢期に貧困に陥ることを防ぐための「公民基礎年金」制度を構築することである。この構想の基本は、65歳以上の都市および農村の貧困高齢者を対象として、拠出義務なしで資格審査するシステムである。給付水準は社会救助（生活保護）の給付水準よりやや高く設定し、尊厳ある老後の基本生活を保障する。その財源は国家財政から賄われる。

第2は、現行の賦課方式の社会プールと積立方式の個人口座を統合し、「名義口座」（Transitional NDC）を設けて、分散されていた従業者基本年金や公務員年金および都市住民社会年金などを統一し、「社会保障基本年金」制度を設けることである。これは、各企業や公共機関、外資企業、個人企業などに雇用された正規労働者または非正規労働者をカバーし、強制加入で確定拠出年金および確定給付年金の掛け金を徴収している国家によって運営されている公的年金を拡大する構想である。この改革は、現行年金制度における農民工（都会に出稼ぎに行く農民）や正規労働者および公務員の間の格差を緩和させる意図を持っている。

　第3は、非正規労働者の主婦や農民工および学生などを対象とするものである。これは近年導入された任意参加の都市住民社会年金および新型農民社会年金制度を立て直し、もう一本の公的年金制度として立ち上げるものである。従来の任意参加から強制加入に切り換え、個人納付の保険料により「名義口座」に積立て、年金給付するときに一定比率の税負担を求めるような組み合わせにする。これによって、正規労働者と非正規労働者の年金を移転することが可能になる。公的年金制度を拡大させるこの改革ビジョンは、次世代の負担を軽減し、十分な給付水準を持つ制度および持続可能な制度を目指すという考えに基づいているといえよう。

　「年金制度ビジョン」で示された新しい年金の仕組みは、現行制度から新制度への移行に伴うリスクやコストを最小限に抑える配慮がある。中国の実情に合わせた中国版の年金改革構想であると評価したい。

　2つ目の構想案は、中国共産党第18期中央委員会第3回全体会議（以下、3中全会）開催中の11月12日にメディアを通じて公表された「383改革方案」である。383改革方案という名称は、「三位一体の改革路線」と「8つの重点領域」における「3つの改革」を盛り込んだことからつけられたものである。この中で社会保障改革は「3つの改革」の中に位置づけられ、また、国民基礎社会保障パッケージという構想が明示された。その基本的な考え方は、中央政府による財政補てんや社会保障カードの発行などを通じて、年金、健康保険、教育、最低生活保障といった各種公共サービスの水準の統一化を図るとともに、地方間での制度の連続性を担保するものである。

　構想の主な狙いは、全国レベルで統一された基礎社会保障制度を実現することおよび労働市場の形成につなげていくことである。上述したように、年

金保険の普及率100％を目指して制度構築が行なわれたが、実際には、年金のポータビリティの実現までの道のりはまだまだ遠い。特に、階層間、地域間、各年金保険制度間における給付の格差に歯止めをかけるために、基礎所得保障の対策は、公平的・持続的な制度が考えられなければならない。本構想は、社会保障における格差の改善を視野に入れた考えだと思われる。しかし、「国民基礎社会保障パッケージの構想」の公表後、期待されたほどの国民による大議論は生じなかった。その背景には、党内の反対意見や地方政府からの反発があったと推測できる。しかし、それにもかかわらず、国家発展改革委員会が主導で作成した「383改革方案」のなかに提示された大胆な構想は、今後の年金改革に影響を与えると思われる。

　以上に紹介した２つの構想案には、共通する政策目標がいくつかある。たとえば、十分な給付水準を持つ制度、持続可能な制度であること、改革後の年金制度の給付額が社会的にみて妥当な水準を満たしていること、老齢期に貧困に陥ることを防止できる給付水準となっていること、生活水準の継続性や安定性を損なわない所得代替率の水準を確保できていることである。

## （２）企業年金税制度の規範化

　2013年12月6日に財政部、人力資源社会保障部などの連名で「企業年金・職業年金個人所得税に関する通知」を通達し、2014年1月1日より、全国に通用するEET年金税制度を導入することが決定された。企業年金税制度の規範化の狙いは、自助努力型の年金を奨励することによって、社会保障全体の効率化につなげていくこと、また資本市場のさらなる活性化を図ることにあると思われる。

　年金税制は、拠出時・運用時・給付時の３つの段階で課税の有無にかかわる仕組みである。一般に、年金税制には、拠出時に課税し運用時・給付時に非課税とするTEE方式と、給付時・運用時で非課税とし給付時に課税するEET方式の２つの制度がある。この２つの制度は、理論的には最終的に受け取れる金額が同じになる。日本の年金税制は、入り口では社会保険料控除、出口では公的年金等控除があることから、拠出時・運用時・給付時に課税が免除（給付時は事実上）されているという、世界に類を見ない非常に寛大なEEE方式をとっていた。

　中国の確定拠出型の企業年金制度は、遡ってみると、2000年代初め頃に

議論が始まって、2005年5月に労働と社会保障部は「企業年金基金管理試行弁法」を設け、おもに大企業でテスト事業が始まった。企業年金基金の枠を企業の上納金、個人の上納金、企業年金の投資運営の収益という3つに定め、企業と就業者の双方からの拠出が義務づけられている。2011年に「試行弁法」は「企業年金基金管理弁法」に取って代わり、企業年金の制度化が確立された。「試行弁法」の中に優遇税制について関連する規定が設けられたが、実施細則は明確にされなかった。それゆえ、優遇税制のあり方が地域によって異なることや地方政府に随意に変更されることなどによって、企業の参加が消極的となった。年金に加入する企業数および就業者数は、2007年末時点では、それぞれ3.2万社、929万人、1519億元であったのに対して、2013年6月時点では、5.9万社、1957万人、5367億元と徐々に増加している。しかし、全体から見れば、参加率は極めて低い。今回、企業年金税制度の規範化によって企業年金・職業年金個人所得税制の実施基準が全国的に統一された。企業年金税制の制度化・規範化によって、企業年金制度に対する企業の参加意欲が高まるであろうと、中央政府は期待している。

一方、これまで企業年金基金の株式への投資は厳しく制限されてきた。今後、基金規模の増大に伴い、投資への規制が緩和される見通しである。

## 2．医療保障制度の改革

医療保障改革においては「量」から「質」へと変化していったという特徴が見られた。すでに述べたように、これまで社会の安定維持を最大の目標として打ち出された医療施策は、医療保険の加入者数の倍増や病院・病床の拡大という量的な増加を目標として進められた。最近、医療保障の公正性は、単なる量的な拡大を達成することではなく、質的な保障こそが真の意味での公平性の実現であるという認識が広がっている。

具体的な動きを以下の2点にまとめる。

### （1）医療財政改革への政府介入の増加

近年、経済が失速するなかで、中国の財政赤字が拡大しつつある。しかし、2013年に積極的な医療財政を維持する方針で、医療衛生の財政は増加し続けている。たとえば、2013年における中国全体の財政支出は、前年よりも

10％増となっている。支出の伸び率の高い分野としては、社会保障・就業の13.9％増、医療・衛生の13.2％増、省エネルギー・環境保護の12.1％増があげられる。また、総医療費の支出を例としてみても同じ傾向である。近年における総医療費の総額は、2010年では1兆9921.35億元、2011年では2兆4345.9億元、2012年では2兆8914.4億元であり、増加している傾向が明らかである。

また、医療保障内容を充実させるため、財政の負担も増加しつつある。都市住民基本医療保険と新型農村医療保険における一人当たりに対する政府の補助は、2011年において、2003年の200元から280元に引き上げられた。2015年までには360元以上に引き上げる方針も明言された。また、2013年に三大医療保険という従業者基本医療保険、都市住民基本医療保険および新型農村医療保険の入院費用の給付率を75％前後までに引き上げた。

そのほかにも、2013年には、城郷住民大病保険は2.3億人をカバーすることができ、財政補助は6.3億元にのぼった。

### （2）継続する公立病院の改革と民間医療資源の活用

2010年に国務院は「公立病院改革試行に関する指導意見」を通達し、公立病院改革の試行が16都市でスタートし、2013年までにはほぼ各地域で展開されるようになった。2013年における公立病院改革の目標は、依然として医薬分業の改革である。周知のように、公立病院の「以薬養医」（薬品の収益によって病院経営を維持する構造）の問題は早くも指摘されたが、改革のテンポがなかなか進まなかった。2013年には、具体的な達成目標を決め、進捗状況を監督機関が点検するという対策をとった。たとえば、2013年までに50％の公立病院は、医薬分業体制への移行を完了しなければならないという達成目標などである。医薬分業改革と同時に医薬管理者と実務者の分業体制の整備も同時に進められた。

一方、社会資本の整備とより良い公的サービスの実現のために、非公立病院の拡充が推奨されている。2013年12月に国家衛生計画生育委員会により公表されたデータによれば、非公立病院の発展は、2008年と比較して4つの点で見られた。まず、医療機構数の増加である。2012年までには、非公立医療機構は44.70万カ所にのぼり、全体の47％を占めるようになった。そのうち、病院数は9786施設にのぼり、全体の42％を占めている。第2は、

病床数の増加である。2012年までには、非公立の病床総数は63.53万床を達成し、全体の7.7％から11.1％までに占有率を上げた。第3は、非公立医療機構の専門人材数の増加である。2012年までには、医療専門スタッフは161.97万人となり、全体の18％を占めるようになった。実に、2008年から44.6万人増加したことになる。第4は、医療サービス供給量の増加である。現在、医療サービスの10％が非公立医療機構によって担われている。すなわち、上記の4つの増加からも量的に見れば、大きな成果を上げたと思われる。

　しかし、この問題に関する最大の課題は、非公立病院と公立病院を同じスタートラインに立たせ、社会資本による医療衛生事業への参入を奨励・支援することが本当に実現できたのか否かにあると思われる。現在では、ハード面においても、ソフト面においても、公立と非公立の格差が極めて大きくなっている。たとえば、多くの非公立病院では、医療保険の利用が認められず、税収優遇政策も曖昧であったため、非公立病院が経営面で苦戦している。

　2013年12月に国家衛生計画生育委員会などにより「関于加速社会弁医的若干意見」（病院運営における社会資本の参入に関する意見）が公示され、非公立病院の課題の解決について、方針が明確になった。「意見」の主な趣旨は次のとおりである。すなわち、その1は、医療保険指定機関の認定を行ない、非公立病院に対し公立病院と同等な待遇を与えることである。その2は、非公立病院発展の多様化、規模化に重点を置くことである。その3は、非公立病院に対する監督、管理を強化することである。

　今後、社会資本の参入による非公立病院のさらなる発展が予測されている。そのためには、より公正な競争の確保が求められる。また、公立病院との競争導入による質と効率の向上が期待される。そのような改革の中では、政府監督機能の改善や管理運営機関の間の相互チェック機能の強化およびリスク抑制を図ることが重要であるといえる。

## 3．介護福祉供給体制の構築

　少子高齢化が加速するにつれて、基礎医療と基礎年金制度の普及が加速化した。それと連動し、高齢者介護福祉の基盤づくりも取り組まれた。

　2013年9月、国務院は、「養老サービス業の加速発展に関する若干の意見」

(以下、「若干意見」）を公布し、習近平新政権の高齢者福祉政策の基本方針を明示した。その後、民政部による「公的養老施設機構改革の試行に係る通知」、民政部・国家発展改革委員会による「養老サービス業総合改革の試行に係る通知」、全国老齢弁など24省庁による「高齢者優待業務の強化に関する意見」などを相次いで公表した。習近平新政権の下では、介護福祉を社会保障制度の再構築の中に位置づけようとする姿勢が見られた。

「若干意見」では、実施中の「第12次五カ年計画」の政策目標を中間評価する意図のほか、新政権の中長期の政策方針を明示しようとした。「若干意見」の中では、在宅介護にかかわるサービス基盤の整備とともに、保健・医療・福祉・介護の連携ネットワークの強化がより強調された。これは、国際社会の経験に学び、在宅でありながら必要な医療・介護サービスを受けられるという考えだった。具体的には、2020年までにこうした在宅介護のネットワークを、すべての都市部に普及させ、また、90％以上の郷・鎮および60％以上の農村地域に普及させる予定である。「第12次五カ年計画」で予定されていた80％以上の郷・鎮および50％以上の農村地域においては、地域ケアサービス拠点づくりの目標数値が新たに書き換えられた。同時に、介護ベッドは、2020年まで高齢者1000人当たりで35～40病床を達成することも明確にした。「第12次五カ年計画」においては、2015年まで高齢者1000人当たりで30病床を達成する目標を掲げたが、「若干意見」では、2020年までの中長期目標として打ち出した。

振りかえってみると、2000年の時点では高齢者1000人当たりのベッド数はわずか10床であったのに対して、2011年には19.1床、2013年には24.5床までに増加した（表1）。また、地方政府や末端行政に介護システム構築計画の作成を義務づけるとともに、計画の作成にあたっては、地方政府における介護福祉ニーズを十分に把握し、このニーズに基づいた高齢者のための介護福祉サービスの量的な目標を定めることとなっている。

しかし、中国で進められている在宅介護サービスは、日本のように介護保険制度に支えられた在宅介護サービスとは性格が異なる。中国では、在宅介護の議論は、介護の問題がそもそも家族や地域共同体によって担われていた相互扶助の外部化という文脈で論じられてきたことから、なるべく地域や家族においてその問題を解決するという議論の中で政策が推し進められた。行政の役割は在宅介護サービスネットワークの整備を通じて家族介護をサポー

## 第14章 少子高齢化社会の到来と社会保障対策

表1　高齢者介護ベッド数の推移（2006年-2013年）

| 年 | 介護施設ベッド数（万床） | 1000人当たりベッド数（床） |
| --- | --- | --- |
| 2006年 | 153.5 | - |
| 2007年 | 212.8 | - |
| 2008年 | 234.5 | - |
| 2009年 | 266.2 | - |
| 2010年 | 314.9 | - |
| 2011年 | 353.2 | 19.1 |
| 2012年 | 416.5 | 21.5 |
| 2013年 | 493.7 | 24.5 |

出所：民政部「社会服務発展統計公報」2006年度～2013年度より作成

トすることになる。つまり、私的介護優先の考え方だった。

　また、これまで議論されてきた介護サービス供給における市場化の是非に関して、「若干意見」では、民間資本の活用や介護の産業化という政策志向を明確にした。これは、経済成長鈍化への対応の一環として位置づけられた対策とみられる。

　かつて胡錦濤政権後期では「民生」（国民生活を優先する考え方）の旗を掲げてきたが、医療・福祉・介護に対する財政の支出は増加し続けている。しかし、医療福祉領域の財政支出急増という政策に対しては、「福祉国家病」に陥りがちであるという批判の声が上がってきた。最近、経済界においても「国進民退」（国有セクターの拡大とそれによる民間セクターの縮小）の経済政策に対する批判が高まり、これまで聖域とされてきた医療・福祉・介護の領域においても市場化の深化が必要であるという主張が強くなってきたようにみえる。介護サービスの産業化・民営化を明確にすることが、その一連の動向に関連するとみられる。

　さらに、習近平政権の政策指向は、内需を安定的に拡大する投資や建設に取り組むことによって、一定のペースの経済成長を維持することが最優先課題に据えられた。医療・福祉・介護への過度な公財政の投入が個人消費の伸びに悪影響を及ぼすと懸念し、公財政の支出を一定の水準に抑制しながら、他方で介護サービスを新規産業として経済の活性化につなげるとの意図が読み取れる。つまり、介護サービスの拡充は、公共政策の一環として取り組ま

れるのではなく、産業構造の中に位置づけられながら取り組まれるのであり、経済の波及効果が期待されている。それゆえに、介護政策の所得再分配機能は弱いわけである。

　介護の産業化・民営化の動きの中では、これまで外資が介護施設を設立する場合は中国パートナーとの合作形式のみ認められてきたが、「若干意見」においては独資形式を認めることとなった。外国資本の協力や外国の介護技術を利用し、国内の介護事業に刺激を与え、発展させるという方針といえる。現在、日本、ドイツ、アメリカの民間資本による中国への介護サービス供給の進出はすでに始まっている。

## 4．社会保障改革の政策課題──「公平性」・「持続性」

　2013年における第18期3中全会の開催は、中国社会にとって大きな出来事であった。3中全会で採択された「中国共産党中央が全面的な改革深化の若干重大問題に関する決定」においては、公平で持続可能な社会保障制度の構築や医療衛生管理制度の改革を深化させることが重要課題としてあげられた。

　社会保障制度の「公平性」の課題は、前胡錦濤政権においてすでに重要な政策課題として取り上げられた。当初では、貧富格差の拡大や「看病難」（診察を受けるのが難しい）、「看病貴」（治療費が高い）などの医療問題が最も注目された社会問題となっていた。また、これらは社会の安定や政権の安穏を脅かしうる政治問題でもあった。こうした背景の下で経済的、政治的な安定化が求められていた。2007年以後、胡錦濤政権は経済発展の恩恵のすべてを国民に還元することを強調し、「適度・普恵型」福祉という旗印を掲げた。基礎医療と基礎年金制度の拡充が加速された2013年四半期では、新型農村合作医療保険制度（農損住民の医療費、入院費などに対して補助を行なう制度）を含む医療保険のカバー率は98％を達成し、年金保険の加入者数も8.06億人を突破したという。

　「適度・普恵型」福祉の構想は、政権交代前に胡錦濤政権が習近平政権へ用意したお土産といえる。しかし、これは甘いお土産ではなく、辛辣なものであった。皆年金・皆保険を目指す「適度・普恵型」福祉の構想においては、未解決のまま先送りされた中長期的な課題が非常に多く存在していた。まず、

「適度・普恵型」福祉の取り組みは、社会的な危機に対応するための短期的な社会動員の一環という印象が拭えない。胡錦濤政権の功績に錦を飾るという意図があると思われる。今後、どのような理念の下で社会保障制度を構築していくのか、国民と合意の上で明らかにする必要があり、「適度・普恵型」福祉の旗印を掲げつつ、より実質化・制度化に向けて進めていかなければならない。次に、現行の農村最低生活保障や新型養老保険制度の拡充は、中央および地方財政によって事後的に救済するというプロセスで進められている。つまり、救貧に重点が置かれているのである。今後は、社会保険料を中心とする共助により貧困に陥ることを予防する防貧へと重点を移していくことが重要である。言い換えれば、公助・互助・自助を基本において、社会全体でセーフティネットを構築し、支えていくことである。

「適度・普恵型」福祉政策の下では、新たな社会保険制度が設けられ、今まで社会保障から排除されてきた農民、農民工、自営業者らを形式上は保険制度内でカバーすることができた。しかし、新制度と旧制度の間に新たな格差が生じたため、社会保障制度の公平性と公正性が問われつつある。国家公務員の年金給付額が、一般サラリーマンの3倍、農民の30倍であることが中国メディアにより報道されたが、これはその一例といえる。社会の安定が最大の政策目標とされたがゆえに、既得権者の抵抗をなるべく回避するために高い給付基準が温存されていたのが、これらの事象の原因である。つまり、習近平政権にとって、新旧社会保険制度間の格差問題をいかに解決するかが、社会保障改革の成功にかかわる大問題といえる。

一方、公平性にもつながる持続性の問題を考えるときには、財政負担が可能な制度および個人負担が可能な制度という両面からみていく必要性がある。財政負担について、人力資源・社会保障労働部統計によると、2012年の保険基金総収入が2兆1億元（18％増）であるのに対し、総支出は1兆5562億元（21.9％増）となっている。確かに、収入が支出を上回っているが、支出の増加率が収入の増加率を上回っている状況である。このことから、将来的な年金の支払いに耐えられないとの見方が強まっている。また、1997年には、国家財政からの貧困地域の地方政府への補助が開始されており、その額は2000年では338億元、2006年では971億元、2010年では1954億元、2011年では2272億元、2012年では2648億元と年々増加している。つまり、貧困地域の地方財政の圧迫となったことは、地域格差の深化につながる。年金

制度における負担と給付のあり方が地方経済の発展や財政状況を大きく左右すると考えられる。中央政府と地方政府間の公平性などの観点から、持続可能な社会保障財政制度について十分に検討しなければならない。

個人負担が可能な制度に関しては、保険料を負担可能な範囲に留める水準に設定し、年金給付の所得代替率を決めることが重要である。しかし、現行の年金制度は、保険料負担率が高く、所得代替率が低いという悪循環に陥っている。今後、中国も少子高齢化社会に転じ、社会保障の負担の担い手が減少し、受給高齢者が増加する傾向にある。したがって、安易に負担率を上げたり、代替率を下げたりするような制度を改善し、給付と負担のバランスが取れた年金制度を整備していくことが求められる。

習近平政権にとっては、社会保障制度の公平性および持続性の追求が中長期における主な政策目標となろう。

【参考文献】

郭平・陳剛編『2006年中国城郷老年人口状況追踪調査数据分析』(中国語) 中国社会出版、2009年

呉玉韶他編『中国城郷老年人口状況追踪調査数据分析2010』(中国語) 中国社会出版、2014年

沈潔『中国社会福祉改革は何を目指そうとしているのか』ミネルヴァ書房、2007年

中国老齢工作委員会編『全国養老服務政策文献滙編』(中国語) 華齢出版社、2009年

中国国家統計局編『中国統計年鑑』(中国語) 2010～2013年版、国家統計出版

広井良典・沈潔編著『中国社会保障と日本』ミネルヴァ書房、2007年

楊燕綏編『中国老齢社会与養老保障発展報告』(中国語) 清華大学出版社、2014年

# 第15章

# 中国近代化の歩みと今後の展望

王　元

## 1．中国の近代化における歴史の3段階

### （1）清朝末期（1840〜1911年）——西洋への対応

1840年のアヘン戦争と続く太平天国の乱は清王朝の衰退を決定的なものとした。この背景としては2つの要因があげられる。第1に清自体の「寿命」と第2に「西洋の衝撃」である。

17世紀後半、康熙帝・雍正帝・乾隆帝の3代に清は最盛期（康乾盛世、1661〜1795年）を迎えた。しかし、乾隆帝の60年に及ぶ治世が終わりに近づくと、官僚の腐敗も進んで清の繁栄にも翳りが見え始めた。乾隆帝の遠征の結果残された財政赤字が拡大し、さらに、白蓮教徒の乱（1796〜1805年）により国力が大きく奪われ、この反乱を境に慢性的な財政難に陥り、衰勢へと向かった。

西洋列強の到来がなければ清はもうしばらくは命を長らえたかもしれない。しかしその到来がなければ、清がそのまま滅亡、また、農民反乱の指導者によって同じような専制王朝が樹立されるだけで「近代化」という意味においてはなんの進歩もなかったであろう。王朝が滅亡しても、中国は近代的な国民国家となることがなかったであろうことは明らかである。閉鎖的な国際環境のもとでは、近代国家の発展ということは伝統的な王朝文化のもとでは期待できないのである。

19世紀後半における同治中興（洋務運動）は西洋の衝撃に対する漢民族エ

リートの対応として重要である。西洋の到来がなければ、清朝が太平天国を鎮圧し、洋務運動を推進することはなかったはずだ。たとえば同じ異民族が打ち立てた元王朝は、各地域で多発した反乱に対処できずに亡んでしまった。

　西洋の到来は、中国人に一種の文化的ナショナリズムを育てた。曾国藩、李鴻章、左宗棠といった洋務官僚がその代表である。彼らは漢民族でありながら満州族の清朝を助けて、太平天国、捻軍や陝甘回教の乱の鎮圧に努めた。一方の民衆の方も、反満感情に裏付けられた「反清復明」から、西洋列強の侵略に抗議して、義和団事件に見られる「扶清滅洋」へと重点が変化していった。

　1894～95年の日清戦争では、中国は完全に敗北した。中国の兵力と軍事力は日本に優っていたとされたにもかかわらず、統治システムがあまりに時代遅れであったために国民の力量を動員することができなかったのである。清の政治的権威の衰退の結果は深刻であった。李鴻章や袁世凱といった漢民族エリートの力も十分ではなかった。

　より深刻であったのは、戦争の敗北が清にとって政権崩壊を免れる最後のチャンスを失ったことに等しいことであった。これ以後の清の施策は「最後の悪あがき」にすぎず、危機を克服することはできなかった。戦争の敗北は中国の近代史に決定的な影響を与えた。

### （2）中華民国──国民革命と国民国家化

　清は1911年の辛亥革命によって滅亡した。知識人は改革ではなく革命の道を選んだ。その代表が孫文である。彼は日清戦争の敗戦で清に見切りをつけ、革命組織である中国同盟会を1905年に結成した。それから孫文による中国同盟会から国民党結成、五・四運動に至る過程は、中国にとって激動と無秩序の時代であった。

　1924年の国民党改組と第一次国共合作から北伐戦争、1928年の南京政府樹立に至る過程は国民革命と呼ばれている。これらナショナリストと軍閥との衝突、そして右派知識人や民族ブルジョア階級による「右派」勢力と労働者と農民に依拠した「左派」勢力との間の内部の衝突から中国は内戦に突入することになる。

　国民党と共産党の統一戦線は、当初は同じ革命の目標によって形成されていたものであるが、1927年に国共は分裂した。国共分裂以前の共産党は、

基本的に「左派」知識人の集団であり、幹部の多くは大学教授などの著名な知識人であった（たとえば共産党の創始者である陳独秀、李大釗などはともに北京大学の教授であり、張国燾は北京大学の学生であった）。

国民党による中国統一の事業は1924年に始まり、1937年までには一応の成果を収めていた。軍閥勢力の多くが打倒されるか帰順し、江西省に根拠地を構えていた共産党も「長征」という名の逃避行を強いられて、壊滅寸前になった。経済的には1920～30年代にかけて上海を中心とする華東地区を中心に大きな発展が見られた。この時期は「中国ブルジョア黄金の10年」と呼ばれた。こうした歴史をみると、国民党による中国の国家統合と経済発展はある程度成功しつつあったといえる。

第1の段階と同じく、中国の国家発展の努力は日本との戦争によって大きな障害に直面した。ここで歴史は我々に興味深い仮説を与える。もしも日本との戦争がなかったとしたら、国民党は共産党を滅ぼして中国を政治的に統合し、強力な権威を確立し、経済発展を持続することができたのではないかということだ。これは1930年代における国民党の「成果」と台湾に逃亡した後、特に蒋経国時代を経た後の「成功」からある程度妥当だとは考えられないだろうか。

### (3) 中華人民共和国──理想と現実のギャップ

中華人民共和国（People's Republic of China）には前段階の中華民国（Republic of China）の延長という側面がある。同時に、完全な統一国家としての中華人民共和国のもとでの国家建設は中国国家発展の新しい起点であり、それは政治的統合と権威の確立という歴史的達成に裏付けられていた。中華民国と区別するため、中華人民共和国はよく「新中国」と呼ばれる。

共産党と国民党はともに国民革命から生まれた同質な政党である。革命の推進という共通の目的を持ち、似たような組織や指導原則を持っていた。国民党は「兄」であり、一貫して共産党より組織的、軍事的に強力だった。両者の力の格差が大きかったために共産党は、学生運動、農民蜂起、党組織の強化といったプロパガンダ・動員方法で国民党に対抗するしかなかった。

こうした「強化方法」は1949年以後に副作用として現れた。中国共産党のこうした「強引な強化方法」は国家建設には有益でないことが多かった。反右派闘争、大躍進、文化大革命はいずれもこの「強引な強化方法」から生

じた産物であろう。共産党の国家建設は早くも1957年頃から挫折した。これで少なくとも国家発展の目標の一部が国共合作以前の時代に逆戻りしたのである。

1970年代の中国は毛沢東の死をきっかけに、新たな発展の道を模索できるようになった。事実上、「4つの近代化」路線は周恩来の助力によって鄧小平が副首相として復権した1973年の時点で始まっていたのである。1976年4月の第一次天安門事件（四・五）によって鄧小平は再度失脚したが、1977年に復権する。

1970年代の初期から政治的「沈黙」のなかで変化の兆しが生じてくる。国家がまとまり、相対的な平和時代が続くなか、中国社会が自律的に回復し始めた。1976年からの一連の事件により、文化大革命が終わってから初めて改革が可能となった。1978年の中国共産党第11期中央委員会第3回全体会議（3中全会）と1980年代の経済発展、そして1989年の天安門事件。そこから急速な市場経済化が進展し、かつてない経済的繁栄が顕れた。

革命時代の古参幹部たちは鄧小平の改革が本格化した1980年代初期にほとんど引退した。鄧小平は、彼らに格別の優遇を与えて体よく追い払ったのである。これは（1950年代初期の民族ブルジョア階級を対象とした買収政策に続く）第2の「買収政策」と呼ばれている。

党組織の再編、すなわち官僚を中心とする党内「右派」（現実主義派）の台頭、そして党内「右派」と知識人の結びつきが生じた。上記勢力は「権力右派」ないし「中道右派」とでも呼ぶべきだろうか。たとえば経済テクノクラートである江沢民、朱鎔基、李鵬らの登場である。党と知識人の間の溝は、幹部の「知識化」政策によってある程度埋まったといえる。多くの知識人が入党したために、もともと革命の批判対象であった知識人は党の背骨となった。1990年代に至って、さらにニューリッチたちも加わり、中国共産党は「農民と労働者の党」だという伝統的な主張はもはや的外れとなった。

1957年以来20年に及んだ政治的混乱はようやく収拾された。国際的には、冷戦が終わり、中国人も最終的に20世紀以降の近代化路線に回帰することができたのである。

## 2．中国近代化の「成果」の検証

1860年代に中国の知識人は「西洋の衝撃」が中国の国家発展に与える脅威についての認識を迫られた。ここで中国にとっては西洋列強に追いつくということが重要な国家目標として浮上したのである。この目標のために、中国はまず強力で統合された政治的権威を確立し、それに基づいて経済、文化、政治を「近代化」することが必要であった。中国の知識人たちはこの最初のステップを「強兵」と呼び、次のステップを「富国」と呼んだ。前者は国家の統一と主権、後者は文化経済の繁栄を目標としている。

### （1）国民国家の統一と安定

19世紀と20世紀の2つの「百年」を想定したとき、ほぼ19世紀に当たる第1の「百年」では、清朝が1799年に国力の頂点に昇り詰めて、1840年から衰退し、太平天国・捻軍・同治中興などを経て、一進一退しながらも衰退し続け、1894年（日清戦争）で谷の底に触れた。この「百年」で中国の国際的地位は東アジア地域内中枢から辺縁へと衰退した。20世紀に当たる第2の「百年」では、谷の底である1901年（八国聯軍の北京侵攻）から這い上がって、1911年（辛亥革命、翌年中華民国の樹立）、1919年（五・四運動）、1928年（国民党南京政府の樹立）で上昇し始めた。さらに、1945年抗日戦争勝利と1949年新中国の樹立で国家の統一が達成された。しかし、その後も安定した成長とは程遠く、文化大革命を経て、1970年代末からやっと本格的な近代化が始まった。経済社会における安定成長が得られたのは、1978年「改革開放」以降の37年間である。第2の「百年」で中国の国際的地位は辺縁からアジアの地域大国へと上昇したため、現在はおよそ1840年頃まで回復したところであろう。

この200年間、中国には日本のような迅速な近代化が見られない。これは、文化など複雑な要因に加えて、国家の規模も軽視できない原因であろう。しかし、大きな傾向が見えるのも特徴の1つである。いったん、大きな傾向が形成されたら、その傾向が長く継続する。不安定な時期もそうであるし、安定期に入ると、次々中小規模の不安定を飲み込み、相対的な安定が長期にわたって続く。

### (2) 国民（民族）国家の形成

歴史上、中国は民族国家ではなく文化国家であった。中国社会は文化で結ばれていたため、民族性はそもそも薄い。また、中国は長期にわたって東アジア国際システムの中心と頂点にあったため、近代に入って素早く自らの正確な国際的地位を見つけることが困難であった。中国と比べれば、日本は一貫して東アジア国際システムの周辺に位置していたため、早くは1860年代に、国民国家の1つとしての道を模索し始めた。中国は約半世紀も遅れて、およそ日清戦争以後ようやくこの問題に取り組み始めた。

国民（民族）国家の形成は中国において困難で長いプロセスであった。結局、中国は、文化はそのまま残して、民族間の許容性を高め、多民族国家として建設された。西村成雄は近代以後中国の国民国家化を図1のようにまとめ、中国の国民国家化の歴史は政治制度化と社会的統合の進展が波型を描きながら前進してきたことを示している。

### (3) 外交関係——領土、領海と主権

中国は、14カ国と陸上で国境を接している。国境線は2万2000km以上ある。そのうえ、国境地域の各民族は昔から頻繁に相互往来し、国境線は必ずしも明確ではない部分も多い。中国は世界で陸地国境線が最も長く、隣国が最も多い国家であり、国境の事情が最も複雑な国家の1つである。

国家の統一と安定が確立してから、中国は領土問題に関して柔軟な姿勢をとった。1990年代から今日に至るまで、中国は、ロシア、ラオス、ベトナム、カザフスタン、キルギス、タジキスタンなどの国と相次いで国境線を画定した。現在残っているのはインドとの国境のみである。

今後の国境問題はおもに海上に移る。東シナ海では日本との間の尖閣諸島（中国名：釣魚島）とガス田開発の問題があり、南シナ海では西沙群島（大半を中国が実効支配）と南沙群島（最も大きな島「太平島」は台湾が実効支配、それ以外の十数の島は中国、フィリピン、ベトナム、マレーシアなどがそれぞれ一部を実効支配）の問題がある。中国は経済発展に力を入れるため、国境問題の解決に現状重視の方式をとった。解決が無理であれば先延ばしする、争いを棚上げするという方法である。長期的にみると、南シナ海の問題の解決は楽観的である。しかし相手によって、中国の外交姿勢が変わるのも中国外交の特徴である。これは日本との間の領土問題の解決を楽観視できない理由の1つで

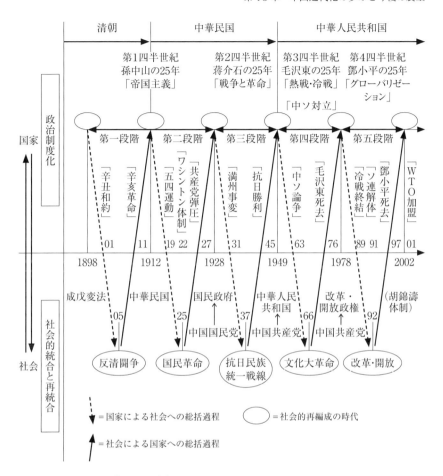

図1　20世紀中国「国民国家」の5段階
出所：西村成雄『20世紀中国政治史研究』放送大学教育振興会、2011年、10頁。

ある。

### （4）政治体制

　政治体制においては、大きな改革を避け現体制の改良に邁進した結果、いわゆる民主化による欧米式の政治制度（競争的政党政治と議会民主主義）を拒否し、中国独自の現代政治制度の維持に重点を置いた。

　文化大革命によって共産党の権威と指導力は大きなダメージを受けた。そ

れでも対抗的な政治勢力が存在しないということもあって共産党そのものは動揺していない（この点は今日の共産党を分析する際でも重要）。権力右派および、知識人の復権で中国共産党はやがて最大の知識人集団となってくる。過去30年において、中国の政治体制は概ね、以下のような試練を経た。

①経済危機への迅速で効率のよい対応

中国経済は過去30年にわたって高度成長を維持し続けた。一般的にこのような時期は不安定期でもある。社会も急激な転換期に入るため突発的な事件が起こりやすく、不安定になる。しかし、この30年間に、軽度な経済危機が多数訪れたが、中国の政治体制は非常に迅速かつ適切に対処した。総じていえば、中国の政治体制は、国家と社会の置かれている状況を非常に正確かつ緻密に把握していた。これはまた、正しい政策決定を下す前提でもあった。

適応能力の高さも注目される。中国は改革開放で国際化が急速に進み、2001年の国際貿易機関（WTO）加盟で「グローバリゼーション」の大波に乗り、国際的な政治経済の配当が振り込まれることとなった。

②民主と自由の拡大

民主と自由に対する中国人の見方も比較的現実的で、あまり既成の固定観念に束縛されない。中国人にとって、「民主」は国民が国家の主であることを意味し、自らの意思と願望が実現されることを意味する。政治体制の民主化についていえば、政治体制は道具にすぎず、自己の意思と願望を効果的に実現する機能があればそれでよい。実際上、過去20年において、中国は成功裏に集団指導体制を構築し、幹部任期制を導入し、党内民主も一定の進展を実現した。日が経てば、それが必然的に社会全体に拡大する。中国社会は過去30年の間に社会的自由の面で大きな進展を成し遂げた。政治権力は多くの社会生活領域から退いたため、一般国民の社会生活の空間は大幅に拡大した。インターネット上に政治批判の言論が満ちていることから、言論の自由においても進歩が小さくないことがわかる。

③政治体制の安定性

1989年天安門事件以降、中国の政治体制は非常に安定している。5年に

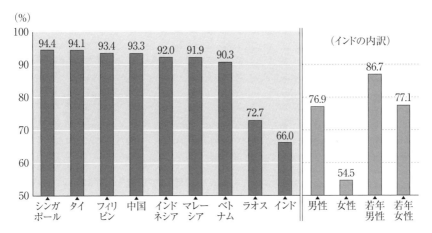

図2　アジア各国の識字率　　　　　　　　　　　　　　　　　　　　　　（単位：％）
出所：内閣府「世界経済の潮流 2010年Ⅰ」（第 2-4-29 図）（http://www5.cao.go.jp/j-j/sekai_chou ryuu/sh10-01/pdf/s1-10-2-4-2.pdf）世界銀行 "World Development Indicators" より作成。ベトナムは 99 年、ラオスは 05 年、インドネシアは 06 年のデータ。インドの若年は 15～24 歳。

1度の党大会、10年ごとの国家指導者の世代交代、江沢民から胡錦濤、胡錦濤から習近平への権力交替も順調であった。政治的規則とプロセスの確立に伴い、中国の権力闘争は以前より透明性があり、その結果、現在では、次の指導層ないしその次の指導層に誰がメンバーになるか、メディアから一般の国民まで概ね推測することができる。そのため、指導者の世代交替の結果が出ると、国民は自分が諸葛孔明ほど賢いと感じる。権力闘争が効果的にコントロールされているため、現在の政治家は、任期内において仕事に専念することができ、政治体制の効率を高めることにも有益である。

### （5）教育

中国では教育の問題がしばしば取り上げられているが、これは中国で教育が重視されている証しとしてみるべきである。中国の識字率は早くから90％を超え、中国における安くて質の高い労働力の源である。同じ人口大国であるインドと比較すると初・中等教育の差は歴然としている。日中韓をはじめとする東アジアの国々の識字率が軒並み高く、東南アジアが続き、さらに南アジアが続く（図2）。近年、中国は高等教育にも力を入れ、大学生人

口が急激に増え、多くの中国の大学は世界ランキングを大きく上げてきた。

### （6）経済

経済的には、1950～60年代にそれなりの成果はあげたものの、経済成長の山と谷があり、上昇と下落が激しいため、共産党が約束した安定成長とは程遠く、極めて不安定な経済運営となった。しかし、文化大革命後期の1970年代前半、内陸を中心に国民経済体制が確立されたことにより一定の経済基礎は築かれた。1980年代の改革開放で沿海部の郷鎮企業が大発展を遂げた。さらに、2001年11月のWTOへの加盟は中国経済発展の新しい起点となった。国際経済体制との「接軌」（リンケージ）を果たしたことで、国際経済循環に能動的に参入する段階に入り、安定した急速な発展がようやく実現された。

経済が急速に発展し、中国はアメリカに次ぐ経済大国になった。また、巨大なミドルクラスが成長し、力強くなってきている。現在、中国人の海外旅行者数は年間1億人を超えている。

### （7）社会

毛沢東時代に築いた社会主義的な厚生・福祉システムは1980年代の改革開放で一度崩壊したため、特に退職者などの社会的弱者が気功集団などに傾倒し、法輪功のような新興宗教が興隆した。21世紀に入ってから厚生・福祉システムは次第に再建されていくところである。

過去30年において、中国では6.6億人が貧困から脱した。現在の貧困人口は約8000万人で、さらなる貧困脱出努力がなされている。世界銀行が発表した数字によれば、この数十年、中国の貧困問題解決に大きな進展があった。1980年以降、中国の貧困脱出人口は発展途上国の貧困脱出人口の75％を占め、世界の最貧困人口に占める中国の比率は、1981年の43％から2010年の13％に減った。中国は基本的に農村住民の生存と衣食住の問題を解決した。

1990年代以降、中国の社会発展は都市化の一点に集約できる。1970年頃、中国の都市化率は20％弱で、アジア主要国の中で最も低い国の1つであった（図3・4）。しかし、1970年代後半から中国都市化の規模が大きくなり、大方の予想より速度もはるかに速かった。たとえば、同じ人口大国であ

第 15 章　中国近代化の歩みと今後の展望

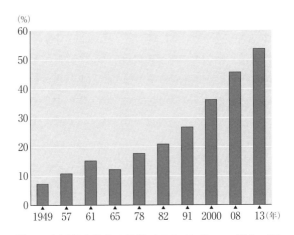

図3　中国都市化率の推移（1949-2013）　　（単位：％）
出所：『中国統計年鑑 2013』中国統計局

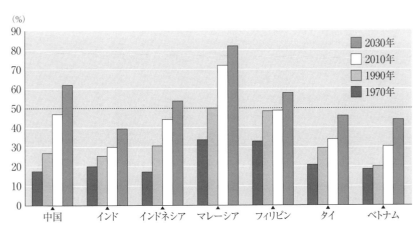

図4　アジア各国の都市化率　　　　　　　　　　　　　　（単位：％）
出所：内閣府「世界経済の潮流　2010 年 I 」（第 2-4-2 図）（http://www5.cao.go.jp/j-j/sekai_chouryuu/sh10-01/pdf/s1-10-2-4-1.pdf）国連 "World Urbanization Prospects The 2009 Revision" より作成。2010 年以降は予測。

るインドと比較すればわかるように、1970年頃、インドは20％強で、中国の20％弱より3％高かった。1990年になると、ほぼ同等の30％弱になった。しかし、2010年には、中国は50％弱になり、インドは30％強にとどまっていた。現在、中国では人類史上未曾有の都市化が進行している。この傾向が続けば、2030年代頃には、インドが40％になり、中国は60％を超えると予想されている。

### （8）中国近代化に残された課題

しかし、中国の政治社会に問題が山積みになっていることも事実である。

治安維持費が急激に上昇した。中国は現在、治安維持で必要以上に強硬な措置をとっている。これらの対策の大半は一時しのぎ的なもので、今後有効な法体制をつくらなければならない。

官僚の腐敗と退廃は深刻であるが、不正を正す力を依然として維持しているため、これからの努力次第で改善できる可能性がある。しかし、中国の腐敗には伝統文化的な要因が含まれているため、完全に根絶するのは非常に困難であるといわざるをえない。

もう1つの問題は、経済発展の成果を国民に享受させ、いかに国民の生活水準を高めるかという問題である。現に中国社会の格差は有効にコントロールされていない。GINI係数は絶えず上昇している。一部の人が先に豊かになること自体は間違いではないが、今後は、ともに豊かになる道を歩まなければならない。

中国の台頭に伴い、中国文化中心論が台頭し始めた。ナショナリズムの傾向を有効にコントロールしなければ、政治体制の外部環境に有害な影響を与える可能性がある。

また、出版の自由、結社の自由などの面でさらに改善する余地がある。

## 3．中国の現状分析

### （1）周期的社会動乱の終焉

第1の「百年」（19世紀）では中国の社会動乱は秋と冬の間に各地の農村で発生することが多かった。一方、第2の「百年」（20世紀）では大規模な社会動乱の大半は春に北京で起こった。中国の首都である北京の天安門広場

表1　中国現代政治史重大事件リスト

| | 事　件 | 期　間 | 周　期 |
|---|---|---|---|
| 1 | 辛亥革命⇒五・四運動 | 1911-1919 | 8年 |
| 2 | 五・四運動⇒国共分裂 | 1919-1927 | 8年 |
| 3 | 国共分裂⇒西安事件 | 1927-1936 | 9年 |
| 4 | 日中戦争⇒国共内戦 | 1937-1946 | 9年 |
| 5 | 国共内戦⇒反右派闘争 | 1946-1957 | 11年 |
| 6 | 大躍進⇒文化大革命 | 1958-1966 | 8年 |
| 7 | 文化大革命⇒毛沢東の死、四人組逮捕 | 1966-1976 | 10年 |
| 8 | 改革開放⇒天安門事件 | 1978-1989 | 11年 |
| 9 | 天安門事件⇒法輪功事件 | 1989-1999 | 10年 |
| 10 | 法輪功事件⇒少数民族地域騒乱 | 1999-2008 | 9年 |

出所：筆者作成。

は社会動乱の演出に適切な舞台を提供したため、1949年以降に起こった社会動乱の大半は北京の天安門広場を舞台にして起こった。

　20世紀以前の中国社会においても、数多くの「動乱」および戦争が発生した。19世紀の「動乱」および戦争のうち、比較的大きなものとして、白蓮教徒の乱（1796～1804年）、1840年のアヘン戦争（1840～1842年）、1852年の太平天国の乱（1852～1864年）と1857年の第二次アヘン戦争（1857～1858年）、日清戦争（1894～1895年）、戊戌変法（百日維新、1898年）そして、義和団事件（1899～1900年）などが数えられる。

　19世紀の「百年」の動乱には、20世紀の「百年」に見られる10年の周期性（表1）が見当たらない。19世紀に動乱が起きると、治まるまでに長い年月を要した。これは、20世紀にほぼ10年を一周期に動乱が発生しては治まり、社会が前へ発展していく現象とは大きく異なるといえよう。そして、20世紀の「百年」の場合は大学生などの青年知識人が主導的な役割を果たした。

　開発体制により社会的圧力が発生しやすい現象と、社会的緊張が蓄積されやすい構造は依然として健在であるため、そのうち動乱が勃発することになるだろう。しかし、これまでのような10年周期はもうそろそろ終焉に向かう可能性がある（表2）。実際、過去100年間、時代ごとに、動乱の規模は縮小傾向にあり、特に1966年の文化大革命以降の動乱の規模の縮小傾向が顕著である。1989年の天安門事件を含め、20世紀後半の動乱は前半の革命や戦争とは同列にしがたい。1949年以降の歴史に限ってみても、次第に動

表2　社会動乱で区分した中国の時代区分

| 戦争・革命時代<br>（1910-40年代） | ⇒ | 政治運動時代<br>（1950-70年代） | ⇒ | 社会運動時代<br>（1980-2000年代） | ⇒ | 現在<br>（2010年代-） |
| --- | --- | --- | --- | --- | --- | --- |

出所：筆者作成。

乱の規模が縮小されてきていることは明白である。1999年の法輪功事件と2008～9年の少数民族地域の騒乱の際に大学生などの青年知識人は沈黙を続けた。これは1911年以来初めてのことである。

今日の中国社会には依然多くの不満が存在し、抗議、抗争が後を絶たないが、それらを1つにまとめるような方向性はもはや存在しない。したがって、10年周期が維持されたとしても、動乱の規模は次第に中小型化されていくだろう。今後、動乱発生の時期はさらに偶然性と不確実性を帯びると思われる。

大規模な社会動乱が収まり、社会のエネルギーがようやく近代化のために使われるようになったため、高度経済成長が可能になったといえよう。

#### （2）中国はBRICSではなくPSPsである

世界的に台頭する新興大国を意味する造語である「BRICS」は、今後、対象国の状況が大きく変わることにより、次第に使われることがなくなっていくだろう。「BRICS」は金融（投資）中心的な概念であるが、現在、学術的に広く用いられるだけではなく、それに因んで国際組織までつくられた。この概念は膨張し、現実には合致しなくなってきた。BRICSを表すブラジル、ロシア、インド、中国、南アフリカの5カ国から1国でも抜けると、BRICSという概念が使用できなくなる。

「BRICS」の代替概念として筆者が提起するのは「PSPs」（Potential Super Power, 潜在的超大国）である。固定した国を指していないPSPsなら永続的に使用可能である。

##### ①PSPsの共通の特徴

PSPsは巨大国家であり、国土が広く人口が多い。ロシアとブラジルは資源大国であり、中国とインドは人的な資源、つまり大量の労働力を持ってい

表3　中国、日本とアメリカの輸出依存度と貿易依存度（2013年）　　（単位：％）

| 国名 | 輸出依存度 | 貿易依存度 |
|---|---|---|
| 中国 | 23.70 | 44.63 |
| 日本 | 14.50 | 31.39 |
| アメリカ | 9.34 | 23.11 |
| 世界計 | 25.22 | 50.42 |

参照：UNCTAD, United Nations Conference on Trade and Development（http://unctad.org/en/Pages/Home.aspx）

る。最近、中国は高等教育も普及し、技術力などにも可能性がある。安くて質のよい労働力といえる。PSPsは巨大な生産性を持つ。「世界の工場」と呼ばれる中国がそれである。

②平和の時代にしか近代化ができない現代のPSPs

現在のPSPsは皆グローバリゼーションから恩恵を受けた。特に中国は冷戦時代以降の、長期にわたる平和な国際環境の下で、開放政策を継続することができた。GDPに対する輸出額の比率は中国は23.7％で、アメリカ（9.34％）の2.5倍、日本（14.5％）の1.6倍であるため、今は日本、欧米よりも中国の方が世界経済に対する依存度は非常に高い（表3）。良好な国際環境はPSPsとしての中国の発展の先決条件であるため、中国は国際協調を重視していかなければならない。

（3）PSPsとしての中国——新興国にあらず、復興国である

近代国家になった西ヨーロッパの国々と近代化志向を持って近代化しようとする国々、つまり後発的近代化国家の2種類に分類すれば、中国は基本的に後者に属している。

戦後アジアの近代化では、これまで3つの波があった。これはすなわち、1950～60年代の日本、1970～80年代のNIEs（Newly Industrializing Economies, 新興工業経済地域）と1990年～現在の中国における近代化である。実際、中国はこの3つの波をすべて経験した国である。つまり、中国は2回の敗北を喫し、3回目となる現在の改革開放による大国としての台頭は「敗者復活」の色彩を帯びているのである。1860～90年代の洋務運動と1930年

代の「資本主義黄金の10年」を含めると、1978年以降の中国の改革開放は4度目の失敗の後の5度目の挑戦に当たる。

　4回失敗したが、中国の近代化の過程では一種の「ポテンシャル・エネルギー」が形成された。これも敗戦後日本の勢いのある近代化と同様である。失敗から学ぶ力がこの30年以上続く高度成長の大きな力になる。

　近代化の過程において、挫折をした国々が近代化の手段として「社会主義」を選ぶ現象が見られる。しかし、中国の場合は、社会主義に邁進した結果、近代化という本来の目的を一時的に忘れてしまった。それが文化大革命に当たる時期である。

　巨大復興国家の近代化には非常に長い時間が必要である。中断されたらまた一からやり直さなくてはならなくなる。中断されないよう、平和的な国際環境を維持することが肝心である。

## 4．未来への展望──覇権国ではなく、文化大国を目指す

### （1）中国の経済成長

　A・マディソンの歴史的なGDP統計は経済総量が重視され、為替の影響を排除した「PPP」（Purchasing Power Parity, 購買力平価）の方式に近い。この方式は経済規模を重視するため、一国の経済力をより如実に反映するといわれる。マディソンの統計によれば、1820年の世界に占める中国のGDPの比率は32.9％、インド16％、ヨーロッパ26.6％、アメリカ1.8％、日本3％であった（表4）。

　実際、国際通貨基金（IMF）による2014年10月時点の推計によれば、2014年の中国は日本の217％、アメリカの59.5％の水準となった（表5）。日本は1950、60年代の高度成長が終わった後、70年代は平均約5％の経済成長率が続き、円の上昇により、一人当たりのGDPは右肩上がりが続いた。これと同じように中国の一人当たりのGDPはこれから5～6％の経済成長率を維持すれば、今後も上昇し続けると思われる。2020年以降もしばらくの間は中国の経済成長は5～6％が維持されると予想されている。2025年頃、中国のGDP規模はアメリカと肩を並べるとされている。

　GDPの変化は社会環境の変化より、20～30年遅くなって現れる傾向がある。マディソンの経済統計にみるGDP占有率は、1820年段階の32.9％か

表4　世界のGDP占有率の推移（1700-2003）　　　　　　　　　（単位：％）

|  | 1700年 | 1820年 | 1952年 | 1978年 | 2003年 |
|---|---|---|---|---|---|
| 中国 | 22.3 | 32.9 | 5.2 | 4.9 | 15.1 |
| インド | 24.4 | 16.0 | 4.0 | 3.3 | 5.5 |
| 日本 | 4.1 | 3.0 | 3.4 | 7.6 | 6.6 |
| ヨーロッパ | 24.9 | 26.6 | 29.3 | 27.8 | 21.1 |
| アメリカ | 0.1 | 1.8 | 27.5 | 21.6 | 20.6 |
| ロシア | 4.4 | 5.4 | 9.2 | 9.0 | 3.8 |

出所：Angus Maddison HP（http://www.ggdc.net/maddison/maddison-project/home.htm）
http://browse.oecdbookshop.org/oecd/pdfs/product/4107091e.pdf

表5　主要各国のGDPの推移（2010-2014）　　　　　　　　　（単位：10億USドル）

|  | 2010年 | 2011年 | 2012年 | 2013年 | 2014年 |
|---|---|---|---|---|---|
| 日本 | 5,495.39 | 5,905.63 | 5,937.86 | 4,898.53 | 4,769.80 |
| アメリカ | 14,964.40 | 15,517.93 | 16,163.15 | 16,768.05 | 17,416.25 |
| インド | 1,708.54 | 1,880.10 | 1,858.75 | 1,876.81 | 2,047.81 |
| 中国 | 5,949.65 | 7,314.48 | 8,386.68 | 9,469.12 | 10,355.35 |
| ドイツ | 3,310.60 | 3,631.44 | 3,427.85 | 3,635.96 | 3,820.46 |
| ブラジル | 2,142.91 | 2,474.64 | 2,247.75 | 2,246.04 | 2,244.13 |

出所：IMF - World Economic Outlook Databases（2014年10月版）http://www.imf.org/external/pubs/ft/weo/2014/02/weodata/weoselco.aspx?g=2001&sg=All+countries

ら1870年17.1％、1913年8.8％、1950年4.6％、1978年4.9％、2000年11.8％、2010年20.7％と推移している。1978年以降、中国は経済的に「回帰現象」を示しているといえよう。2008年を中国社会環境の頂点とすれば、中国経済は2028年以後にその頂点に到達すると思われる。速度がある程度落ちるが、2030年代まで成長し続けると予想される。世界に占める中国のGDP比率は1700年22.3％、1820年32.9％であったことからみれば、中国の人口規模を考慮し、潜在的経済能力は世界の25〜30％程度と考えるのが、一般的なとらえ方になるであろう。

(2) PSPsである中国にとって致命的になる人口問題

2012年11月に中共の新指導部が発足して以来、「中国の夢」という言葉

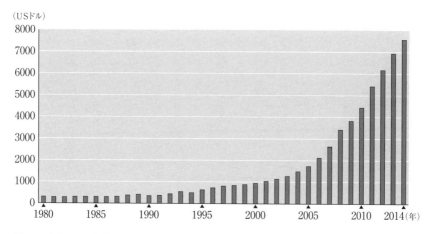

図5　中国の一人当たりの名目GDP（USドル）の推移（1980-2014年）
2014年の数値はIMFによる2014年10月時点の推計
出所：SNA（国民経済計算マニュアル）に基づいたデータ

が公式に政府用語に採用された。その内容は2021年までの全面的な「小康社会」（人間にとって最小限必要とする、衣食住、教育、保健などを満たしたうえで、ある程度の文化と余暇水準を保てるような生活水準と、ややゆとりのある生活ができる状態）の達成と2049年（建国100周年）までの富強、民主、文明、調和のとれた近代社会の達成である。

　中国は巨大規模の国家である。人口規模が特に大きい。その人口の多さのため、中国はアメリカのような超大国にならず、非常に長い期間においてPSPsにとどまるだろう。

　中国の一人当たりの名目GDPはこの10年間、急激に上昇してきた。2014年は7500ドルとなり、2004年の4倍以上である（図5）。中国は現在、経済面において中進国の仲間に入り、やっと「発展途上」から脱出した。これは10％前後の成長率だけではなく、人民元の上昇も少なからず貢献したといえよう。しかし、今後は人民元の上昇の余地が少なく、GDP成長率は2012年から減速し続け、6％台の時代に突入するといわれる。うまくいけば中国の一人当たりの名目GDPは2030年後頃、2.5万ドルになるかもしれないが、今のところ、その先は見えない。

　PSPsとして中国を考えるとき、やはり一番大きな問題は人口である。中

国では人口ボーナスから人口オーナスへの転換点が2015年前後であり、その後は過去の一人っ子政策の結果、日本よりも急速な高齢者人口の増加、現役人口の減少に直面する。高齢化は10年後の発展の最大の阻害要因となる。1960年代初め頃のベビーブームの前に一人っ子政策が実行されていたら、状況が大きく変わっていたかもしれないが、現在の状況からみれば、アメリカ型の超大国になる程度のGDPへの到達は困難であろう。

　中国は現在「人口と経済大国」である。今後、「大国」を目指すなら、アメリカ型の「覇権国」ではなく、「文化大国」の復活を目指すべきだ。中国は歴史上、経済や軍事上の超大国というより文化大国であった。こうした歴史を持つ中国は、文化大国として復活しない限り、完全な復活とはいえないし、世界から称賛されないだろう。

### （3）新型大国関係と文化超大国

　中国は国際体制との関係性において「新興国」型の台頭ではなく、「復興国」型の台頭を基軸とするような段階であるため、国際体制への選択的順応に傾斜するであろう。問題はこの「選択的」部分を強く打ち出せば、現在の国際体制との間に政治的・経済的またイデオロギー的緊張を引き起こす可能性があることである。体制内の新たな均衡を強く追求すれば、現存秩序への挑戦とみなされ、今後のさらなる発展が不確実と不安定なものになりかねない。これを危惧した形で、中国はアメリカから勧められた「G2」を謝絶し、代わりとなる「新型大国関係」を持ち出し、それを対米関係の基軸にした。第二次世界大戦時のドイツや日本などの台頭は当時の世界秩序への挑戦とみなされた。中国はこの教訓を汲み、「新型大国関係」で現在の世界秩序を尊重しながら、自国の発展を追求することを表明した。「新型大国関係」は、特に米中に限定したわけではなく、内容的にも修正できる余地を残した。

　中国は現在の国際体制に融け込んでいる。中国は現在の国際体制の建設者であり、転覆者ではなく、転覆させるつもりもないと思われる。現在の国際体制は完璧ではないが、全体的にみて中国は現在の体制からの恩恵を享受している。この体制も、中国が加わることで完全性が強化された。

　中国人は抽象的に「中国の夢（チャイナドリーム）」を叫んでいるわけではない。「中国の夢」は非常に具体的、現実的な中身を有し、正常な追求である。新しい生活、都市化、文明化、もちろん自由、民主、平等を含む。過去

30 年にすでに大きな成功を収め、中国が引き続きこの道に沿って前進することは理解できないものではない。

最近、中国当局の経済成長の速度を求めない姿勢が注目されている。いかなることも一気に達成することはできず、自由や民主もプロセスを必要とする。中国は過去 40 年間悪戦苦闘した結果、「もう無理しなくてよい」といえるようになった。時間がかかるが、「新興国」型より「復興国」型の台頭が期待されている。

【参考文献】

王元編著『マクロ中国政治——社会変動の周期性を中心として』白帝社、2012 年
中華人民共和国国家统计局（中国語　http://www.stats.gov.cn/tjsj/tjgb/rkpcgb/qgrkpcgb/）
西村成雄『20 世紀中国政治史研究』放送大学教育振興会、2011 年
Baidu 百科「中国梦」2015 年 1 月 13 日（中国語　http://baike.baidu.com/subview/1817221/9342599.htm）
内閣府「世界経済の潮流　2010 年Ⅰ」（http://www5.cao.go.jp/j-j/sekai_chouryuu/sh10-01/index-pdf.html）
Angus Maddison HP（http://www.ggdc.net/maddison/maddison-project/home.htm）

**【編著者紹介】** 執筆順　※は編者

**熊達雲**（ゆう　たつうん、Xiong, Dayun）※　第1章、第8章
山梨学院大学大学院社会科学研究科教授、同大学法学部教授。早稲田大学大学院政治学研究科博士課程修了、博士号（政治学）取得。主な著書に『アジアのなかの日本官僚——歴史と現在』（共著、諏訪春雄編、勉誠出版、2011年）、『東アジアの公務員制度』（共著、武藤博己・申龍徹編、法政大学出版局、2013年）、『法制度からみる現代中国の統治機構——その支配の実態と課題』（明石書店、2014年）など。


**毛桂榮**（もう　けいえい、Mao, Guirong）※　第2章、第3章、第4章
明治学院大学法学部教授。1986年中国復旦大学卒業、1993年名古屋大学大学院法学研究科（政治学専攻）修了、博士号（法学）取得。名古屋大学法学部助手を経て、1995年明治学院大学専任講師、2004年から現職。その間、1999年8月から2001年8月まで、カリフォルニア大学バークレー校客員研究員。主な著書に『日本の行政改革——制度改革の政治と行政』（青木書店、1997年）、『比較のなかの日中行政』（風行社、2012年）、共訳書に（西尾勝著）『行政学〔新版〕』（中国人民大学出版社、2006年、原著：有斐閣、2001年）ほか多数。


**趙詣**（ちょう　い、Zhao, Yi）　第5章
1984年中国河南省鄭州市生まれ。慶應義塾大学法学部卒業、早稲田大学大学院法務研究科修了（稲門法曹奨学金取得）。法務博士（専門職）。現在、日機装株式会社法務部勤務。主な業績：『如果我是日本首相——日本新生代政治家宣言』（当代世界出版社、2004年）河野太郎衆議院議員談話部分を翻訳。


**陳洋**（ちん　よう、Chen, Yang）　第6章
東洋大学大学院社会学博士後期課程在籍。1987年中国黒龍江省ハルビン市生まれ。2011年黒龍江大学で学士学位を取得。2014年東洋大学大学院社会学研究科修士学位を取得。専攻は日中両国のニューメディアおよび新聞報道の比較研究。


**劉迪**（りゅう　てき、Liu, Di）※　第7章、第11章
杏林大学総合政策学部教授。中国ハルビン市生まれ。早稲田大学大学院法学研究科修了、博士号（法学）取得。人民日報外報部記者・編集スタッフ、早稲田大学総合研究機構客員講師、杏林大学総合政策学部准教授を経て現職。中国社会科学院法学研究所特別研究員兼任。香港『大公報』など中国語圏の駐日本特約記者・コラムニスト歴任。主な著書に『近代中国における連邦主義思想』（成文堂、2009年）など。

**張剣波**（ちょう　けんは、Zhang, Jianbo）　第9章、第10章
早稲田大学客員研究員、非常勤講師。1995年4月より早稲田大学大学院政治学研究科国際政治専攻修士課程、博士後期課程、博士号（政治学）取得。研究分野：米中関係、日中関係、日中和解、アジアにおける国際関係、世界秩序、移民問題など。中国社会科学研究会元会長。2006年に中日ボランティア協会を創設、代表を務める。主な論文に「1990年代の中国における冷戦史研究——その現状と特徴」『早稲田政治公法研究』68号（2001年）、「米中和解と中越関係——中国の対ベトナム政策を中心に」（博士論文）など。


**王　元**（おう　げん、Wang, Yuan）※　第12章、第15章
東北文化学園大学総合政策学部准教授。専攻：政治学、国際関係学。復旦大学大学院政治学研究科政治学専攻、早稲田大学大学院アジア太平洋研究科国際関係学博士後期課程修了、博士号（学術）取得。復旦大学際政治学部専任講師を経て、現職。主な著書に『中華民国の権力構造における帰国留学生の位置づけ——南京政府(1928-1949年)を中心として』（白帝社、2010年）、『日本大都市の総合管理』（遠東出版社：上海、1997年）、『現代中国の軌跡』（編著、白帝社、2007年）など多数。


**周建中**（しゅう　けんちゅう、Zhou, Jian-Zhong）　第13章
東京成徳大学人文学部国際言語文化学科教授。中国内モンゴル自治区出身。1977年中国大連外国語大学日本語学部卒業、1987年日本留学、1995年鳥取大学連合大学院にて博士号（農学）取得。専門分野：生物環境科学（自然と社会科学の両面から見た沙漠化問題）、中国語教育。日本沙漠学会編集委員会委員など。共著書に「第4部2章　中国の一人っ子政策と教育」『幼児教育リーディングス』（北大路書房、2003年）など。


**沈　潔**（しん　けつ、Shen, Jie）　第14章
日本女子大学人間社会学部教授。専攻：社会福祉・社会保障。1995年日本女子大学にて博士号（社会福祉学）取得。主な著書・編著書に『中国の社会福祉改革は何を目指そうとしているのか——社会主義・資本主義の調和』（ミネルヴァ書房、2014年）、広井良典・沈潔編著『中国の社会保障改革と日本——アジア福祉ネットワークの構築に向けて』（ミネルヴァ書房、2007年）、編著『中華圏の高齢者福祉と介護——中国・香港・台湾』〈MINERVA社会福祉叢書〉（ミネルヴァ書房、2007年）ほか多数。

## 現代中国政治概論
——そのダイナミズムと内包する課題

2015年3月31日 初版第1刷発行
2019年4月15日 初版第2刷発行

| 編 者 | 熊　達　雲 |
| --- | --- |
|  | 毛　桂　榮 |
|  | 王　　　元 |
|  | 劉　　　迪 |

発行者　　大　江　道　雅
発行所　　株式会社　明石書店

〒101-0021 東京都千代田区外神田6-9-5
電話03（5818）1171
FAX 03（5818）1174
振替　00100-7-24505
http://www.akashi.co.jp/

装丁　　明石書店デザイン室
印刷／製本　　日経印刷株式会社

（定価はカバーに表示してあります）　ISBN978-4-7503-4169-9

JCOPY 〈（社）出版者著作権管理機構　委託出版物〉
本書の無断複写は著作権法上での例外を除き禁じられています。複写される場合は、そのつど事前に、（社）出版者著作権管理機構（電話　03-5244-5088、FAX 03-5244-5089、e-mail: info@jcopy.or.jp）の許諾を得てください。

## 法制度からみる現代中国の統治機構 その支配の実態と課題
熊達雲著 ◎2800円

## 現代中国を知るための52章【第6版】
エリア・スタディーズ⑧ 藤野彰編著 ◎2000円

## 北京を知るための52章
エリア・スタディーズ⑩ 櫻井澄夫・人見豊・森田憲司編著 ◎2000円

## 中国年鑑 2018 特集：〈習―強体制〉長期化へ
一般社団法人中国研究所編 ◎18000円

## アジアの地域協力 危機をどう乗り切るか
羽場久美子編著 ◎2800円

## アジアの地域共同 未来のために
羽場久美子編著 ◎2800円

## アジアの地域統合を考える 戦争をさけるために
羽場久美子編著 ◎2800円

## 北京スケッチ 素顔の中国人
渡辺陽介著 ◎1700円

## チャイニーズ・ライフ【上巻】「父の時代」から「党の時代」へ
激動の中国を生きたある中国人画家の物語
李昆武、フィリップ・オティエ著 野嶋剛訳 ◎1800円

## チャイニーズ・ライフ【下巻】「党の時代」から「金の時代」へ
激動の中国を生きたある中国人画家の物語
李昆武、フィリップ・オティエ著 野嶋剛訳 ◎1800円

## 中国系新移民の新たな移動と経験 世代差が照射する中国と移民ネットワークの関わり
中国社会研究叢書① 奈倉京子編著 ◎3800円

## 下から構築される中国 「中国的市民社会」のリアリティ
中国社会研究叢書③ 李妍焱著 ◎3300円

## 改革開放後の中国僑郷 在日老華僑・新華僑の出身地の変容
荻野昌弘・李永祥編著 ◎3800円

## 中国雲南省少数民族から見える多元的世界 国家のはざまを生きる民
山下清海編著 ◎5000円

## 現代中国における「イスラーム復興」の民族誌 変貌するジャマーアの伝統秩序と民族自治
澤井充生著 ◎6800円

## 中国外交の世界戦略 日米・アジアとの攻防30年
趙宏偉、青山瑠妙、益尾知佐子、三船恵美著 ◎2800円

〈価格は本体価格です〉